Wissenschaftliche Untersuchungen
zum Neuen Testament

Begründet von Joachim Jeremias und Otto Michel
Herausgegeben von
Martin Hengel und Otfried Hofius

46

Philon von Alexandrien

Über die Gottesbezeichnung „wohltätig verzehrendes Feuer"
(*De Deo*)

Rückübersetzung des Fragments aus dem Armenischen,
deutsche Übersetzung und Kommentar

von

Folker Siegert

J. C. B. Mohr (Paul Siebeck) Tübingen

CIP-Titelaufnahme der Deutschen Bibliothek

Siegert, Folker:
Philon von Alexandrien, Über die Gottesbezeichnung „wohltätig verzehrendes
Feuer", (De deo): Rückübers. d. Fragm. aus d. Armen., dt. Übers. u. Kommentar /
von Folker Siegert. – Tübingen: Mohr, 1988
   (Wissenschaftliche Untersuchungen zum Neuen Testament; 46)
   Einheitssacht. d. kommentierten Werkes: De deo
   ISBN 3-16-145234-8
   ISSN 0512-1604
NE: Über die Gottesbezeichnung „wohltätig verzehrendes Feuer"; EST d.
   kommentierten Werkes; GT

Satz und Druck von Gulde-Druck GmbH in Tübingen; Einband von Großbuchbinderei
H. Koch KG in Tübingen

Printed in Germany.

Dem St. John's College
in Cambridge
als Dank für die großzügige Gewährung
des *Naden Studentship* 1982/83
gewidmet

Inhaltsverzeichnis

Zitierkonventionen

Abkürzungen, die nicht im Literaturverzeichnis aufgelöst sind, finden sich in „Die Religion in Geschichte und Gegenwart", 3. Aufl., Tübingen: Mohr 1957–1965, am Beginn jedes Bandes. Der dortigen Liste füge ich hinzu: atl. = alttestamentlich, ntl. = neutestamentlich, Frg. = Fragment, m. E. = meines Erachtens. Abgekürzte Buchtitel s. Literaturverzeichnis.

Die Transliteration des Armenischen richtet sich nach Dirk van Damme: A short classical Armenian grammar, Fribourg (Schweiz): University Press/Göttingen: Vandenhoeck & Ruprecht 1974.

In lateinischen Zitaten ist die Verwendung der Buchstaben j und v vereinheitlicht.

Eigennamen, auch *nomina sacra* im Griechischen, werden in allen eindeutigen Fällen groß geschrieben.

Die Umschrift griechischer Wörter (auch Namen) in lateinische Schrift richtet sich, wo nichts anderes eingebürgert ist, nach der lateinischen Konvention, jedoch unter Beibehaltung des *k* und der griechischen Endungen.

Antike Buchtitel werden möglichst in ihrer konventionellen lateinischen Form gegeben, und zwar, zur Unterscheidung von modernen Veröffentlichungen, stets in Kursivschrift.

Semitische Sprachen (Eigennamen ausgenommen) werden in lateinische Kursivschrift transkribiert, wobei der *šwā'*-Laut und alle *matres lectionis* außer *ālef* ohne Wiedergabe bleiben. Die weiche Aussprache der *bgdkpt* wird nur bei *p/f* berücksichtigt.

Zitiertes, sofern es nicht schon durch andere Schrift hervorgehoben ist, steht in doppelten Anführungszeichen („..."), die auch für ungewöhnliche Ausdrücke dienen; metasprachliche Verwendung eines Ausdrucks ist durch ,...' gekennzeichnet.

Übersetzungen aus fremdsprachiger Literatur (auch Bibel) sind, sofern undeklariert, meine eigenen.

Liste der Schriften Philons

alphabetisch nach den hier gebrauchten Abkürzungen

* Fragmente bei Eusebius, *Pr. ev.* VIII 6.7.11
** griech. Text größtenteils verloren; die Ausgaben basieren auf der von Aucher edierten armenischen Übersetzung

		Cohn/Wendland Bd.
Abr.	De Abrahamo	4
Aet.	De aeternitate mundi	6
Agr.	De agricultura	2
Anim.	De animalibus**	–
Apol.	Apologia pro Judaeis*	–
Cher.	De Cherubim	1
Conf.	De confusione linguarum	2
Congr.	De congressu eruditionis gratia	3
Cont.	De vita contemplativa	6
Decal.	De decalogo	4
Det.	Quod deterius potiori insidiari soleat	1
Deus	Quod Deus sit immutabilis	2
Ebr.	De ebrietate	2
Flacc.	In Flaccum	6
Gig.	De Gigantibus	2
Her.	Quis rerum divinarum heres sit	3
Jos.	De Josepho	4
LA I.II.III	Legum Allegoriae, Buch I–III	1
Legat.	Legatio ad Gajum	6
Migr.	De migratione Abrahami	2
Mos. I.II	De vita Mosis, Buch I.II	4
Mut.	De mutatione nominum	3
Opif.	De opificio mundi	1
Plant.	De plantatione	2
Post.	De posteritate Caini	2
Praem.	De praemiis et poenis	5
Prob.	Quod omnis probus liber sit	6
Prov. I.II	De providentia**, Buch I.II	–
QG I.II.III.IV	Quaestiones in Genesim**, Buch I–IV	–
QE I.II	Quaestiones in Exodum**, Buch I.II	–
Sacr.	De Sacrificiis Abelis et Caini	1

Die pseudo-philonischen Predigten *De Jona* und *De Sampsone* werden abgekürzt: *De J., De S.*

Bd. I = Drei hellenistisch-jüdische Predigten, Bd. I (s. Literaturverzeichnis unter 'Philon')

Einleitung

Es liegt nicht am Inhalt, wenn dieses Fragment eines verlorenen philonischen Traktats bisher kaum beachtet wurde. Es war uns in einer Mischsprache überliefert, deren Wortschatz armenisch, deren Syntax aber noch griechisch ist, in einer äußerst künstlichen Übersetzung also, deren Schwierigkeiten sowohl Gräzisten wie Armenisten abzuschrecken pflegten.

Hier nun wird aus dieser Not eine Tugend gemacht und mit dem Mittel einer Rückübersetzung ins Griechische der ursprüngliche Textsinn wiedergewonnen – unter der Voraussetzung (die sich im Laufe der Arbeit bewahrheitet hat), daß niemand als der alexandrinische Jude Philon der Verfasser dieses Textes sein kann.

Nun wäre an philonischen Schriften eigentlich kein Mangel – 6 Bände in Cohn/Wendlands griechischer Ausgabe, 2 zusätzliche Bände in der armenischen von Awgerean, um die Fragmente bei Eusebius, in den Catenen und sonstwo gar nicht erst zu zählen. Was dennoch die Mühe lohnend macht, diese zusätzlichen Seiten zu erschließen, ist deren ausgesprochen klare Aussage in Fragen der Kosmologie. Die Vermittlung der Transzendenz Gottes mit seiner Immanenz in der Welt wird bei Philon durch den stoisch-materiellen Pneuma-Begriff geleistet; das kommt hier deutlicher heraus als irgendwo sonst. Auch findet sich hier eine Exegese von Jes 6,1f., die in Philons sonstigem Werk ohne Parallele ist. Diese wenigen Seiten ergeben, wenn man die „zwischen ihren Zeilen" liegenden Voraussetzungen explizit macht, ein kleines Kompendium philonischer Theologie. So behält der (philologisch inexakte) Traditionstitel *De Deo* sein gutes Recht.

Damit befinden wir uns denn auch an der Wiege der christlichen Exegese und Dogmatik: denn die einzigen, die von Philon nachweislich gelernt haben, sind die christlichen Theologen; und man wird sehen, wieviel sie gerade in zentralen Fragen des christlichen Denkens, sogar in der Trinitätslehre, von ihm übernommen und sich anverwandelt haben.

Drei Vorfragen sollen nun, vor der Wiedergabe des Textes und dem Kommentar, geklärt werden.

1. Authentizität und ursprüngliche Situation des Textes

Die Handschriften nennen Philon als Autor. Das tun sie jedoch auch bei dem in Denken und Sprache sicher unphilonischen *De Jona*, das unserem Text in der Überlieferung stets unmittelbar vorausgeht. (Davor kommt, ohne Verfasserangabe, *De Sampsone*.) Dennoch ist die philonische Verfasserschaft bei denen, die sich mit diesem Text jemals näher befaßt und seine Verschiedenheit von den vorausgehenden erkannt haben, unbestritten[1]. Auch meine eigenen früheren Bedenken (Bd. I S. 8) nehme ich zurück: es liegt an dem hier zufällig vorhandenen Ausschnitt, daß der Verfasser des Textes fast mehr ein Stoiker zu sein scheint, als es Philon sonst ist[2].

Den deutlichsten Beweis für die Verfasserschaft liefern indes nicht die wörtlichen Überschneidungen mit Philons sonstigem Werk – die könnte man für Zitate halten –, sondern die Möglichkeit einer lückenlosen Rückübersetzung des Textes in philonisches Griechisch. Es ist kein halber Satz, der sich nicht aus Vokabular[3] und Phraseologie des Alexandriners rekonstruieren ließe.

---

[1] Adler, MGWJ 1936, 164 nennt Massebieau, Wendland, Cohn und Schürer (vgl. die Cohn/Wendland-Ausgabe Philons, Bd. I S. LII). Harl, Cosmologie 192, Terian, De animalibus S. 4 und andere neuere Autoren treten der Echtheitsthese bei. Die Biblia Patristica berücksichtigt *De Deo* und schließt *De J.* und *De S.* aus.

[2] Wie sehr Philon *auch* stoisch denken oder zumindest reden kann, zeigen Barth, Stoa 163–172 und Dillon, Middle Platonists 145–180; vgl. die reiche Materialsammlung bei Leisegang, Index S. 22–24 s. v. Στωϊκοί. *Migr.* 128 erwähnt sie (nicht namentlich) als die ἄριστα φιλοσοφήσαντες. – Dillon betont, daß die Vermischung von Stoischem mit Platonischem nicht erst Philons Eklektizismus ist, sondern „zeitgenössischer alexandrinischer Platonismus" (182), so unorthodox wie dieser eben war. – Über die Geschichte der gegenseitigen Annäherung jüdischer und stoischer Theologie s. Hengel, Judentum und Hellenismus 266f. (Ben-Sira) und 472–486 (Spätere).

[3] Lediglich die folgenden Wörter oder Wortformen waren bisher bei Philon noch nicht belegt: ἀρχάγγελοι (Plural), εὐφύλακτος, νεῖκος, πέλμα, συντηρητικός, φθοροποιῶς (Adverb), φιλοδωρότατος (Superlativ). Das ist wenig, gemessen an Philons großem Wortschatz und der Zahl an *hapax legomena* in seinen griechisch erhaltenen Schriften. (Bei Maier, Index haben viele Wörter nur 1 Beleg: z.B. S. 133 ζῳόω, ζωπυρητέον, ζωώδης, ἤβη, ἠδέ. Ein derartiger Befund wiederholt sich auf jeder Seite.) Auch Ralph Marcus war bei seiner engl. Übersetzung von *QG* und *QE*, obwohl er gar keine systematische Rückübersetzung versuchte, öfters genötigt, einen bei Philon noch nicht nachgewie-

So wirkt hier ein hermeneutischer Zirkel: Aufgrund der Annahme philonischer Verfasserschaft wird rückübersetzt „ins Philonische"; und die Durchführbarkeit des Versuchs bestätigt ihrerseits die Annahme – wobei das Durchlaufen dieses Zirkels Ergebnisse zeitigt, die aus keiner bisherigen Übersetzung (meine eigene in Bd. I eingeschlossen) hervorgegangen waren: vgl. den Kommentar zu Z. 7 (ὁ Ἑστώς), 9 (ἐφέστη-κεν), 18 (Identifizierung und genaue Beziehung des Dativs *oroy*) usw. An zwei Stellen konnten Konjekturen am griechischen Text (zusätzlich zu Konjekturen am armenischen Text, s. Bd. I Anm. 947. 984) Konfusionen beheben: Z. 30 und 110[4].

Ich möchte beteuern, daß bei dieser Identifizierung des Verfassers für mich zumindest der Wunsch nicht „Vater des Gedankens" war; denn ein von Philon verschiedener Autor, der ähnlich schreibt wie er (so meine erste Vermutung, Bd. I S. 8), wäre historisch interessanter gewesen. So verbleibt Philon innerhalb des antiken Judentums in seiner für die Interpreten allemal ungünstigen Isolation.

Über die armenischen Philon-Handschriften, aus denen unser Text stammt, sind wir durch Terian, De animalibus S. 14–25 nunmehr genauer informiert. Bei sieben der Handschriften, die er aufzählt, erwähnt er auch *De Deo* (S. 17 zweimal, 18 dreimal, 19 zweimal). Die Edition von Awgerean (1826, einzige Edition) beruht nach den dort auf S. 1 f. und 622 gemachten Angaben auf den Handschriften A, B und C seiner Zählung; sie sind bei Terian S. 17 (Mitte), 18 (oben) und 20 (unten, ergänzungsbedürftig) beschrieben[5]. Ihre älteste datiert von 1296 n. Chr.

---

senen Ausdruck anzunehmen; so ἀθανατότερος QG S. 437, θεοῦσθαι QE S. 82, ὁροθε-σία QG S. 127. – Es sei noch erwähnt, daß der Index von Marcus – abweichend von der Bd. I S. 4 ausgedrückten Erfahrung – zu *De Deo* mir gute Dienste geleistet hat.

[4] Der Vollständigkeit halber seien noch folgende minimale Konjekturen – zumeist Einfügungen – erwähnt: Z. 105, 115, 121, 136, 145, 154f. Die Bd. I Anm. 992 erwähnte Einfügung im armen. Text wurde durch Rückübersetzung (Z. 112 bei Anm. 105) überflüssig.

[5] Nr. A und C, die der Handschriftensammlung des Mechitaristenklosters auf San Lazzaro (in der Venediger Lagune) unter Nr. 1040 und 1334 angehören, habe ich durch die freundliche Bereitschaft von Herrn Nerses Der-Nersessian im Mai 1980 dort einsehen können. (Handschrift B befindet sich in Jerusalem.) Auf einen Vergleich mit den bisher noch nicht kollationierten Handschriften habe ich angesichts der Mühen, die das Beschaffen von ausländischen Mikrofilmen einen Privatmann kosten würde, verzichtet. – Vollends schienen mir die armenischen Philon-Glossen, über die Terian, De animalibus S. 13 f., und manche Anmerkung in Awgereans Ausgabe Näheres mitteilt, unerheblich zu sein für die historisch-kritischen Fragen eines wissenschaftlichen Kommentars.

Die Übersetzung selbst entstammt allen Anzeichen nach dem 6. Jh. n. Chr.[6]

Mit dem Eintreffen von Codex A (später auch D benannt), dem nach wie vor besten[7], im Venediger Mechitaristenkloster beginnt die *Forschungsgeschichte* unseres Textes. 1816 machte der Mailänder Bibliothekar Angelo Mai die gelehrte Öffentlichkeit auf die armenischen *inedita* Philons und insbesondere auf diesen Codex aufmerksam[8]. Es folgte die Edition der Texte (mit lateinischer Übersetzung) durch Mkrtičʿ (Baptist) Awgerean oder Awgereancʿ (ital. *Aucher*) 1826; vgl. Bd. I S. 1. Der italienische Literat Giacomo Leopardi (1798–1837) fühlte sich durch das noch in Awgereans Übersetzung durchscheinende Griechisch angeregt, Rückübersetzungen zu versuchen[9] (die freilich keinen wissenschaftlichen Wert gehabt hätten). Awgereans lateinische Kolumne wurde mehrfach nachgedruckt (Philon-Ausgaben von C. E. Richter, Leipzig 1828–30, und des Tauchnitz-Verlages, Leipzig 1851–53), aber, was *De Deo* jedenfalls betrifft, kaum gelesen. Außer Harl, Cosmologie (1967 erschienen) ist mir nur ein einziger thematischer Beitrag zu unserem Text bekannt: Adler, MGWJ 1936. Gelegentliche Verweise auf den (lateinischen) Text und Paraphrasen (z. B. bei Goodenough, Light 30 f.; Wolfson, Philo I 340–342 [zu c. 6–10]; Runia, Timaeus [öfters] usw.) hatten weniger dessen Interpretation als vielmehr seine Benützung zur Illustration allgemein-philonischer Thesen zum Ziel.

Während *QG* und *QE* durch Ralph Marcus und *Anim.* durch Abraham Terian nunmehr philologisch erschlossen sind, harrte unser Text – wie übrigens immer noch *Prov.* I.II – einer sowohl armenistischen wie gräzistischen Bearbeitung. Meine eigene Übersetzung in Bd. I S. 84–91 kann angesichts der hier durch Rückübersetzung gewonnenen Präzisierungen und Korrekturen auch nur als vorläufig gelten.

Soviel über die bisherigen *fata* unseres Textes und sein Schattendasein in der sonst so schreibfreudigen Philon-Forschung. Die Frage nach

---

[6] Bd. I S. 3; ebenso Terian, De animalibus S. 6 f. (mit weiterer Lit.).

[7] So zuletzt Terian, De animalibus S. 24. Erevan besitzt einen um 4 Jahre älteren, aber nicht besseren Codex.

[8] Mai, De Philonis . . . scriptis ineditis S. V–XV; S. VI ff. Geschichte der Auffindung von Codex A, S. XIII Erwähnung unseres Textes. Mais Informant war Yovhannēs Zōhrapean, der bekannte Herausgeber der armenischen Bibel.

[9] Bolognesi, Leopardi 66 (Hinweis Conley, ANRW II 21,1 S. 94).

seiner *Gattung* und *ursprünglichen Situation* muß nun gestellt werden, wenngleich sein fragmentarischer Zustand keine sicheren Auskünfte zuläßt.

Die vom Titel des Bd. I suggerierte Auffassung, es handle sich um eine Predigt Philons, hat in den Rezensionen keinen Anklang gefunden. Wie das nähere Studium des Textes zeigt, steckt er dermaßen voll von philosophischen Anspielungen und komplizierten, nur angedeuteten Prämissen, daß man ihn als mündlichen Vortrag selbst dem sprachlich sicher sehr fähigen Publikum des antiken Alexandrien nicht zutrauen mag. Unbestritten bleibt bei alledem die Beobachtung, daß Philon eine solide rhetorische Ausbildung besaß[10]; und es ist anzunehmen, daß er seine Gaben in einer der alexandrinischen Synagogen – vielleicht in dem berühmten διπλόστοον, der fünfschiffigen Halle[11] – hat einsetzen müssen. Schließlich hat die alexandrinische Judenschaft ihn, den kontemplativen Gelehrten, der Gesandtschaft an Kaiser Caligula an die Spitze gesetzt. Er wird deswegen kaum so ausschließlich ein Held des schriftlichen Wortes gewesen sein wie Isokrates, der sich nie hat öffentlich vernehmen lassen. Doch, wie gesagt: Dieser Text kann, trotz der ungewöhnlich starken Elemente mündlicher Eloquenz[12], seines allzu gedrängten Inhalts wegen kaum eine Predigt gewesen sein. Wir ordnen ihn also der Traktat-Publizistik in rhetorischer Prosa, der schriftlichen *Diatrībē*[13], zu.

---

[10] Das hat schon Siegfried, Philo 136 f. gewürdigt (mit Angabe älterer Autoren), ebenso Schmidt/Stählin 628.652 f. (mit weiterer Lit. 652 Anm. 6) und Bréhier, Philon 285. Neuere Spezialaufsätze: Conley, Philon Rhetor; Conley, ANRW II 21,1; Mack, Decoding; Hay, Rhetorical verification. – Wenn Norden, Kunstprosa II 549 urteilt, Philon sei kein Redner gewesen (wohingegen Wolfson, Philo I 98 ihn für einen „guten Prediger" hält und für den „Begründer der Kunst des Predigens, wie wir sie kennen"), so soll das wohl besagen, daß er ihm das Reden vor der großen Volksmasse nicht zutraut, wie übrigens auch dem Origenes oder dem Hieronymus: er halte eher Lehrvorträge vor Schülern als Reden an die Masse. Aber so sind ja die Stilmittel der *Diatribe*, der mündlichen wie der schriftlichen, ohnehin bestimmt (vgl. Anm. 13). Die jüdische (und christliche) Homiletik hat nicht nur Volksredner und Demagogen, sondern auch Philosophen unter ihren Vorbildern.

[11] Hengel, Proseuche 167.

[12] Z. 30 Μὴ οὖν ὑπονοήσῃς, 92 ἀλλὰ ποθεῖτε ἴσως δὴ ἀκούειν, 115 ⟨ὥσπερ⟩ ἠκούσαμεν, 145 ὁρᾶς πῶς . . . (Applikationsformel), 149 f. ὥσπερ δὴ ἔλεγον πολλάκις. Doch läßt sich all dies in der fiktiven Mündlichkeit der literarischen *Diatribe* unterbringen: vgl. Röm 14,10 des Paulus Anrede an eine gar nicht anwesende Zuhörerschaft, die er sogar in Einzelpersonen zerlegt: Σὺ δὲ . . . ἢ καὶ σύ . . . Ähnliches zeigt Norden, Kunstprosa I 417 im 4. Makk. Aus Philon vgl. *Plant.* 72, *Agr.* 167, *Conf.* 3.117, *Cont.* 73 u. ö. Thyen, Homilie bezieht sein Material großenteils aus Philons Traktaten.

[13] Monographie: Stowers, Diatribe (mit Forschungsbericht zu dieser Gattung). Sto-

Die Plazierung unseres Textes innerhalb von Philons Gesamtwerk hängt ab von der Frage, was wohl der Haupttext war oder das Hauptthema. Das einzige, was die Überschrift mit Sicherheit erkennen läßt, ist das Interesse des griechischen[14] Exzerptors. In ihrer Wortwahl (παῖδες statt ἄνδρες, ὅρασις statt φαντασία) weicht sie vom gegebenen Text ab. Das Thema ‚wohltätig verzehrendes Feuer‘, das auf die Seraphim von Jes 6 und auf Dtn 4,24 weist, dürfte das Interesse des Exzeptors wiedergeben; der Untertitel hingegen, der Gen 18,1 als (zu kommentierende) Bibelstelle nennt, mag ein Hinweis sein auf den Kontext, aus dem das Stück genommen ist. Diese Beobachtungen sprechen für die seit Awgerean mehrfach vorgetragene These[15], daß wir es mit einem Bruchstück aus Philons großem allegorischem Genesis-Kommentar zu tun haben, in dessen heutigem Textbestand (Cohn/Wendland-Ausgabe Bd. I–III ohne *Opif.*) zwischen *Mut.* (endet mit Gen 17,22) und *Somn.* I (beginnt mit Gen 28,10) eine Lücke klafft. Wie wir wissen, hat Philon über „gottgesandte Träume" drei Bücher mehr geschrieben, als heute erhalten sind; ob jedoch Visionen am hellen Tage, wie die Abrahams und Jesajas, unter dieses Thema passen, scheint mir zweifelhaft. Die Lücke ist groß genug für weitere verlorene Schriften mit anderen Titeln.

Mit dieser Vermutung wären wir – um nach Massebieau/Bréhier, Chronologie (bes. S. 289) zu urteilen – im spätesten Teil von Philons Werk. Dazu stimmt die Verweisformel ὥσπερ δὴ ἔλεγον πολλάκις in Z. 149f. unseres Textes und der sehr elaborierte Charakter der Cherubim-Allegorie – im Vergleich gerade zu der philonischen Schrift *De Cherubim* (s. den Kommentar zu Z. 52f.). Auch gegenüber *De Abrahamo* ist unser Text jünger, weil er, anders als jener Traktat, in weiter getriebener Abstraktion nicht einmal das ὁ ῍Ων von Ex 3,14 als Eigennamen des Schöpfers und höchsten Wesens gelten läßt (vgl. Kommentar zu Z. 45). Unser Text ist also eine *retractatio* der thematisch ihm am nächsten stehenden Traktate aus der „Exposition des Gesetzes" (wie die Forschung die vermutlich älteren Pentateuch-Auslegungen benennt, die Bd. IV und V der Cohn/Wendland-Ausgabe füllen)[16], Philons letztes Wort zu den dort behandelten Fragen.

---

wers' These ist, daß die von der Diatribe vorausgesetzte oder fingierte Situation die Rede eines Lehrers an fortgeschrittene Schüler sei (117; vgl. Siegert, Argumentation 111).

[14] S. u. den Kommentar.

[15] Awgerean S. 613 Anm. 1; Schmidt/Stählin S. 625; Adler, MGWJ 1936 *passim*, Großmann, De Philonis ... serie II 16 u. a.

[16] Zur Einteilung der philonischen Schriften vgl. – außer Massebieau/Bréhier, Chronologie – auch Schürer III 644–693.

An zeitgeschichtlichen Anspielungen oder Situationsbezügen ist in unserem Fragment nichts enthalten. Gelegentliche Abgrenzungen gegen den Zeitgeist – z.B. gegen die Astrologie, die sich damals im Gewande der Wissenschaft gebärdete[17] – werden an ihrer Stelle vermerkt werden. Philons Absicht war bekanntlich, der jüdischen Religion und Gesetzesobservanz eine Begründung zu geben, die auf der philosophischen Höhe der Zeit lag, also ein apologetisches Unternehmen. So geht er auf den Lernstoff und die Lehrmeinungen seiner Zeit so positiv wie möglich ein, verknüpft sie mittels der (gleichfalls zeitgemäßen) allegorischen Methode mit dem heiligen Text und behauptet von allem, was ihm wichtig ist, Mose habe es als erster gesagt. (So hatte er für seine Lehren einen viel älteren Gewährsmann als die Platoniker oder Pythagoreer in ihrem jeweiligen Meister oder die Stoiker in ihrem angenommenen Ahnherrn Heraklit.) All diese Elemente der philonischen Apologetik kommen in unserem Text deutlich vor. Sie lassen als Ziel der Schriftstellerei Philons dies erkennen, daß er die Angehörigen seines Volkes und seiner Religion, soweit sie Griechisch sprachen und ihrer hellenistischen Umwelt intellektuell und sozial gleichgestellt zu werden hofften, mit den zur Aufrechterhaltung ihrer Religion notwendigen Argumenten versehen wollte.

Erst später, in christlicher Übernahme, haben Philons Gedanken diesen defensiven Charakter verloren und sind Bausteine geworden zu etwas, was man 'systematische Theologie' nennt. Nicht länger mußte ein *Ad-hoc*-Aufwand wissenschaftlichen Lernstoffs begründen, warum ein bestimmtes Gebot gilt[18] oder so und so formuliert ist; sondern die Schriftstellen werden bei den Kirchenvätern ihrerseits Begründung für eine bestimmte, im Zusammenhang vorgetragene Gotteslehre.

2. Zur Methode der Rückübersetzung

Wenn irgend etwas, so wird der Versuch einer Rückübersetzung des armenischen Textes in Philons Sprache auf Skepsis stoßen. So sei gleich vorausgeschickt, daß ein solches Unternehmen nur dank einer seltenen Konstellation von günstigen Umständen möglich ist:

---

[17] Hierzu und zur ganzen geistigen Situation des spätantiken Judentums vgl. Baeck, Predigt (bes. S. 67) und den Philon-Abschnitt bei Festugière, Révél. II 521–585.

[18] Mit dieser Fragestellung unterscheidet sich Philon m. E. am allerdeutlichsten von der rabbinischen Theologie, die Gott sagen läßt: „Sei stille, so ist mein Ratschluß" (so die Legende Rabs in Menachoth 90 b; bin Gorion, Geschichten 90 f.).

1) Die Übersetzungsweise der „Hellenophilen Schule"[1] in Armenien war extrem wörtlich; sie reproduzierte insbesondere die griechische Syntax bis zur Mimikry;

2) Philons Wortschatz und Sprachgebrauch ist durch die griechischen Register von Leisegang und Mayer sowie durch den armenisch-griechischen Index von Marcus bestens erschlossen;

3) das große armenische Wörterbuch von Awetikʿean, Siwrmelean und Awgerean (letzterer ist der Herausgeber unseres Textes) hat für seine griechischen Bedeutungsangaben das griechisch-armenische Corpus Philoneum ausgiebig benützt;

4) als erfahrener Gräzist und Kenner insbesondere des späten Griechisch stand mir Prof. Christopher Stead, Cambridge, zur Seite: ihm verdankt der erste Entwurf über 30 Verbesserungen.

Letztlich bestätigt – wie in Geisteswissenschaften meistens – nur das Ergebnis die Hypothesen, die es ermöglicht haben: der Leser möge an Stellen wie Z. 7, 9, 18, 30 f., 43, 48 usw. selbst entscheiden, ob Auchers lateinische Übersetzung, meine deutsche in Bd. I oder die jetzt gegebene Rekonstruktion des griechischen Originals den deutlichsten Sinn ergeben.

Abraham Terian, der in De animalibus 58 f. äußert: *a reconstruction of the Gr(eek) original is impossible*, hat auf S. 10–13 vieles zusammengetragen, was den obigen Punkt 1 relativiert; er hat nachgewiesen, daß es auch in der Hellenophilen Schule keine eindeutigen griechisch-armenischen Vokabelgleichungen gab. Das ist dem Benützer des großen armenischen Wörterbuchs ohnehin klar, der dort für ein gegebenes armenisches Wort meist mehrere griechische Entsprechungen findet. Terians Urteil übersieht die Philon-Register und die gerade im syntaktischen – also dem von den Registern nicht abgedeckten – Bereich extrem hohe Genauigkeit der „hellenophilen" Übersetzungskunst. Wenn er S. 75 Anm. 2 die Formulierungen *ibrew zsermnakan imn ban* (aus § 20 seines Textes) und *sermnakan bankʿ* (§ 96) mit τὸν λόγον σπερματικόν *(sic)* rückzuübersetzen meint, so hätte bessere Kenntnis der griechischen Syntaxregeln und genauere Beachtung der gegebenen Wortformen, der Wortstellung und der Partikeln ein durchaus zu differenzierendes ὡς σπερματικόν τινα λόγον einmal und λόγοι σπερματικοί das

---

[1] Über sie s. Bd. I S. 2–4 sowie Mercier, L'Ecole Hellénistique; Terian, Hellenizing School; Terian, Syntactical peculiarities.

andre Mal ergeben. Erst mit solcher Sorgfalt und genauester Berücksichtigung der griechischen, ja philonischen Idiomatik wird die Rückübersetzung ein brauchbares Arbeitsinstrument.

Ein Beispiel, statt weiterer Ausführungen, soll uns schlaglichtartig die Arbeitsweise der „hellenophilen" Übersetzer illustrieren. *QG* IV 2 (Ende) findet sich ein Homer-Zitat (Od. 17,485–487), bei dessen Lektüre in Awgereans oder Marcus' Weiterübersetzung[2] man sich fragen möchte, aus welcher Prosaparaphrase diese Worte geschöpft sein könnten. Das Armenische erweist sich jedoch als wörtliche Wiedergabe des homerischen Originals, freilich nach den Grundsätzen und Fähigkeiten jener Schule, die einer Erläuterung bedürfen:

Ew sakayn[1] *a(stowa)ck'n ōtarac'   nmaneal*[2] *aylašxarheayc*[3]
καί   τε   θεοί   ξένοισιν ἐοικότες ἀλλοδαποῖσιν

amenapatikk' angitowt'(eam)b[4] *šrĵein,*[5]   *zbazowm*[6]
παντοῖοι   τελέθοντες,   ἐπιστρωφῶσι πόληας

*mardkan   *[7]*zt'šnamans zanōrēnowt'iwns*[7] *ew *[8]*zbari ōrēns*[8] [9]*tesanelov ew yakanelov*[9].
ἀνθρώπων   ὕβριν   τε καὶ εὐνομίην ἐφορῶντες.

Bemerkungen:
    1: Überwörtlich („wenigstens"). Die armenischen Übersetzer haben nichts den griechischen Verstärkungs- und Abtönungspartikeln μέν, περ, γε, που usw. Entsprechendes. Sie setzen entweder eine stärkere Partikel oder gar keine (vgl. die 3. Zeile).
    2: Partizip mit Partizip übersetzt, wobei jedoch die Kongruenzmerkmale des Numerus und Genus im Armenischen nicht wiedergegeben werden können. (Nur ausnahmsweise kann wenigstens der Numerus angezeigt werden.)
    3: Das griech. Wort für ‚andersartig' ist hier verdeutlichend mit ‚fremdländisch' übersetzt.
    4: Dieses ionische Wort für ‚werden' oder ‚sein' war dem Übersetzer offenbar unbekannt; er ersetzt es durch einen adverbialen Ausdruck (Substantiv im Instrumentalis) mit der Bedeutung *incognito*, was das Motiv des verkleideten Umherwanderns der Götter unterstreicht.
    5: Der griech. Iterativstamm wird wiedergegeben durch armen. Imperfekt.
    6: Die ionische Form wurde nicht erkannt und das Wort fälschlich von πολύς hergeleitet, womit sich eine sekundäre Attributbeziehung zum übernächsten Wort ergibt. (Es ist für den Zweck der Rekonstruktion unerheblich, ob der Fehler bereits in der griech. Vorlage steckte.)
    7: Hendiadys des Übersetzers. In Awgereans armen. Druck ist sie durch ein Halbkomma nach *zt'šnamans* noch unkenntlicher gemacht. – Der Plural kann aus einer griech. Variante kommen: s. die Ausgabe von v. d. Muehll.

---

[2] *And yet the gods in the likeness of strangers from other lands, in all kinds of form go about unknown, seeing and beholding the many enmities of men and their lawlessness and also their good laws.* (QG S. 274)

8: Armenische Hendiadys statt eines griech. Compositum. (Die armenische Sprache hat gegenüber der griechischen nur sehr eingeschränkte Möglichkeiten der Bildung von Composita.)[3]

9: Das gleiche; die gebundene Partizipform, die nicht nachahmbar war, ist ersetzt durch einen Casus absolutus (Instrumentalis) des Infinitivs.

Dies ist insofern ein Extrembeispiel, als hier nicht nur die Fähigkeiten, sondern auch die Grenzen der „hellenophilen" Übersetzer zutage treten. Mit Philons Κοινή sind sie natürlich besser zurechtgekommen als mit dem epischen Ionisch Homers. – Man kann so etwas nicht zurückübersetzen (und auch kaum verstehen), ohne die Ausdrucksweise des ursprünglichen Autors zu kennen; kennt man sie aber, ist die Rückübersetzung um so leichter.

3. Zur Anlage des Kommentars

Im folgenden soll nun noch von den verschiedenen Zutaten zu der eben begründeten Textrekonstruktion die Rede sein.

Den Anfang des Bandes bildet die *Reproduktion des armenischen Textes* aus Awgereans Ausgabe „Philonis Judaei paralipomena Armen[i]a", Venedig 1826, S. 613–619, jeweils linke Spalte. Die Numerierung der Absätze und die Zeilenzahlen des rekonstruierten griechischen Textes sind hinzugefügt.

Der *Apparat* der griechischen Rückübersetzung weist die Philon-Stellen nach, die jeweils für die Wortwahl oder die Wahl der Konstruktion ausschlaggebend waren. Der Einfachheit halber wird nur Band, Seite und Zeile der Cohn/Wendland-Ausgabe zitiert. Auf verbleibende Fragen und Unsicherheiten wird hingewiesen.

In der *deutschen Übersetzung* ist alles eingeklammert, was kein oder kein deutliches Äquivalent im Griechischen hat (so z. B. das Adverb, das den iterativen oder vielmehr indefiniten Charakter des Optativs in Z. 139 wiedergeben soll u. a. m.), nicht jedoch rein syntaktische Zutaten wie ‚und', Relativpronomina oder Hilfsverben. Gnomischer Aorist wird mit Präsens wiedergegeben (Z. 8 ἀνέσχεν, Z. 87 εἶδε u. ö.), ebenso griechisches Imperfekt, wo es rein durativ gemeint ist (Z. 65 ἦν – vgl.

---

[3] Wir befinden uns noch kaum in jenem späteren Stadium der Hellenophilen Schule, wo selbst Composita nachgeahmt wurden (vgl. Bd. I S. 3).

Aristoteles' Formel τὸ τί ἦν εἶναι.) – Die Zeilenzahlen des griechischen Textes sind in [ ] eingefügt.

Der eigentliche *Kommentar* hat zunächst, soweit das noch nötig ist, das sog. Syntagma zu klären, also die dem Text selbst immanenten Sinnmerkmale. Es wird Wert darauf gelegt, daß sich das Fragment – durch Querverweise – soweit wie möglich selbst erklärt.

Sodann liefert der Kommentar die dem Text von außen her anschließbaren sog. Paradigmen, also Vergleichsmaterial, zunächst philonisches, dann auch anderes, es sei älter oder neuer. Besonderes Augenmerk liegt hierbei auf den ohnehin noch wenig verarbeiteten armenischen Philoniaca, insbesondere auf Marcus' griechischen Fußnoten in QG und QE. – Philon ist in seinem Sprachgebrauch bewundernswert konsistent; sogar in seinen viel bemerkten Selbstwidersprüchen liegt noch Methode, d. h. eine näher ermittelbare Aussageabsicht.

Was an älterem Material beigebracht ist, soll die Herkunft der philonischen Gedanken oder zumindest Worte klären – eine bei einem so belesenen und anspielungsreichen Autor wie Philon lohnende Aufgabe. Wieweit er sein Wissen aus bereits vorhandenen Florilegien und Doxographien bezieht, die es verändert haben, ist eine Spezialfrage, zu der hier keine neuen Hypothesen riskiert werden. Wichtig ist der Kontrast, den Philons Gedanken – bei manchmal fast gleichen Worten – zum philosophischen Schulgut seiner Zeit aufweisen.

Die Methode ist also eine begriffsgeschichtliche. Hauptquellen sind der Thesaurus und verschiedenerlei griechische Wörterbücher und Konkordanzen. Das zeitraubende Absuchen von Realenzyklopädien wurde weitestgehend vermieden; nicht auf die Masse des Stoffes sollte es ankommen. Auch das zerklüftete Gelände der Pseudepigraphen habe ich – trotz der schönen neuen Sammlung von Charlesworth – nur selten betreten: zwischen diesen Texten, die sich kaum je um die Klarheit des Begriffs bemühen, und Philon liegt ein gewaltiger Gattungssprung[1].

Einer Rechtfertigung bedarf noch das starke wirkungsgeschichtliche Interesse dieses Kommentars. Nicht nur ist die Aufnahme philonischer Gedanken in späterer – meist christlicher – Theologie ein Hinweis darauf, wie sie von antiken Menschen verstanden werden konnten;

---

[1] Ähnlich ist es mit den gnostischen Quellen, die ich darum der Kürze halber meist nur nach meinem „Nag-Hammadi-Register" nenne. Die Textausgaben und die praktische engl. Gesamtausgabe von James M. Robinson (The Nag Hammadi Library in English, 1977) sind dort im einzelnen auf S. XVII–XXIII nachgewiesen.

sondern es kommt hier Philons Denken aus der Isolation heraus, die es historisch im Judentum hatte, und erweist sich als Vermittlungsinstanz zwischen der Religion des Alten Bundes und der christlichen Theologie – kaum weniger als irgendeiner der Hauptzeugen des Neuen Testaments.

Wo immer der Kommentar vom philonischen Gedankengang abweicht – und sei es auch nur kurz –, ist dies als *Exkurs* gekennzeichnet. Besonderen Wert legte ich dort auf Beobachtungen aus den oftmals übersehenen Gebieten der Politik und der Sexualität. Sie liefern auch bei Philon bedeutende Symbole.

Dieses Buch verdankt sich einem Forschungsstipendium des St. John's College, Cambridge – siehe Widmung – und den Mußestunden eines Landpfarramts. Meinem verehrten Lehrer, Herrn Prof. Dr. Martin Hengel DD., danke ich für die Vermittlung des genannten Stipendiums, Herrn Prof. Christopher Stead für wiederholte Beratung in gräzistischen Fragen und meiner lieben Frau Inge für tatkräftige Unterstützung dieser Arbeit. Der Leser möge es meiner Entfernung von jeder größeren Bibliothek zugute halten, daß Fachliteratur nicht immer in den neuesten Auflagen oder gängigsten Ausgaben benützt ist. Der Werksbücherei der Woelm-Pharma GmbH in Eschwege bin ich dankbar für die Beschaffung zahlreicher Fernleihen und dem Mohr-Verlag in Tübingen, insbesondere Herrn Pflug, für die fachkundige Betreuung des Druckes.

Eschwege-Niederhone, 17. Juni 1987   F. S.

ՓԻԼՈՆԻ

p. 613 Aucher

(griech. Z. 2)

ՑԱԴԱԴՍ

ՕԼՍՏՈՒԱԾՆ

'Ի բարեգործութեան հարը ծախող անուանէ՛
'ե պեայեան երեց հանեանգն, որ առ աբրահամ,

(4) յորժամ կատեր 'ի վշջրեին, *և հաժեարյեալ զպաս՛
եպես, և՛ս ։

c. 1 Բանգի այն՛ որ հաւեմատեալ են

(6) յլրատ այն իմանալւյն, մեծ ոգլոգն ա_
ցացն տեսանի . քանգի եին երեւումն ի_
մանալի աբեզականն ծագեաց . և ժա_

(8) մանակաւոր՛ կայուն՛ փայլակմունս *գո_
րեն ճառագայթիգն ընծիւղեաց . և ա_
պա անստուեր ծնաւ նշյլ զեոլոր ոգ_
լովք շուրշ լլւսաւորեալ . և ապա գեր
'ի վերոյ և 'ի վերայ գագաթանն կայ ։

(10) Բանգի արժան *ոչ ամենեցուն է, այլ
որբ մռանգամ զերեսս իւրեանց 'ի վեր
ձգտեցուցանեն յամծայինն հասանել
լյս ։ Իւ բնաւորեալ է յերկուս հա_

(12) տանել՛ իւրև տուընջեան *գիմանալի

p. 614 Աշոյլմն , առ գուգութեանն և արդա-
բութեանն սերմանումն , և առ անեղէն
և իմանալւոյն լուսոյ՝ և առ զգալին
ընտրութեան ։   (14)

c. 2 Արդ ցնեալ եերե ՚ի միջօրէին լու-
սոյ բոլոր ՚ոդիէն , յիրաւի ասին , ՚ի վեր
հայեցեալ աչօ եպես ։ ՚Բանզի տեսանեն՝
և որք տեսրունեան սուրբ գրոյն կրթու-
թիւն ունին , ՚զայն , ծանիր դպեղ ։ Ո մարդ   (18)
կայինն թողեալք բարեախառութիւնն ,
որոյ զառաշինն մասն Հասաւ ուղղու-
թիւն բարուց , բացեալ զացս՝ Հային տե-   (20)
սանել , որք զլերինն վերամբարձն բարձ-
ձեալ բերի , և զաͣծային ընութիւնն
քննեն ։ ՚Բայց կայ առ նմին՝ աչօֆն . զոր   (22)
թերևս ոք ատացէ աւելորդ եւ . վանն
ոչ այլովք տեսանել գործւովք ։ Հարկաւոր . զի ՚ցուցցէ , զի ամենային որ տե-   (24)
սանէ մտացն աչօք , ոչ զմի ոք ՚ի նոցա-
նէ ոչ կափուցեալ , և ոչ ծածկեալ ա-
մենեին եռես ոք . քանզի ոչ ՚այսպես   (26)
յայոնեաց , կամ սոցա Հատարակագոր
է տեսականն , և տեսանողականն եղե .
եւ ամենային մարգարէի Հատարակ ա-
նուն տեսողն (կամ տեսանողն) ։   (28)

c. 3 Ել ապի յետ այսորիկ . Ես աͣա երեֆ
աբֆ հայէն ՚ի վերոյ նորա ։ Արդ մի կարծեր   (30)
զկիսամարդոյն Հատած՝ այժմ արս՝ բստ

առ կանայս Հակառակադասութեան ա֊

(32) սացեալ․ քանզի եղև ո՛չ արանց, այլ
իբրու արանց երևումն, ա՛ծութեանն
ոչ փոփոխեցելոյ յայլ տեսիլ․ քանզի

(34) ո՛չ է արժան նմա *յեղյեղումն ընդու֊
կել․ իսկ շարժեալ դոգխան՛ի ձեռն սա
վորական կերպարանին՛ առ մշանջենա֊
ւորի և անտեսանելլոյ ընդունելութի

(36) սաՀմանիւր ։ ◇Քանզի կամի զեսն (կամ
զեին) զարու բնութիւնն, որով սերմա֊
նէ զղողոր, և ծնանի վասն ողորմութէ
մաՀկանացու կենդանւոյն, այնոցիկ որք
բան ունին՛ ցուցանել․ քանզի զանկերպ

(38) եու*թիւնն բաղումբ ա՛ծաստեղծել ար֊   p. 615
ժանի Համարեցան, ո՛չ գիտացեալք ըղ֊
զանագանութիւն, որ գործէ, և կրէ,
և Հարկաւոր ուսումն տեսանել, զի՞նչ

(40) է արուն յամենայնի,*և զի՞նչ իգին դ֊եպ
եղև գոլ․ քանզի եգ՛ն այն, որ կրեն,
նեւթն է․ իսկ արուն՛աշխարՀաստեղծն,

(42) ինքն իբրում՛ աշակերտին և ծանօթին
արդարոյ երևի Հանդերձ զօրութ֊ը֊քն․
զօրագլուխք, և Հրեշտակապետք աստի
և անտի ամենեքին գիշխանն զառաջ֊

(44) նորդն ՛ի մէջ իբրեանց*սպաս ունեին ։
c. 4 Ա̅րդ որ ՛ի միջոցին է, Ի կոչի․ և
(46) Ի̅դ՛ այս ո՛չ*անուն նորա իսկ է և տեր
(◦տերապես◦)․ քանզի ինքն անանուն է, և

Հանճառ, որպէս անհասանելի . այլ՝ գոյ-
ութեանն, ընտ այնմ Որ են անուանի   (48)
(կամ իմանի) ։ Իսկ երկիցունց կող-
մանց պաշտպանաց՝ մին ած, և միւսն
տէր է . որպէս՝ է որ արարչական, և է
որ *Թագաւորական առաքինութէ նշա-   (50)
նակ է ։

c. 5 'Ի վերայ երից արանցս այսոցիկ՝
այ Հրամանն պատասխանեալ այն օրէ-   (52)
նադրել ինձ թուի . քանզի ինտեղայդ ընդր
չեղ 'ի վերուստ 'ի հառաբանէն 'ի միջէ եր-
կուց չերոսէէէն։ Քանզի թէաւոր եին   (54)
զորութիւնք, թէաւոր կառոք 'ի վերայ
ամենայն աշխարհիս ընաւորեցան նրա-
տէլ. իսկ Հայրն ինքն 'ի վերայ զորու-
*թեանցն ոչ է համբարձեալ, այլ՝ կա-   (56)
խեալ զընքենէ զամենայն . քանզի նեկ
ցուկ Հաստատութեան, և սիւն առ Հա-
սարակ ամենեցուն՝ նա միայն է ։ Այ 'ի
վերուստ *խոսել ասէ, որ 'ի միջոցին է,   (58)
վասն զի Ն, և Բանիւ զոլորն զարգա-
րեաց, և ճայնաւոր և քանաւոր՝ յա-
ռաջախնամուծեամբ նորա եղէն ։ Այ   (60)
'ի մէջ որոցն է՝ յայտնեաց, կոչեցեալ
զնոստ քերովբէս. որոց զմին նուիրեալ
եղեալ լինի արարչական զորութեանն,
և ասի յիրաւի ած . և միւսն իշխանա-   (62)
կանին և աբքայականին, տէր ։

c. 6 **Այս երևութիւն և գմարգարէն զեւ** p. 616
(64) սայի զարթուցեալ ընդ ոսոյց . քանզի
Հասարակութիւն ընկալաւ յայնմանէ՝
որ 'ի վերայ ամենայնի ածութեան Հա_
գին էր . յորմէ Հեղեալ մարգարեա_
(66) կանն ածարէ և կոկոզանայ ։ Քանզի
աստ , Տէտ դ^մր նստեալ 'ի վերայ աստուոց
(68) էարճու , և ֆատտն լէ փատեն , և սերովբէ+
էայեն շուրշ դետվա_ . վեց թև փող, և վեց թև
(70) փող .*երկուտն ծածկեին դղեէն , և երկուտն ծած
(72) էեէն դոտա , և երկուտն ա_չեին ։ Քերովբէ
մեկնի փեղ+ , և կամ Հրշգ__ուէեն , անուանք
'ի դեպուղին էին գորութեանգն . քան
(74) զի տեսիլք և կնիք են ,*որով արարիչն
գաշխարՀ տպաւորեաց . նշանակելով և
կնքելով զիւրաքանչիւր ումէք յեան ընդ
(76) յարմարեալ որակութիւնտն . արդ վաստ
այսորիկ անուանեցան տիպք ։ Իսկ Հրբ
ձգութիւն վաստ այնորիկ , վաստ զի ծա_
խէն զանդատութիւնտն և գանկարգու_
(78) թիւն նիւթոյն՝ 'ի կարգ *դասու փոխե_
լով , որով և գանկերպարան էն 'ի կեր_
պարան, և գանգարդն 'ի դարդ ։ Քան
զի ոչ ապականացու Հրոյն էին գորու_
(80) թիւնք ,*այլ՝ վրկականին , 'ի ձեռն որոյ
բոլոր ինչ արուեստաւ արարաւ ։ Ս ասն
որոյ թուի ինձ և այնք որք յիմաստա_
(82) սիրութեներն են ոմանք'Հուր արուես_

տական 'ի ՀանապարՀն անկեալ 'ի ծր
նունդս զսերմանն երեւեցուցանել ։ Վ՚ան
զի զայն որ տարածն եւ սփիռ խանչումն՚
մարմնոյ յանձնեալ է աշաց ․ իսկ ըզ
յայանին ՚յանտեսանելիան զչնութիւնն՚ (84)
որով ստեղծանի եւ ձեանայ նիւթն,
մաաց արագատ՚ես աչօքն, որ գծանրու (86)
թիւն թանձրութեանն բացին․ եւ շուրջ
Հայեցեալ՚ արուեստական զայն Հուր է,
տես, որ գործէ զᵐծային պատկերան,
ծ անշունչս, ՚այլ Հնչաւոր եւ բանաւոր ։ (88)
с. 7 իսկ մովսէս եւ լուսաւորագոյն յայս
p. 617 նի ասէ․ Ոք Զ՚ո հոգ ձախող է ․ ծախող՚ (90)
ոչ ապականաբար, այլ վերկութեամբ․
քանզի ապրեցուցանել, այլ ծ ապա
կանել առանձնաւորութի է ᵐ֊ ։ Բ՚այց (92)
փափագէ՛ք Թերես լսելով զորքնակն,
ըստ որում ծախեն Թուեցեալ՚ ամ
բողջ պաՀէ․ բայց դիւրին 'ի ցուցից ու (94)
սանել է ։ Ոորժամ ասեմ՛ը զնկարագիր,
եթէ ծախեաց զերանգան ամենայն, յայն
որ կատարելոյն էր՚ զէր, եւ կամ 'ի
ᵖպատկերագործէ ծախել զպղինձն 'ի (96)
պատկերն, եւ կամ վասն որոյ է Հիւսան՚
փայտ, եւ քարինք 'ի տուն․ եւ կամ մի
անգամայն յարուեստագիտէ զնիւթն (98)
յարուեստական գործն ․ իսկ արդ ար
դեօք ապականել ասեմ՛ը․ եւ ծ միով ի

ւիք։ Բանգի կայ մնայ երանգն 'ի տառ

(100) տակին (կամ 'ի տախտակին), և *պր-
դինձն 'ի ստեղծուածին, և քարինքն և
փայտքն 'ի շինուածան, և այլ նիւթքն
յիւրաքանչիւր յեմէք՝ յորում եղեալ

(102) կատարեցաւ, այլ կան *մնան 'ի լահա-
գոյն իմն ունակութեան, ընկալեալք
յինքեան ձև, և գդաս, և գորակու-
թիւնս։ Ո այսօրինակ և մծ բստ մով-
սեսի, *և բստ ամենայնի որք չ'ի (Ը^^)

(104) նմանէ բնախօսքն եղեն, ձախեցգէ ըզ-
նիւթն, ոչ յոչ դարձուցեալ, այլ ընդ-
դէմ անդրէն յօշնէ 'ի գոյանա֊ ամունմ

(106) պաՀպանական. և է ընդ ամենեսինն
փրկութեան պատճառք ։

c. 8 Ո այն՝ որ թանձրագոյնն է և Հոծա-

(108) գոյն, *և ձանրագոյն նիւթոցն է, ձախեաց յերկրիս գոյացուՏի. իսկ զնիւր-
բագոյնն և զթեթևագոյնն, 'ի Հրոյ ծր-

(110) նունդ. 'ի Քրոյ՝ *զնրբագոյնն, երկրէ՝
զթանձրագոյնն, Հրոյ և Քրոյ՝ գոդա-
գոյնն. քանգի ոչինչ մնացեալ լինի ար-

(112) տաքոյ. և դզոր^ս գամենայնին սկզբունս
 զնիւթո՝ յամենեսին ձախեաց, (որպէս)
ասացի, ոչ կամեցեալ ապականութիւն,
այլ փրկութիւն ։

(114) c. 9 Իսկ յաղագս ամենայնի լինելութեան
*խոսեցյայց յուցանել. զսերովբէան իւ-

բաքանչիւր վեց թեսս ունելով լսեաք.
p. 618 որոց *երկոքումէք գտտա, և երկոքումէք (116)
գդեմն ծածկելով, և երկոքումէք այ֊
լովք լսս թոչեն․ ընականագոյնս․ քան
գե ոտք սորրագոյս մասն է Հատ մարմնոյ, (118)
և դեմք վերնագոյն։ Իսկ աշխարՀէ խա֊
բիսխ՝ իբրու թէ ոտք՝ երկիր և Տոււր․ և
երկեաք՝ իբրու թէ դեմք, *օդ և երկին․ (120)
իսկ]յին գործուֆիւնքն՝ իբրու գարշա֊
պարաց 'ի նոցանէն, 'ի տիեզերաց մինչ
'ի տիեզերս ձգեալ է․ և գամենայնին (122)
ոսա, գխոնարՀական նորա գնիւֆոյն մա֊
սունսն՝ գերկիր և գՏոււր, և գդեմն՝ գոդ
և գերկին՝ գվերաքեր *ընուֆիւնան գո֊ (124)
գեալ՝ պաՀպանագոյն ծածկեն։ Իայց
ոչ կայ 'ի քաց և ոչինես 'ի սովորական
ստացուածոյն, այլ 'ի վեր վերամքարձ
քերեալք՝ *գմիջին գիշխանն և գՏայր (126)
շուրջ պատեալ։

c. 10 Իստմւստ և 'ի ընականց ումանք ե֊
կեալ ասացին, թէ է *տարեքք Հոդ և (128)
Տոււր, օդ և Տոււր, սիրելուֆիւն և Հա֊
կառակուֆիւն։ Ի,Jլ սակայն մարգա֊
րէն գխորից տարերցն գծածկական գո֊
բուֆիւնան *չորս թեսս նշանական ասէ․ (130)
դիմօք և ոտիւք գորէն պարսպի ընա֊
կեալք շուրջ․ իսկ Հակառակուֆեան
և սիրելուֆեան, և գվերամքարձծեալս (132)

 Եւ զԹուլցեալքն առ իշխան առաջ֊
նորդն։ Քանզի պատերազմի եւ խաղա֊
ղութեան, որք այլով անուամբք սիրե֊

(134)

լութիւն եւ հակառակութիւն կոչին,
միայն սա է առիթն ։

c. 11 Ո՞չ սա այն է՛ զոր առակեն բառ Հրա֊
(136) մանաց պատասխանւոյ մոմբիսեան բա֊
նիւն, Համբարչէ զՀեղ եբրեա 'ի վերայ Ելոց

(138) աբձունեաց, եւ աձէ զՀեղ ատ է։ Եւ այն՝ որ
Յերգին մեծին է, Պահեաց զետ եբրեա զԵԵԷ

(140) ափան ։ Եբրեա աբձունէ ձաձկետոզ զՀագ եբր,
եւ 'ի չագս եբր գԼայա։ տարաձեաց գԵԵա

(142) եբր, եւ ընկալա զետատ ։ եւ *համբարչ զետատ 'ի
վերայ ՈՇնաԵԵկան եբրոզ ։ Տէր վմայն աձԵբ

(144) զետատ, եւ ոչ գոյբ ընդ նատա* ատատ֊աձ օտաբ ։

c. 12 Տեսանէս, զնաբգ կաբի քաշ գորձ յա֊   p. 619
(146) բահաս Հատատտէ ։ զի զեբկեբ *եւ զՇուբ
եւ զոզ եւ զեբկին կանեաղ աբաբչին զին֊
քենէ՛ յառաշախննամնութեամբ 'ի վեբ
ձգեաց, եւ 'ի վեբ Համբաբձ գաշխաբՀ

(148) եբր պատպանոզ ։ *Ն֊ պատպանոզ ի֊
բովբ զօբոււթեամբք, ամբացուցեալ
աբտաքուստ՝ 'ի վեբկութին եւ 'ի տեեկ
ամԵնակատաբ աբաբածոզ ։ Իսկ վնա֊

(150) խանձ որպէս աՀա*ատագի բազում ան֊
գամ, 'ի բազ Հալաձեալ վաբեազ յին֊
քենէ ։ եւ վանն մեձախոբՀբդութեանն՝
պաբգեասիբագին է ։ զկերպաբանս իբ

Եւ զզօրութեանցն *առաքեաց առ մեզ   (152)
օրնականս ցաւոց եւ չարեաց, զորս ունի
'ի մաՀկանացու 'ի բնութենէս եղեալ:

(Կատարեալ)

*Փերնէ, Յադագս դաձ 'է բարեգործուՌեան   (154)
Հաբ ձախող (անու—անէլ) 'ի պետական երեց
Հանկանչս :

Φίλωνος

περὶ τοῦ τὸν Θεὸν ἐπ᾽[1] εὐεργεσίᾳ πῦρ ἀναλίσκον ὀνομάζεσθαι· ἐν   2
ὁράσει τῶν τριῶν παίδων τῇ πρὸς Ἀβραάμ, ὅτε [2]ἐκάθιζε μεσημβρίας·[2]
³ΑΝΑΒΛΕΨΑΣ ΔΕ ΤΟΙΣ ΟΦΘΑΛΜΟΙΣ ΕΙΔΕΝ[3] κτλ.   4

... (1) Τὰ γὰρ ἀναλογούμενα τῶν περὶ Θεοῦ νοητῶν μείζοσι[4] τοῖς
τῆς [5]ψυχῆς ὀφθαλμοῖς[5] θεωρεῖται. Τῆς γὰρ τοῦ Ὄντος φαντασίας[6],   6
τοῦ νοητοῦ ἡλίου, ἀνατειλάσης πρόσκαιρα [7]ὁ Ἑστὼς[7] φέγγη ἀκτίνων
τρόπον ἀνέσχεν· εἶτα δ᾽ ἄσκιον[8] ἐγέννησεν αὐγὴν[8] [9]τὴν ὅλην ψυχὴν[9]   8
περιλάμπουσαν· εἶτα ὑπεράνω τῆς κορυφῆς ἐφέστηκεν[10]. Ἄξιον γὰρ
οὗ πάντων ἐστίν, ἀλλ᾽ ὅσων[11] τὰς ὄψεις[12] αὐτῶν ἀνατείνουσιν[12], εἰς τὸ   10
θεῖον[13] εἰσελθεῖν[14] φῶς. Πέφυκε δ᾽ εἰς δύο τέμνειν[15] οἷον τῆς ἡμέρας

---

[1] s. III 161,27 u. ö. (Leisegang, Index s. v. εὐεργεσία Ende) und Harl, Cosmologie 197 Anm. 1.

[2] vgl. LXX Gen 18,1: καθημένου αὐτοῦ μεσημβρίας.

[3] LXX Gen 18,2. Dort steht auch ein αὐτοῦ nach ὀφθαλμοῖς. (In Bd. I müßte „seine", dem Philon-Text entsprechend, eingeklammert sein.)

[4] III 102,12; 303,26. Auch QG 178 Anm. m wäre die Rückübersetzung μείζοσιν ὀφθαλμοῖς (für awag ac῾ōk῾) besser gewesen. Für mec = μείζων s. ASA s. v. (in Umschrift) und Marcus, Index; ferner unten Anm. 124, wo Philons Sprachgebrauch auch μείζων für mec nahelegt.

[5] s. Leisegang, Index s. v. ὀφθαλμός, 1. Absatz Ende. Weiter unten (Anm. 26) ergibt die Rückübersetzung ein – wohl synonymes – διανοίας ὀφθαλμοῖς.

[6] I 173,4; II 2,19; III 156,13; V 11,18 u. ö.; vgl. unten Anm. 36.

[7] Diese Substantivierung (wobei ὁ Ἑστώς = ὁ Ὤν) löst das Bd. I Anm. 893 bemerkte logische Problem. Vgl. III 166,16.17; 256,25; ferner (neutrisch) III 167,11; 172,7; 173,6.

[8] s. Leisegang s. v. αὐγή, 2. Absatz.

[9] I 9,14; 185,6; IV 90,14.

[10] II 247,12.

[11] Die Casusattraktion dürfte dem unattrahierten Casus (vgl. I 56,17) oder der Konstruktion τῶν ὅσοι (vgl. I 147,6) vorzuziehen sein.

[12] II 138,2; III 19,1; IV 151,3f.

[13] Der vorletzte Buchstabe (s) in dem armenischen Wort ist überzählig und wird auch von Auchers Übersetzung ignoriert.

[14] Dieses Verbum neben φῶς ist bei Philon sonst nicht belegt.

[15] hatanel aktivisch aufgefaßt (gegen Aucher und Bd. I).

12 τὰς ¹⁶νοητὰς αὐγάς¹⁶, πρὸς ἰσότητος καὶ δικαιοσύνης σπορὰν¹⁷ καὶ
    πρὸς τὴν τοῦ ἀγενήτου καὶ νοητοῦ φωτὸς καὶ τοῦ αἰσθητοῦ διάκρι-
14 σιν.

    (2) Ἐκπεπληρωμένοι οὖν οἷον μεσημβρίας φωτὸς ¹⁸τὴν ὅλην
16 ψυχὴν¹⁸ εὐλόγως λέγονται· ΑΝΑΒΛΕΨΑΣ ΤΟΙΣ ΟΦΘΑΛΜΟΙΣ ΕΙ-
    ΔΕΝ. Θεωροῦσι γὰρ καὶ οἱ τῆς ἱερωτάτης¹⁹ Γραφῆς²⁰ μελέτην ἔχοντες
18 τὸ ΓΝΩΘΙ ΣΕΑΥΤΟΝ. Τὴν ἀνθρωπίνην ἀφέντες εὐτυχίαν, ²¹εἴ τινι²¹
    ²²ἀπ' ἀρχῆς²² μερὶς παρεγένετο κατόρθωσις τρόπων, διοίξαντες²³ τοὺς
20 ὀφθαλμοὺς ἀναβλέπουσιν ἰδότες τὰ ²⁴ἄνω μετέωρα αἰρόμενα²⁴, καὶ
    τὴν ²⁵θείαν φύσιν²⁵ ἐρευνῶσιν.

22 Προστέθειται δ' αὐτῷ τὸ ΟΦΘΑΛΜΟΙΣ, ὃ ἴσως ἄν τις λέγοι περιτ-
    τὸν εἶναι διὰ τὸ οὐκ ἄλλοις ὁρᾶσθαι ὀργάνοις. Ἀναγκαῖον δ', ἵνα
24 σημαίνῃ, ὅτι πᾶς ὁ βλέπων ²⁶διανοίας ὀφθαλμοῖς²⁶ μηδ' ἕνα τινὰ
    αὐτῶν²⁷ μὴ καμμύων²⁸ μηδὲ σκεπάζων πάντως εἶδεν οὐδέν. Οὐ γὰρ
26 οὕτως ἐδήλωσεν οὐδὲ τούτοις²⁷ ἰσόρροπόν²⁹ ἐστιν τὸ θεωρητικὸν καὶ
    ὁρατικόν³⁰. Γέγονε³¹ δ' οὖν παντὶ προφήτῃ κοινὸν ὄνομα τὸ „ὁρατι-
28 κός"³².

    (3) Λέγεται δὲ μετὰ ταῦτα· ³³ΙΔΟΥ ΤΡΕΙΣ ΑΝΔΡΕΣ ΕΙΣΤΗΚΕΙ-

---

¹⁶ II 178,25f.; III 60,11.
¹⁷ Wort nicht bei ASA, aber aus *sermanem* = σπείρω ableitbar.
¹⁸ s. Anm. 9.
¹⁹ *tērownakan* bzw. *tērownean* ist nach Ausweis der insgesamt 6 Philon-Stellen bei ASA ein (offenbar verchristlichtes) Äquivalent für ἱερός, z. B. in der Wortgruppe *tērownean eōťnereak* = ἱερὰ ἑβδόμη. In diesem Sinne ist sowohl Bd. I Anm. 902 als auch QG 59 Anm. *l* zu korrigieren. Das pleonastische Zusammentreffen mit *sowrb* – als Möglichkeit auch ASA I 679 b *s. v.* erewowťiwn belegt – dürfte einem Elativ entsprechen. Vgl. ἱερώταται γραφαί IV 2,4f.
²⁰ im Armen. Singular, obwohl das Wort auch im Plural gebräuchlich wäre.
²¹ Vorschlag von C. Stead anstelle eines bloßen Relativpronomens (= ᾧτινι?) im Armen.; dieses fasse ich nunmehr als Dativ auf.
²² So oder τὴν ἀρχήν (adverbial) ASA.
²³ I 234,13; IV 164,19.
²⁴ Vgl. V 10,2f.; 264,14; 371,19; *barjeal beri* nehme ich nunmehr (nach Einwänden von C. Stead) als Hendiadys.
²⁵ s. Leisegang *s. v.* θεῖος.
²⁶ s. Leisegang *s. v.* ὀφθαλμός Anfang.
²⁷ Wie in Bd. I Anm. 913 nehme ich an, daß der Bezug bis auf ὀφθαλμοῖς (Z. 22) zurückgeht. Alternative s. Kommentar.
²⁸ III 240,3; QE Appendix A Fragment 2; LXX Jes 6,10.
²⁹ 9 Belege bei Mayer, Index *s. v.*
³⁰ Die Substantivierung s. Leisegang *s. v.* ὁρατικός Ende.
³¹ Mit der bei ASA II 868a *s. v.* tesanołakan vorgeschlagenen Interpunktion ziehe ich dieses Wort nunmehr zum neuen Satz.
³² Auch das Masculinum der Substantivierung s. Leisegang *s. v.* ὁρατικός Ende.
³³ LXX Gen 18,2.

ΣΑΝ ΕΠΑΝΩ ΑΥΤΟΥ³³. Μὴ οὖν ὑπονοήσῃς ³⁴⟨τὸ⟩ ἥμι⟨συ τοῦ⟩   30
ἀνθρώπου τμῆμα³⁴ νῦν „ἄνδρας" τῇ πρὸς γυναῖκας ἀντιτάξει εἰρῆ-
σθαι, διότι ἐγένετο οὐκ ἀνδρῶν, ἀλλ᾽ ³⁵ὡς ἀνδρῶν³⁵ φαντασία³⁶, τοῦ   32
θείου μὴ μεταβαλλομένου εἰς ἄλλο τι εἶδος· οὐ γὰρ ἄξιον αὐτῷ
³⁷τροπὴν δέχεσθαι³⁷. Κινῶν δὲ τὴν ψυχὴν διὰ συνήθους μορφῆς, πρὸς   34
ἀενάου καὶ ἀοράτου μετοχὴν³⁸ ὥρισται. Βούλεται δήπου τὴν τοῦ
Ὄντος ἄρρενα φύσιν, ᾗ σπείρει τὸ ὅλον καὶ γεννᾷ δι᾽ ἔλεον τὸ θνητὸν   36
τῇ ζώσῃ³⁹, τοῖς λόγον ἔχουσι παραστῆσαι. Τὴν γὰρ ⁴⁰ἄμορφον οὐ-
σίαν⁴⁰ πολλοὶ θεοπλαστεῖν ἠξίωσαν οὐκ εἰδότες διαφορὰν ποιοῦντος   38
καὶ πάσχοντος. Ἀναγκαῖον δὲ μάθημα θεωρῆσαι, τί τὸ ἄρρεν ἐν παντὶ
καὶ ⁴¹εἴ τι⁴¹ θῆλες συμβέβηκεν εἶναι. Τὸ γὰρ θῆλυ παθητὸν ἡ ὕλη   40
ἐστίν, τὸ δ᾽ ἄρρεν ὁ Κοσμοποιός⁴². Οὗτος τῷ ἰδίῳ μαθητῇ καὶ γνωρίμῳ
δικαίῳ ἐπιφαίνεται ἅμα τοῖς δυνάμεσιν, στρατηγοῖς καὶ ἀρχαγγέλοις   42
ἔνθεν καὶ ἔνθεν, πάντων τῷ Πρώτῳ Ἡγεμόνι⁴³ τῷ ἐν μέσῳ αὐτῶν
λατρευόντων.   44

(4) Ὁ μὲν οὖν ἐν τῷ μέσῳ „Ὤν" καλεῖται· τὸ δὲ „Ὤν" τοῦτο οὐκ
ὄνομα αὐτῷ ἐστιν ⁴⁴ἴδιον καὶ κύριον⁴⁴. Αὐτὸς γὰρ ἀκατονόμαστός⁴⁵   46
ἐστιν καὶ ἄρρητος⁴⁵ καθάπερ ἀκατάληπτος⁴⁵. Ἀλλὰ ⁴⁶τῷ εἶναι⁴⁶, πα-
ρὰ⁴⁷ τοῦτο „ὁ Ὤν" ὀνομάζεται. Τῶν δὲ δυεῖν ⁴⁸παρ᾽ ἑκάτερα⁴⁸ δορυ-   48

---

³⁴ vgl. II 12,22 (C. Stead). Weiteres im Kommentar.

³⁵ IV 25,8 (C. Stead).

³⁶ Vgl. Anm. 6 sowie, in gleichem inhaltlichem Zusammenhang, IV 27,19; 28,10.21;
30,3.

³⁷ I 6,19f.; 52,22; II 76,1; III 56,9 u. ö.

³⁸ Von allen Angaben bei ASA *s. v. ǝndownelowťiwn* ist diese, obwohl bei Mayer nur
1mal nachgewiesen, noch die beste. Vgl. QG 19 (wo R. Marcus dieses armen. Wort
konjiziert), 22 und 295 (wo es im armen. Text tatsächlich steht). An den beiden letzteren
Stellen plädiert R. Marcus im Apparat für μετοχή bzw. δέχεσθαι.

³⁹ *sc.* φύσει. Anscheinend ist ein griech. instrumentaler Dativ im Armen. versehentlich
auch als Dativ wiedergegeben worden. Auchers und meine Übersetzung hatten verein-
facht.

⁴⁰ III 32,18f.; V 79,14.

⁴¹ statt eines bloßen τί (armen. *zinč*). Vgl. Anm. 21.

⁴² Zu diesem Wort (es ist auch im Armen. ein Compositum) vgl. außer Leisegang und
Mayer noch QG 75. 89. 113.

⁴³ s. Kommentar.

⁴⁴ II 159,9.

⁴⁵ Alle 3 negativen Gottesprädikate III 219,15. Einzeln sind sie jeweils noch öfter
belegt.

⁴⁶ Vgl. II 5,9f.; 79,23 u. ö. κατὰ τὸ εἶναι (Leisegang, Index *s. v.* εἶναι Sp. 226a); III
161,22 ᾗ ὄν ἐστιν. Ich nehme *goyowťeann* als mechanisch festgehaltenen griech. Dativ
(vgl. Anm. 39).

⁴⁷ III 211,16; VI 176,7f.

⁴⁸ IV 28,5.

φόρων⁴⁹ ὁ μὲν θεός, ὁ δὲ κύριός ἐστιν, ὡς τοῦ μὲν ποιητικῆς, τοῦ δὲ
50   βασιλικῆς ἀρετῆς συμβόλου⁵⁰ ὄντος.

(5) Περὶ δὲ τῶν τριῶν ἀνδρῶν τούτων ὁ τοῦ Θεοῦ χρησμὸς⁵¹ ἐκεῖ-
52   νος νενομοθετῆσθαί μοι δοκεῖ, ὅτι ⁵²ΛΑΛΗΣΩ ΣΟΙ ΑΝΩΘΕΝ ΤΟΥ
ΙΛΑΣΤΗΡΙΟΥ ΑΝΑ ΜΕΣΟΝ ΤΩΝ ΔΥΕΙΝ ΧΕΡΟΥΒΙΜ⁵². Ὑπόπτε-
54   ροι γὰρ ὑπάρχουσαι αἱ δυνάμεις ⁵³πτηνῷ ἅρματι⁵³ ἐπάνω παντὸς τοῦ
κόσμου πεφύκασιν καθῆσθαι. Αὐτὸς δ᾽ ὁ Πατὴρ ὑπεράνω τῶν δυνά-
56   μεων οὐκ ἦρται, ἀλλ᾽ ἤρτηκεν⁵⁴ ἐξ ἑαυτοῦ πάντα· ἔρεισμα⁵⁵ γὰρ τῆς
συστάσεως⁵⁶ καὶ στῦλος τῶν συμπάντων αὐτὸς μόνος ἐστίν. Ἄνωθεν
58   δὲ λαλεῖν λέγει τὸν ἐν μέσῳ ὄντα διὰ τὸ τὸν Ὄντα λόγῳ μὲν τὰ ὅλα
διακεκοσμηκέναι, τὰ δὲ φωνήεντα καὶ λογικὰ προνοίᾳ αὐτοῦ γεγονέ-
60   ναι. Ἐν μέσῳ δὲ τίνων ἐστίν, δεδήλωκε καλέσας αὐτὰ Χερουβίμ· ὧν
⁵⁷τὸ μέν ἀνατεθειμένον⁵⁷ τῇ ποιητικῇ δυνάμει εὐλόγως λέγεται
62   „Θεός“, τὸ δὲ τῇ ἀρχοντικῇ καὶ βασιλικῇ, „Κύριος“.

(6) Αὕτη ἡ φαντασία καὶ τὸν προφήτην Ἡσαΐαν ἐξεγείρασα⁵⁸ δι-
64   ανέστησεν⁵⁹· κοινωνίαν γὰρ ἔλαβεν ἐκείνου, ὃ ἐπάνω τοῦ παντὸς τὸ⁶⁰

---

⁴⁹ ASA und, ihm folgend, QG 42 und 494 geben *paštpan* mit ὑπερασπιστής wieder; vgl.
QE 54, wo das griech. Wort in 2 Fragmenten bezeugt wird. Bei Philon häufiger und in
kosmologischen Zusammenhängen allein gebräuchlich ist jedoch δορυφόρος: s. VI 156,17
und weitere Belege zu δορυφορεῖν bei Leisegang.
⁵⁰ Diese Wiedergabe von *nšanak* folgt der häufigsten Angabe bei Marcus, Index.
⁵¹ nach Marcus, Index. Vgl. QG 56. 96. 192. 260. 509. 519.
⁵² LXX Ex 25,21. Die Dualform δυεῖν pflegte Philon an dieser Bibelstelle (s. III 38,19;
132,10) wie auch sonst einzusetzen.
⁵³ III 68,21 f.; 305,15. ASA gibt das griech. Wort πτηνός nicht; doch Azarian, Lexicon
bestätigt πτηνά = *ťewawork*. Für *karkʻ* (ein *plurale tantum*) gibt ASA ἅρμα und hebr.
rekeb.
⁵⁴ Um des Wortspiels willen ziehe ich dieses bei Philon nicht seltene Wort den Angaben
bei ASA (alles Abkömmlinge der Wurzel κρεμ-) vor.
⁵⁵ III 238,19 u. ö. Auch dieses gut philonische Wort (auf das mich C. Stead hinweist)
war nicht bei ASA zu finden.
⁵⁶ ASA gibt στάσις (nach III 166,18 möglich), ὑπόστασις (bei Philon selten, aber auch
möglich) und einiges weniger Passende. Ich versuche σύστασις, was (in Parallele zu τὰ
σύμπαντα) auch einen konkreten Sinn haben kann.
⁵⁷ Abweichend von Bd. I Anm. 940 ignoriere ich nunmehr das *z* vor *min* (der Übersetzer scheint τὸ zunächst für Akk. gehalten zu haben) und nehme *nowireal edeal* als
Hendiadys für ἀνατεθειμένος (wobei *edeal* überwörtlich der darin enthaltenen Wurzel θη-
entspricht) und *lini* als Hilfsverb, das die griech. Partizipalform des Passivs wiedergeben
soll. Ἀνατιθέναι im abgeschwächten Sinn ‚zuschreiben' s. V 3,18; doch auch die religiöse
Bedeutung des Worts dürfte an unserer Stelle mit im Spiel sein.
⁵⁸ Vgl. II 16,1; III 244,8. Das Simplex wäre ebenso möglich.
⁵⁹ So wörtlich (2 Verben); es könnte freilich eine armen. Hendiadys vorliegen.
⁶⁰ Die Wortstellung scheint mir das Einsetzen dieses Artikels (das Armen. hat selbst

⁶¹τοῦ θείου⁶¹ πνεῦμα ἦν, ὅθεν ἐκκεχυμένον τὸ προφητικὸν ἐνθουσιά-
ζει καί κορυβαντιᾷ. Λέγει γὰρ· ⁶²ΕΙΔΟΝ ΤΟΝ ΚΥΡΙΟΝ ΚΑΘΗΜΕ-   66
ΝΟΝ ΕΠΙ ΘΡΟΝΟΥ ΥΨΗΛΟΥ, ΚΑΙ ⁶³ΔΟΞΗΣ ΠΛΗΡΗΣ Ο
ΟΙΚΟΣ⁶³, ΚΑΙ ΣΕΡΑΦΙΜ ΕΙΣΤΗΚΕΙΣΑΝ⁶⁴ ΚΥΚΛΩΙ ΑΥΤΟΥ. ΕΞ   68
ΠΤΕΡΥΓΕΣ ΤΩΙ ΕΝΙ ΚΑΙ ΕΞ ΠΤΕΡΥΓΕΣ ΤΩΙ ΕΝΙ, ΚΑΙ ΤΑΙΣ
ΜΕΝ ΔΥΣΙ ΚΑΤΕΚΑΛΥΠΤΟΝ ΤΟ ΠΡΟΣΩΠΟΝ, ΤΑΙΣ ΔΕ ΔΥΣΙ   70
ΚΑΤΕΚΑΛΥΠΤΟΝ ΤΟΥΣ ΠΟΔΑΣ, ΚΑΙ ΤΑΙΣ ΔΥΣΙΝ ΕΠΕ-
ΤΑΝΤΟ.⁶² „Σεραφίμ“⁶⁵ ἑρμηνεύεται „τύποι“ ἢ „ἔμπρησις“· ὀνόματα   72
εὐθυβόλως⁶⁶ ἐγένετο τῶν δυνάμεων, διότι εἴδη καὶ σφραγῖδές εἰσιν,
οἷς ὁ Ποιητὴς τὸν κόσμον τετύπωκε, διασημαίνων καὶ ἐπισφραγισά-   74
μενος ἑκάστῳ τινὶ ἐν τοῖς οὖσι τὰς ἁρμοττούσας ποιότητας. Ἆρ’ οὖν
διὰ τοῦτο ὠνομάσθησαν „τύποι“· „ἔμπρησις“ δὲ διὰ τοῦτο, ὅτι ἀνα-   76
λίσκουσι τὴν ἀταξίαν καὶ ἀκοσμίαν⁶⁷ τὴν τῆς ὕλης εἰς εὐκοσμίαν⁶⁸
τάξεως μεταβάλλοντες, ᾧ⁶⁹ καὶ τὴν ἄμορφον οὐσίαν εἰς μορφὴν καὶ τὸ   78
ἄκοσμον⁷⁰ εἰς κόσμον⁷⁰. Οὐ γὰρ φθοροποιοῦ πυρὸς ἦσαν δυνάμεις,
ἀλλὰ σωτηρίου, δι’ οὗ τὸ ὅλον τέχνη δεδημιούργηται.   80

⁷¹Διό μοι δοκοῦσι⁷¹ καὶ τῶν⁷² ἀπὸ τῆς φιλοσοφίας ὄντων⁷² τινὲς

---

keinen voranstellbaren Artikel) nötig zu machen, wodurch sich das Verständnis gegenüber Auchers und meiner bisherigen Übersetzung etwas verschiebt.

⁶¹ Diese Übersetzung von *astowcowf'iwn* wird außer von ASA auch von QE 60 und 68
(beide mit griech. Fragment) gestützt.

⁶² LXX Jes 6,1–2; καὶ ἐπηρμένου (nach ὑψηλοῦ) ist ausgelassen. Für Σεραφίμ schreibt
Rahlfs mit einigen Hss. σεραφίν. Statt des ersten καὶ ταῖς im Text von Rahlfs habe ich das
elegantere ταῖς δέ (Cod. B) gewählt. Weitere Abweichungen siehe Anm. 63 und 64.

⁶³ Konjektur (vgl. Bd. I Anm. 946) statt eines δόξα πλήρης τοῦ οἴκου. LXX: πλήρης ὁ
οἶκος τῆς δόξης αὐτοῦ.

⁶⁴ im Armen. Präsens; aber diese Abweichung dürfte unbeabsichtigt sein.

⁶⁵ Diese Konjektur (vgl. Bd. I Anm. 947) macht im Armen. nur 2 Buchstaben aus. –
Auch Adler, MGWJ 1936, 167 hatte sie gefordert.

⁶⁶ Das Adverb dieses (gut philonischen) Worts wird vom armen. Text so verlangt. Vgl.
I 170,5.

⁶⁷ nach Marcus, Index *s. v. karg*.

⁶⁸ Vorschlag von C. Stead. ASA gibt kein griech. Wort.

⁶⁹ als Neutrum zu nehmen (relativischer Anschluß); das Verbum μεταβάλλοντες gilt
weiter. – C. Stead schlägt als Verbesserung vor: ᾧ καὶ ἡ ἄμορφος οὐσία εἰς μορφὴν ...
(usw.) ⟨ἐγένετο⟩.

⁷⁰ mit ASA. Der armen. Text verwendet hier die zu *karg* synonyme Wurzel *zard*, ein
Wechsel, der anscheinend dem Wechsel der Vorsilben im Griech. entsprechen soll.

⁷¹ I 43,17. Der Singular des Verbums im Armen. muß daran liegen, daß unpersönliches
t'owi überhaupt nur im Singular verwendet wird.

⁷² Der Genitiv (statt des wohl vereinfachenden Nom. im Armen.) ist nötig wegen des
noch folgenden τινές.

82 ⁷³πῦϱ τεχνικὸν⁷³ ⁷⁴ὁδῷ βαδίζον⁷⁴ εἰς τὸ τίκτειν⁷⁵ τὸ σπέϱμα ἐμφῆναι·
     τὴν μὲν γὰϱ ἐκτεταμένην καὶ σπαϱτὴν φλόγα⁷⁶ τοῖς τοῦ σώματος
84 παϱατέθεικεν⁷⁷ ὀφθαλμοῖς, τὴν δ᾽ ἐμφανῆ ἐν τοῖς ἀοϱάτοις φύσιν, ᾗ
     διαπλάττεται καὶ σχηματίζεται ἡ ὕλη, ⁷⁸τοῖς τῆς διανοίας ὀξυωπέ-
86 σιν⁷⁹ ὄμμασι⁷⁸ τοῖς ⁸⁰τὸ παχυμεϱὲς⁸⁰ διοίξασιν. Κύκλῳ δὲ βλέποντα
     ἐκεῖνο τὸ τεχνικὸν πῦϱ εἶδε τὸ ποιοῦν τὰς θείας εἰκόνας οὐκ ἀψύχους,
88 ἀλλ᾽ ἐμψύχους καὶ λογικάς.

     (7) Μωυσῆς δὲ καὶ τηλαυγέστεϱόν⁸¹ φησιν, ὅτι ⁸²ΚΥΡΙΟΣ Ο ΘΕΟΣ
90 ΣΟΥ ΠΥΡ ΚΑΤΑΝΑΛΙΣΚΟΝ ΕΣΤΙΝ⁸²· ἀναλίσκον οὐ φθοϱοποι-
     ῶς⁸³, ἀλλὰ σωτηϱίως⁸⁴. Τὸ γὰϱ σῴζειν, οὐ τὸ φθείϱειν ἴδιόν⁸⁵ ἐστι
92 Θεοῦ. ⁸⁶᾽Αλλὰ ποθεῖτε ἴσως δὴ ἀκούειν⁸⁶ τὸν τϱόπον, καθ᾽ ὃν τὸ
     ἀναλίσκειν φαινόμενον ὁλόκληϱον διατηϱεῖ. ⁸⁷῾Ραδίως δ᾽ ἐκ παϱα-
94 δειγμάτων μαθεῖν ἐστιν.⁸⁷ ῞Οταν λέγωμεν ζωγϱάφον ἀναλωκέναι
     πάντα τὰ χϱώματα εἰς τὴν τελεσιουϱγουμένην⁸⁸ γϱαφὴν ἢ καὶ ὑπ᾽

---

⁷³ Dieser Fachausdruck ist bei Philon neu. S. Kommentar.
⁷⁴ *ankanel i čanaparh* heißt nach Bedrossian, Lexicon (*s. v. čanaparh*) ‚reisen‘. Das
griechische Äquivalent (vgl. W. Bauer *s. v.* ὁδός) hat jedoch philosophischen Hintersinn;
s. Kommentar.
⁷⁵ Aus ASAs Angaben (τοκετός, τόκος, τίκτειν) wähle ich diese und nehme sie im
aktivischen Sinne; σπέϱμα ist also natürliches Subjekt im *a.c.i.*
⁷⁶ ASA gibt nur καῦσις und weniger Passendes. – In Bd. I hätte „des Lichtes" in
Klammern gesetzt werden müssen: es ist ein (nicht ganz zutreffender) Zusatz aus Auchers
Übersetzung.
⁷⁷ Vgl. V 220,5. Als Subjekt ist ‚die Philosophie‘ zu denken.
⁷⁸ Diesen Dativ (zum Wortfeld vgl. Anm. 5 und 26), der zu τοῖς ... ὀφθαλμοῖς
sicherlich parallel ist, hat der armen. Übersetzer versehentlich als Instrumentalis wiedergegeben. Das Bd. I Anm. 969 vermutete Anakoluth ist seines.
⁷⁹ oder ὀξυδεϱκέσιν.
⁸⁰ „die Schwere der Dicke" (so wörtlich; Bd. I Anm. 971) ist wohl Wiedergabe dieses
griech. Compositums. Vgl. III 31,16–18.
⁸¹ Auch hier setze ich ein (gut philonisches) Compositum an die Stelle einer zu vermu-
tenden armen. Hendiadys.
⁸² LXX Dtn 4,24.
⁸³ Nicht das Wort, aber die Adverbform ist bei Philon neu.
⁸⁴ Hier ist die Adverbform reichlich belegt. Ich erschließe sie aus dem Instrumentalis
eines armen. Substantivs.
⁸⁵ Dem bei ASA angegebenen ἰδιότης ziehe ich diese in unserem Zusammenhang
idiomatischere, auch philonischere Form vor. Vgl. Anm. 61 *astowcowťiwn* = τὸ θεῖον.
⁸⁶ Vgl. III 111,23. Der Instrumentalis *lselov* scheint als Objektscasus gemeint zu sein (so
auch Auchers Übers.).
⁸⁷ vgl. I 98,6.
⁸⁸ Der im armen. *participium necessitatis* liegende Bedeutungsüberschuß über ein blo-
ßes τελειουμένην (so nach ASA) läßt an eine Ableitung von τελεσιουϱγ- denken. Vgl.
Anm. 92.

ἀνδριαντοποιοῦ ἀναλίσκεσθαι τὸν χαλκὸν εἰς τὸν ἀνδριάντα [89]ἤτοι   96
καὶ[89] τέκτονος ξύλον καί λίθους εἰς οἰκίαν ἢ καὶ συνόλως[90] ὑπὸ
τεχνίτου τὴν ὕλην εἰς τεχνικὸν ἔργον, ἆρ᾽ οὖν „φθείρειν" λέγομεν;   98
[91]Οὐδαμῇ οὐδαμῶς.[91] Διαμένει γάρ που τὸ χρῶμα ἐν τῷ πίνακι ὅ τε
χαλκὸς ἐν τῷ πλάσματι καὶ οἱ λίθοι καὶ τὰ ξύλα ἐν ταῖς οἰκοδομαῖς   100
καὶ αἱ λοιπαὶ ὗλαι ἐν ἑκάστῳ τινί, ἐν ᾧ περ τετελεσιούργηνται[92].
Διαμένουσι δ᾽ ἐν κρείττονί τινι ἕξει, ἐνειλημμέναι[93] σχήματος καὶ   102
τάξεως καὶ ποιοτήτων. Τοῦτον τὸν τρόπον καὶ ὁ Θεὸς κατὰ Μωυσῆν
καὶ κατὰ πάντας τοὺς ἀπ᾽[94] αὐτοῦ φυσιολόγους[95] γενομένους ἀναλίσ-   104
κοι ἄν[96] τὴν ὕλην – οὐκ εἰς οὐδὲν ἀναστρέφων, ἀλλ᾽ ἐναντίως πάλιν[97]
⟨ὡς⟩ ἐκ μὴ ὄντος εἰς τὸ εἶναι παραγωγὴ[98] συντηρητική[99]. Ἔστι δὲ   106
τοῖς[100] πᾶσι σωτηρίας αἴτιον. **(8)** Τὰς γὰρ παχυτέρας καὶ πυκνοτέρας
καὶ βαρυτέρας τῶν ὑλῶν ἀνήλωκεν εἰς τὴν γῆς οὐσίαν[101], τὴν δὲ   108
λεπτοτέραν καὶ κουφοτέραν εἰς πυρὸς γένεσιν· εἰς μὲν τὴν[102] ὕδατος
τὴν λεπτοτέραν [103]γῆς, τὴν δὲ παχυτέραν πυρὸς καὶ ὕδατος ⟨λεπτοτέ-   110
ραν εἰς⟩[103] τὴν ἀερώδη[104]· οὐδὲν γὰρ ὑπολέλειπται ἔξω. Τὰς δὲ τέττα-

---

[89] für *ew kam vasn oroy ē*, was ich mit Aucher als eine (sehr pleonastisch ausgedrückte) zusammengesetzte Partikel (und nicht als Nebensatz) auffasse. Der folgende Genitiv dürfte (entgegen Bd. I Anm. 976) ein einfacher *gen. possessivus* sein.

[90] nach Terian, Syntactical peculiarities 203 (Belege).

[91] II 136,7; 156,22 u. ö.

[92] Hier dürfte ein plenastisches *ełeal* (vgl. Bd. I Anm. 980) den Wortbestandteil -εργ- wiedergeben (vgl. Anm. 88).

[93] II 269,20 f.; III 227,5 u. ö.

[94] So nach der Konjektur Bd. I Anm. 984.

[95] Von den 2 Belegen bei Mayer ist I 171,18 f. abwertend, nicht jedoch der andere (Eus., *Pr. ev.* VIII 7 Ende, neben ἰατρός und φιλόσοφος). Positive Wertung auch QG 184 (Anm. *n*).

[96] Ein Optativ mit ἄν dürfte es sein, was der armen. Konjunktiv (vgl. Bd. I Anm. 983) wiederzugeben versucht.

[97] nach Marcus, Index.

[98] nach der Formel τὰ μὴ ὄντα εἰς τὸ εἶναι παραγαγεῖν (I 28,16 f.), die bei ASA II 516 b (*oč̣* Ende) zitiert wird als *zoč̣᾽sn acelov i goyanal.* – Die Konstruktion endet anakoluthisch in einem Nominalsatz, was hier mit einem ⟨ὡς⟩ gemildert wird (C. Stead).

[99] Dieses bei Philon sonst nicht belegte Wort ist das einzige bei ASA angegebene. (ASA zitiert auch unsere Stelle *in extenso*.)

[100] Zu *ənd* im Sinne eines verstärkten Dativs s. Marcus, Index *s. v.*

[101] Entgegen Bd. I Anm. 988 übersetze ich, an Philon gebunden, mit dem bei Marcus allein (und auch bei ASA an 1. Stelle) gegebenen Wort.

[102] Diesen syntaktisch notwendigen Artikel konnte der Armenier nicht gut wiedergeben. Auch μὲν-δέ habe ich auf C. Steads Rat eingefügt.

[103] Zeichensetzung und Einfügung zweier Wörter mit Adler, MGWJ 1936, 166. Die Bd. I Anm. 990 beklagte Konfusion ist damit behoben. Die Genitive γῆς, πυρός und ὕδατος sind komparative Genitive.

[104] IV 236,4 (einziger philonischer Beleg).

30   De Deo (griechisch)

112   ρας τοῦ παντὸς ἀρχὰς ὕλας εἰς τὰ πάντα ἀναλωκέναι φημὶ¹⁰⁵ μὴ
βουλόμενον φθοράν, ἀλλὰ σωτηρίαν.

114   (9) Περὶ μὲν τῆς τοῦ παντὸς γενέσεως διαλέξομαι ἐπιδεικνύμενος
τῶν Σεραφὶμ ἕκαστα ἓξ πτέρυγας ἔχειν, ⟨ὥσπερ⟩¹⁰⁶ ἠκούσαμεν, ὧν

116   δυσὶ τοὺς πόδας καὶ δυσὶ τὸ πρόσωπον καλύπτοντας δυσὶν ἑτέροις
ἔτι πέτεσθαι. Φυσικώτατον· οἱ γὰρ πόδες τὸ κατώτερον μέρος ἔλα-

118   χον¹⁰⁷ τοῦ σώματος, τὸ δὲ πρόσωπον τὸ ἀνώτερον. Ἡ μὲν τοῦ κόσμου
βάσις, ὡσανεὶ πόδες, γῆ καὶ ὕδωρ· ἡ δ᾽ ὄψις¹⁰⁸, ὡσανεὶ πρόσωπον,

120   ἀὴρ καὶ οὐρανός. Αἱ δὲ δυνάμεις ὥσπερ πέλμασι¹⁰⁹ τοῖς ἑαυτῶν ¹¹⁰ἀπὸ
τῶν περάτων τῆς οἰκουμένης ἐπὶ τὰ περατα¹¹⁰ τέτα⟨ν⟩ται¹¹¹, καὶ τοὺς

122   τοῦ παντὸς πόδας, τὰ ταπεινότερα αὐτοῦ τῆς ὕλης μέρη, γῆν τε καὶ
ὕδωρ, καὶ τὸ πρόσωπον, ἀέρα καὶ οὐρανόν, τὰς ἀναφερομένας¹¹²

124   φύσεις ἐγκεκολπισμέναι εὐφυλάκτους¹¹³ σκεπάζουσιν. Οὐδ᾽ ἀφίσ-
ταται οὐδὲν τοῦ συνήθους κτήματος¹¹⁴, ἀλλ᾽ ἄνω μετέωρα αἰρόμενα

126   τὸν μέσον Ἡγεμόνα καὶ Πατέρα κύκλῳ περιέσχηκεν¹¹⁵.

(10) Ἔνθεν καὶ ἀπὸ τῶν φυσικῶν τινες ἐλθόντες ἔλεγον εἶναι μὲν

128   στοιχεῖα γῆν καὶ ὕδωρ, ἀέρα τε καὶ πῦρ, φιλίαν καὶ νεῖκος. Ἀλλ᾽ ὅμως
ὁ προφήτης τὰς τῶν τεττάρων στοιχείων ἀποκρύφους¹¹⁶ δυνάμεις

130   τέτταρας πτέρυγας συμβολικῶς λέγει – προσώπῳ καὶ ποσὶ τείχους

---

¹⁰⁵ Statt *orpēs* einzufügen (Bd. I Anm. 992), nehme ich den oberen Kontext für einen ursprünglichen *a.c.i.*
¹⁰⁶ s. Bd. I Anm. 995.
¹⁰⁷ nach Marcus, Index.
¹⁰⁸ ὄψις ‚Gesicht‘ (vgl. Bd. I Anm. 998) mit ASA, Marcus, oben Z. 10 und VI 63,18; 70,15 (auf diese Stellen stützt sich Marcus).
¹⁰⁹ Das Wort bisher nicht bei Philon; aber das bei ASA noch angegebene πτέρνα ‚Ferse‘ paßt weniger.
¹¹⁰ II 64,5.
¹¹¹ Der Plural muß konjiziert werden (solange sich kein Neutrum findet, das ein ursprüngliches *schema Atticum* hätte regieren können).
¹¹² nach ASA; Sinn: ‚nach oben strebend‘. Ich konstruiere jetzt etwas anders als in Bd. I.
¹¹³ Die Angaben bei ASA deuten am ehesten auf dieses bei Philon sonst nicht belegte Wort. – Armenischen Komparativ für εὐ– vgl. Bd. I Anm. 1003.
¹¹⁴ Der Singular (vgl. Bd. I Anm. 1005) dieses Wortes kann bei Philon auch die Welt als Gottes „Besitz" bezeichnen. Vgl. die Stellen bei Mayer; QE 110 Anm. *e*; ferner κτῆσις IV 157,18.22.
¹¹⁵ Im Armen. ist zu der als Perfekt gemeinten Form das Hilfsverbum hinzuzudenken.
¹¹⁶ Zu *cacowk* gibt ASA das bei Philon nur 1mal im Zitat vorkommende κρυπτός an: dann dürfte *cackakan* (unser Wort; bei ASA ohne griech. Wiedergabe) für die Ableitung ἀπόκρυφος stehen.

τρόπον περιῳκοδόμηνται[117] –, νείκους δὲ καὶ φιλίας καὶ τὰς μετεωριζομένας[118] καὶ ἀναπετομένας πρὸς τὸν Πρῶτον Ἡγεμόνα. Πολέμου   132
γὰρ καὶ εἰρήνης, οἳ [119]ἑτέροις ὀνόμασι[119] „φιλία" καὶ „νεῖκος" κα-
λοῦνται, αὐτὸς μόνος μεσιτεύει[120].   134

(11) Οὐκ αὐτὸς ἐκεῖνός ἐστιν, ὃν αἰνίττονται χρησμῶν Μωυ-
σαϊκῶν[121] οἱ λόγοι[122](;)· [123]ΑΝΕΛΑΒΟΝ ΥΜΑΣ ΩΣΕΙ ΕΠΙ ΠΤΕ-   136
ΡΥΓΩΝ ΑΕΤΩΝ ΚΑΙ ΠΡΟΣΗΓΑΓΟΜΗΝ ΥΜΑΣ ΠΡΟΣ ΕΜΑΥ-
ΤΟΝ[123], καὶ ἐκεῖνο τὸ [124]ἐν ᾠδῇ τῇ μείζονι[124]· [125]ΔΙΕΦΥΛΑΞΕΝ ΑΥ- 138
ΤΟΝ ΩΣ ΚΟΡΗΝ ΟΦΘΑΛΜΟΥ, ΩΣ ΑΕΤΟΣ ΣΚΕΠΑΣΑΙ ΝΟΣ-
ΣΙΑΝ ΑΥΤΟΥ, ΚΑΙ ΕΠΙ ΤΟΙΣ ΝΕΟΣΣΟΙΣ ΑΥΤΟΥ ΕΠΕΠΟΘΗ-   140
ΣΕ· ΔΙΕΙΣ ΤΑΣ ΠΤΕΡΥΓΑΣ ΑΥΤΟΥ ΕΔΕΞΑΤΟ ΑΥΤΟΥΣ ΚΑΙ
ΑΝΕΛΑΒΕΝ ΑΥΤΟΥΣ ΕΠΙ ΤΩΝ ΜΕΤΑΦΡΕΝΩΝ ΑΥΤΟΥ. ΚΥ-   142
ΡΙΟΣ ΜΟΝΟΣ ΗΓΕΝ ΑΥΤΟΥΣ, ΚΑΙ ΟΥΚ ΗΝ ΜΕΤ' ΑΥΤΩΝ
ΘΕΟΣ ΑΛΛΟΤΡΙΟΣ.[125]   144

(12) Ὁρᾷς πῶς πάγκαλον ἔργον ⟨ἐν⟩[126] Ἀβραὰμ βεβαιοῖ, ὅτι γῆν
καὶ ὕδωρ καὶ ἀέρα καὶ οὐρανὸν ἐκκρεμάμενος ὁ Δημιουργὸς ἐξ ἑαυ- 146
τοῦ προνοίᾳ ἀνατέτακε καὶ ἄνω ἦρκε τὸν κόσμον ὡσανεὶ φύλαξιν·
φύλαξι δ' αὐτοῦ, ταῖς δυνάμεσιν, ὀχυρώσας ἔξωθεν εἰς σωτηρίαν καὶ   148
εἰς διαμονὴν παντελῶν ποιημάτων. Τὸν δὲ φθόνον[127], ὥσπερ δὴ[128]
ἔλεγον πολλάκις, ἀπελάσας[129] ἀπ' αὐτοῦ ὑπὸ[130] μεγαλοφροσύνης φι- 150

---

[117] So läßt sich das bei ASA für *šowrǰ* und *bnakan* Angegebene wohl glücklich kombi-
nieren (gegen Bd. I Anm. 1009). Die Nominativform des armen. Partizips nehme ich
wieder als elliptisches Perfekt.

[118] vgl. Marcus, Index.

[119] II 70,5 f.

[120] s. Kommentar.

[121] dieses Wort sonst nicht bei Philon.

[122] Die Bd. I Anm. 1012 bemerkte Kasusattraktion halte ich für ein innerarmenisches
Versehen (Auchers Übersetzung ändert die Konstruktion einfach ab) und ersetze *banicʿn*
durch den Nom. *bankʿn*.

[123] LXX Ex 19,4.

[124] I 145,11 u. ö. (Leisegang *s. v.* ᾠδή).

[125] LXX Dtn 32,10–12 (ein bei Philon sonst nicht begegnender Ausschnitt aus diesem
Kapitel). Das bei Philon häufigere κόρην habe ich κόραν (Rahlfs) vorgezogen.

[126] s. Bd. I Anm. 1016.

[127] Der Akkusativ ist Auchers Konjektur.

[128] Bei ASA *s. v. aha*, 1. Absatz, scheint mir dieses Wort gemeint zu sein und nicht ἤδη.
– Der folgende Hiatus mag von dem Bedürfnis herrühren, das folgende πολλάκις in
betonte Endstellung zu bringen (wie II 84,9; 290,7).

[129] armen. Hendiadys (vgl. Bd. I Anm. 1021).

[130] Wahl der Präposition nach LSJ *s. v.* μεγαλοφροσύνη.

λοδωρότατός[131] ἐστιν. Τὴν εἰκόνα[132] αὐτοῦ καὶ τὴν τῶν δυνάμεων
152   ἀπέστειλεν πρὸς ἡμᾶς βοηθὸν ἀλγηδόνων καὶ κακῶν, ὧν μετέχει[133] ὁ
ἐκ θνητῆς τῆς[134] φύσεως γενόμενος.

154   Φίλωνος περὶ τοῦ τὸν Θεὸν ἐπ᾽ εὐεργεσίᾳ πῦρ ἀναλίσκον ⟨ὀνομάζε-
σθαι⟩[135], ἐν ὁράσει τῶν τριῶν παίδων.

---

[131] Der Superlativ (übersetzt nach ASAs Angaben beim Positiv) bisher nicht bei
Philon; sonst nur im Thesaurus (für Synesios) nachgewiesen. ASA gibt für die armen.
Form nur unsere Stelle.

[132] nach dem von Marcus, Index an 1. Stelle gegebenen Äquivalent.

[133] Vorsilbe μετ- von mir gewählt (nicht bei ASA); vgl. IV 291,23.

[134] Der armen. Text suggeriert diese emphatische Wortstellung.

[135] vgl. Bd. I Anm. 1025.

Philon

[2] Über die Gottesbezeichnung ‚wohltätig verzehrendes Feuer', bei der Vision der drei jungen Männer vor Abraham, als er am Mittag dasaß: [4] *Und als er seine Augen erhob, sah er* . . . (Gen 18,2)

. . . **(1)** Denn was einen Vergleich erträgt von (all) dem, was bezüglich Gottes denkbar ist, (muß) mit den größeren [6] Augen der Seele gesehen werden. Denn wenn die Erscheinung des Seienden, der intelligiblen Sonne, aufleuchtet, läßt der Stehende einen vorübergehenden Lichtschein wie [8] Strahlen aufgehen; darauf erzeugt er schattenlosen Glanz, der die ganze Seele umleuchtet; später kommt er über dem Scheitel zu stehen. Denn nicht [10] allen gebührt es, sondern nur denen, die ihre Blicke nach oben richten, in das göttliche Licht zu gelangen. (Dieses) pflegt sozusagen die intelligible [12] Tageshelligkeit zweizuteilen, zur Aussaat von Gleichheit und Gerechtigkeit und zur Unterscheidung des ungewordenen, intelligiblen Lichtes vom (sinn-lich) wahrnehmbaren. [14]

(2) Diejenigen nun, denen wie von Mittagshelligkeit die ganze [16] Seele erfüllt ist, werden mit Recht gemeint (in den Worten): *Als er seine Augen erhob, sah er*. . . (Gen 18,2). Denn auch diejenigen, die in der Heiligen Schrift Übung haben, betrachten (bei sich) [18] jenes „Erkenne sich selbst". Auf das menschliche Glück verzichtend – wem immer von ihnen von Anfang her die Berichtigung der Lebensweise zuteil wurde –, öffnen sie die [20] Augen, werden sehend und erblicken, was oben schwebt, und erforschen die göttliche Natur.

[22] Es steht jedoch dabei: *mit . . . Augen*, was mancher vielleicht für überflüssig erklären möchte, weil man mit anderen Organen (ohnehin) nicht sehe. (Es ist) aber notwendig, um zu [24] besagen, daß jeder, der mit den Augen des Verstandes sehen (will) und auch nur eines von ihnen nicht schließt und nicht zuhält, überhaupt nichts sieht. Denn nicht [26] in solcher Weise enthüllt und nicht gleichstark wie diese ist die Betrachter- und Seher-(gabe). Jedem Propheten ist demnach der Allgemeinbegriff ‚Seher' zuge-teilt. [28]

(3) Danach heißt es: *und siehe, drei Männer standen* [30] *über ihm* (Gen 18,2). Vermute nun nicht, daß ⟨die⟩ Hälf⟨te der⟩ Mensch(heit) hier als *Männer* bezeichnet [32] werde, in (bloßer) Gegenüberstellung gegen Frauen! Es war nämlich eine Erscheinung nicht von Männern, sondern von (etwas) wie Männer, da ja die Gottheit sich nicht in eine fremde Species verwandelt; denn es (wäre) ihrer unwürdig, (irgendwelchen) [34] Wandel zu erfahren. Wenn sie die (menschliche) Seele (auch) durch eine vertraute Gestalt anrührt, (so) ist sie (doch selbst) auf die Teilhabe am Ewigen und Unsichtbaren beschränkt. – Es will also (dieses Wort) die männliche Natur des [36] Seienden, womit er das Universum sät und aus Barmherzigkeit Sterbliches mit (seiner) lebendigen (Natur) zeugt, den Verständigen erweisen. Die ungestaltete [38] Substanz zu Gott zu machen, haben nämlich viele für richtig gehalten, die den Unterschied nicht kennen zwischen dem, was handelt, und dem, was leidet. (Es ist) aber ein notwendiges Lehrstück, zu betrachten, was in jedem (Ding) das Männliche ist, [40] und ob etwas Weibliches etwa vorhanden ist. Denn das Weibliche, das Leidende, ist die Materie, das Männliche aber der Weltschöpfer. Dieser erscheint seinem eigenen Jünger und [42] vertrauten Gerechten samt den Kräften, Generalen und Erzengeln zu beiden Seiten, welche alle dem Ersten Führer in ihrer Mitte [44] (kultische) Verehrung erweisen.

(4) Der in der Mitte wird ‚Seiender‘ genannt (Ex 3,14 LXX); doch ist dieses ‚Seiender‘ nicht [46] sein eigener und eigentlicher Name. Denn er selbst ist unnennbar und unsagbar, wie (er) auch unfaßlich (ist). (Seinem Da-)Sein [48] entsprechend wird er jedoch als ‚der Seiende‘ benannt. Von den beiden Speerträgern aber zu (seinen) beiden Seiten ist der eine ‚Gott‘ und der andere ‚Herr‘, dementsprechend daß der eine (Mann) für die schöpferische, der andere für die [50] herrscherliche Fähigkeit Symbol ist.

(5) Über diese drei Männer scheint mir jenes Orakel Gottes [52] (im) Gesetz gegeben zu sein: *Ich will zu dir sprechen von oberhalb des Sühnedekkels, mitten zwischen den beiden Cherubim* (Ex 25,22). Da nämlich [54] die Kräfte geflügelt sind, thronen sie naturgemäß in einem geflügelten Wagen über der ganzen Welt. Der Vater selbst aber hängt nicht oberhalb der [56] Kräfte, sondern hat alles an sich hängen; denn Stütze des Bestehens und Säule des Alls ist er allein. Daß er aber *von oberhalb* [58] spricht, der (doch) in der Mitte ist, sagt (die Schrift) deshalb, weil der Seiende durchs Wort das Universum ausgestaltet hat und dieses (seinerseits) durch seine Vorsehung sprechend und vernünftig geworden ist. – [60] In wessen Mitte er aber ist, hat (die Schrift) klargemacht, indem sie sie *Cherubim* nennt: davon ist der eine der schöpferischen Kraft geweiht und wird mit Recht [62] ‚Gott‘ genannt, während der andere der herrscherlichen und königlichen (Kraft zugehört und) ‚Herr‘ (heißt).

(6) Diese Erscheinung erweckte auch den Propheten Jesaja und [64] richtete ihn auf; er empfing nämlich einen Anteil an dem, was oberhalb des Alls das Pneuma der Gottheit ist. Von diesem ausgegossen, gerät der prophetische (Geist) in Verzückung [66] und Taumel. Er spricht nämlich: *Ich sah den Herrn auf einem hohen Thron sitzen; und das Haus war* [68] *voll Herrlichkeit, und Seraphim standen rings um ihn. Sechs Flügel hatte jeder einzelne: mit* [70] *zweien bedeckten sie das Gesicht, mit zweien bedeckten sie die Füße, und mit zweien flogen* [72] *sie* (Jes 6,1–2). – *Seraphim* wird übersetzt (mit) ‚Typoi‘ oder ‚Brandlegung‘. (Das) sind ganz treffend(e) Bezeichnungen der Kräfte; denn sie sind (Ur)bilder und Stempel, [74] mit denen der Schöpfer die Welt geprägt hat, indem er jedem einzelnen Seienden die (ihm) zukommenden Eigenschaften einsignierte und aufprägte. Deswegen [76] also wurden sie ‚Typoi‘ genannt; ‚Brandlegung‘ jedoch deswegen, weil sie die Unordnung und Schmucklosigkeit der Materie verzehren, indem sie sie in den Schmuck [78] der Ordnung verwandeln und damit auch die gestaltlose Substanz in Gestalt und das Schmucklose in Schmuck (Kosmos). Denn nicht eines zerstörerischen Feuers Kräfte sind es, [80] sondern eines heilsamen, durch welches das All kunstvoll geschaffen ist. Darum, scheint mir, vertreten auch einige, die von der Philosophie herkommen, [82] (die Theorie von) einem schöpferischen Feuer, das seinen Weg nimmt, damit der Same (Leben) zeugt. Denn die ausgedehnte und verteilte Flamme des Lichtes hat (die Philosophie) den Augen des [84] Körpers zugeordnet, die in den unsichtbaren Dingen offenbare Natur hingegen, womit die Materie durchgeformt und gestaltet wird, den scharfsichtigen [86] Augen des Verstandes, die das Grobstoffliche durchdringen. Um sich blickend, erspähen sie jenes schöpferische Feuer, das die göttlichen (Ab)bilder schafft nicht (als) unbeseelte, [88] sondern (als) beseelte und vernunftbegabte.

(7) Mose aber sagt sogar noch weitblickender: *Der Herr, dein* [90] *Gott, ist verzehrendes Feuer* (Dtn 4,24) – ein *verzehrendes* nicht auf zerstörerische, sondern auf heilsame Weise. Denn das Erhalten, nicht das Zerstören ist Gott [92] eigen. – Aber vielleicht begehrt ihr (nun) zu hören, auf welche Weise etwas, was scheinbar verzehrt, (doch) unversehrt erhält. Doch (das) ist leicht aus [94] Beispielen zu lernen. Wenn wir von einem Maler sagen, er habe alle Farben in das hergestellte Bild ‚verbraucht‘, oder von einem [96] Bildhauer sei die Bronze zu der Statue oder von einem Baumeister Holz und Steine zu einem Haus oder allgemein von einem [98] Künstler das Material zu einem Kunstwerk ‚verbraucht‘ worden, – nennen wir (das) denn ein Vernichten? Keineswegs! Denn es bleibt (ja) irgendwie die Farbe in dem Gemälde erhalten und die [100] Bronze in dem Bildwerk und die Steine und das Holz in den Bauten und die übrigen Materialien in einem jeden (Ding), worin sie verarbeitet wurden. Sie [102] überdauern aber in einer besseren Verfassung; sie nehmen Form und Ordnung und Eigenschaften an. Auf diese Weise *verzehrt* ja wohl auch Gott – nach Mose [104] und allen, die seit ihm Naturkundige waren – die Materie, nicht um sie in nichts zurückkehren zu lassen, sondern – im Gegenteil – [106] ⟨zur⟩ bewahrenden Überführung aus Nichtseiendem ins Bestehen. *Er* ist für alle (Dinge) die Ursache (ihrer) Erhaltung. **(8)** Die dichteren, gröberen, schwereren [108] Stoffe hat er verbraucht zur Substanz der Erde, den feineren und leichteren zur Entstehung des Feuers; für die des Wassers den feineren als Erde; den gröberen als Feuer und ⟨feineren als⟩ [110] Wasser ⟨für⟩ die luftige (Substanz). Denn nichts ist außerhalb (von ihnen) übriggelassen. Die vier [112] Ursprung(s)-Materialien des Alls hat er, (so) sage ich, ins All *verzehrt*, nicht weil er Zerstörung, sondern (weil er) Bewahrung (damit) will.

(9) [114] Von der Entstehung des Alls möchte ich ausführlich(er) reden, (um) darzulegen, (warum) von den Seraphim jeder, ⟨wie⟩ wir gehört haben, *sechs Flügel* hat, wovon [116] sie *mit zweien die Füße, mit zweien das Gesicht bedecken und mit den beiden übrigen fliegen.* Ganz natürlich! Die Füße bilden den untersten Teil [118] des Körpers, das Gesicht den obersten. Das Stehen der Welt – sozusagen (ihre) *Füße* – (sind) Erde und Wasser; das Sehen – sozusagen (ihr) *Gesicht* – (sind) [120] Luft und Himmel. Die Kräfte aber sind wie mit ihren eigenen Fußsohlen von einem Ende der Welt bis zum anderen ausgespannt; und sie bedecken und umschließen wohlgeschützt die [122] *Füße* des Alls, (d. h.) die niederen Teile seiner Materie, Erde und Wasser, und das *Gesicht*, (nämlich) Luft und Himmel, die empor streben-den [124] Elemente. Hierbei steht nichts von (Gottes) vertrautem Besitz abseits, sondern (alles) erhebt sich weit in die Höhe [126] und umgibt ringsum den in der Mitte (befindlichen) Herrscher und Vater.

(10) Daher haben auch einige, die von den Naturphilosophen herkommen, gesagt, Elemente [128] seien Erde und Wasser, Luft und Feuer, Liebe und Haß. Jedoch meint auch der Prophet die verborgenen Kräfte der vier Elemente [130] symbolisch (mit) vier *Flügeln* – sie sind um Gesicht und Füße wie eine Mauer herumgebaut –, und (meint) auch (die Kräfte) von Haß und Liebe (mit den beiden) erhobenen [132] (Flügeln), die zum Ersten Herrscher empor*fliegen*. Denn zwischen Krieg und Friede, die mit anderen Worten auch ‚Liebe' und ‚Haß' genannt [134] werden, ist er allein der Vermittler.

(11) Ist er nicht derjenige, auf den die Worte der mosaischen [136] Orakel hindeuten: *Ich hob euch auf wie auf Adlerflügeln und führte euch zu mir* (Ex 19,4), [138] und jenes (Wort) im Großen Gesang: *Er behütete ihn wie einen Augapfel, wie ein Adler (immer wieder) seine Brut* [140] *zudeckt und Liebe empfindet zu seinen Jungen: er breitet seine Flügel aus,* [142] *nimmt sie auf und hebt sie auf seinen Rücken. Der Herr allein führte sie, und es gab bei ihnen keinen* [144] *fremden Gott* (Dtn 32,10–12).

(12) Siehst du, welch herrliche Leistung er in (der) Abraham (-Geschichte) bestätigt? Erde [146] und Wasser und Luft und Himmel läßt der Schöpfer an sich hängen, spannt sie durch (seine) Vorsehung auf und hebt die Welt empor wie mit Wächtern: [148] mit seinen Wächtern, den Kräften, befestigt er (sie) von außen zu(m Zweck der) Bewahrung und des Bestehenbleibens der vollkommensten Geschöpfe. Den Neid aber, wie ich schon so [150] oft gesagt habe, hält er weit von sich fern und ist in (seiner) Großzügigkeit der Allerfreigebigste. Sein Abbild und das der Kräfte [152] hat er zu uns gesandt (als) Helfer (in) Schmerzen und Übeln, an denen (jeder) teilhat, der aus der sterblichen Natur entstanden ist.

[154] Philon über die Gottes⟨bezeichnung⟩ ‚wohltätig verzehrendes Feuer‘, bei der Vision der drei jungen Männer.

Kommentar

Z. 1–4 περὶ τοῦ …] Zur Syntax dieser Überschrift vgl. den genau gleich gebauten Titel von *Det.*: Περὶ τοῦ τὸ χεῖρον τῷ κρείττονι φιλεῖν ἐπιτίθεσθαι. Sie ist einer der stärksten Gräzismen des armenischen Textes – Beweis dafür, daß unser Textstück bereits auf einen griechischen (und nicht erst einen armenischen) Exzerptor zurückgeht.

Die Bezeichnung der drei Männer als παῖδες weicht vom Bibeltext und vom Sprachgebrauch Philons (unten Z. 29 ff.) ab. Die „Drei Jünglinge im Feuerofen" mögen für die Benennung Pate gestanden haben (s. Bd. I Anm. 888)[1]. Im „Testament Abrahams" werden auch einmal die drei Gäste Abrahams als παῖδες bezeichnet[2]; bei Cyprianus Gallus (5. Jh.) heißen sie *juvenes … tris* (Z. 598). Der Titel unseres Fragments stammt von einem (christlichen?) griechischen Exzerptor, aber nicht von Philon selbst.

Der Doppelheit von Ober- und Untertitel entspricht chiastisch das Nebeneinander zweier beherrschender Texte in diesem Exzerpt: Gen 18,1 f. und Jes 6,1 f. Zu ersterem hatten wir schon ausgiebige Darlegungen aus Philons Feder (v. a. *QG* IV 1 f. und *Abr.* 107–125). Von Jesaja hingegen fand sich bei Philon bisher nirgends der Name; gelentlich wird er anonym zitiert (Belege s. u. zu Z. 63).

c. 1, Z. 5 ἀναλογούμενα] Dies ist die als *analogia entis* bekannte Lehre, das Jenseitige könne in Analogie zum Diesseitig-Sichtbaren erdacht werden (Weish 13,5). Festugière, Révél. II 561–564 behandelt

---

[1] Sophocles, Lexicon *s. v.* παῖς gibt weitere Belege für τρεῖς παῖδες aus Kirchenvätern. Im Koptischen findet sich die Transkription *trispetēs* (de Vis, Homélies coptes II 58).

[2] S. 293, Z. 14 bei Vassiliev, Anecdota; hier mag die Bedeutung ‚Diener' mit im Spiel sein. Eindeutig im Sinne hellenistischer Schönheitsideale ist bei Jos., Ant. V 277 die Bezeichnung des Engels, der der Frau Manoahs erscheint (Ri 13,3), als νεανίας καλός. Engel waren bis zur Renaissance ja männlich. Schönheit und Jugendlichkeit des Erzengels Michael werden betont im TestAbr 2; s. Delcor, Test. d'Abraham 93; Vassiliev, Anecdota S. 293 Z. 12 ff.

die Geschichte dieses Themas von Aristoteles bis Philon. *Somn.* I 187f.: κατὰ τὸ ἀνάλογον οὖν καὶ ὁ νοητὸς ἀπὸ τοῦ αἰσθητοῦ κόσμος ἐνοήθη, πύλη τις ὢν ἐκείνου. Ebenso *Decal.* 60 u. ö. Jedoch muß Philon um der Transzendenz Gottes willen diese Lehre überbieten und die Gotteserkenntnis ohne Vermittlung durch das Geschaffene für vollkommener erklären: s. u. zu Z. 10.

νοητῶν] Dieses Wort hat hier nicht mehr die ursprüngliche Bedeutung ‚erdenklich', sondern es wird Bezeichnung des Undenkbaren, das sich nur noch der mystischen Ekstase erschließt. Gott oder „der Seiende" ist für Philon teils νοητός (*Spec.* I 17.46; *Cher.* 97; *Her.* 289), teils οὐδὲ τῷ νῷ καταληπτός (*Deus* 62). Ansätze zu dieser Entwicklung des Begriffs νοητός in sein Gegenteil schon bei Platon zeigt Festugière, Révél. IV 88f., 138f. und 243 Anm. 2; den Abschluß markieren die Chaldäischen Orakel. Vgl. noch Bultmann, Exegetica 194–197 und überhaupt, zu Philons Irrationalismus im Kleide traditionell-griechischen Rationalismus, Amir, Philon 189–199.

Z. 6 ψυχῆς ὀφθαλμοῖς] eine seit Platon eingeführte Metapher für den νοῦς[3]. Von den philonischen Parallelen ist besonders deutlich *QG* I 11 (Ende) und *Spec.* III 4–6 (mit autobiographischer Färbung). Vgl. noch unten Z. 24 διανοίας ὀφθαλμοί und, zur philonischen Offenbarungs- und Inspirationslehre im allgemeinen, den Kommentar zu Z. 63–66.

Eine Darstellung der philonischen Seelenlehre, insbesondere des Unterschiedes zwischen animalischer und menschlicher Seele, zwischen Lebenshauch (πνοή) und göttlichem Pneuma, gibt Pohlenz, Kl. Schriften I 350f. Fast scheint es, Philon wolle im Menschen ein besonderes Organ lokalisieren, das zum Empfang der Offenbarung speziell geeignet sei. Sein Interesse[4] liegt jedoch – in Sachen der Gotteserkenntnis – auf einem möglichst deutlichen Gegensatz zwischen den körperlichen und den seelischen „Augen"[5]. Das relativiert den Eindruck einer Verfrem-

---

[3] Platon- und Aristotelesstellen in reicher Fülle, mit Zuordnung zu Philonstellen, bei Helmut Schmidt, Anthropologie 151f.; vgl. Festugière, Révél. II 543 Anm. 2–5 (Einbeziehung von *De mundo* und *C. H.*) und Beierwaltes, Lux intelligibilis 66–68. – Eph 1,18 findet sich ὀφθαλμοὶ τῆς καρδίας. – Der Topos ist noch lebendig: Vgl. den Bildband von Odilo Lechner OSB/Hans-Günther Kaufmann: Mit den Augen der Seele, München: Delphin 1984.

[4] Mit Jonas, Gnosis II/1 S. 70f. und Leisegang, Hl. Geist 216f.

[5] *Mut.* 3–9, *Post.* 118 und die Parallele zu unserem Text, *QG* IV 2 (S. 271). Nach *Abr.*

dung des hebräischen Erbes, der da entsteht, wo Philon, anders als die
Bibel, das „Sehen" höher einstuft als das Hören[6] (*QG* III 5, *Decal.* 46 f.,
Mut. 202, *Migr.* 48.52 u. ö.; s. Ruiz, Profetas 143; Helmut Schmidt,
Anthropologie 75–78.156 sowie 31 f. und 131; zu Platons *Tim.* 47 A–C
als Hintergrund s. Festugière, Révél. II 555 und Runia, Timaeus I
233–238). Was Philon meint, ist das *Ein*sehen (vgl. *Cont.* 10), der
Nachvollzug einer Gottesweisheit, die aus Geboten kommt und auf die
Befolgung der Gebote hinausläuft. Kontemplatives und aktives Leben
gehören für Philon zusammen (*Spec.* II 64 u. ö.). Sein Interesse richtet
sich nicht auf die Anreicherung der griechischen Wissenschaften, sondern auf die Interpretation der traditionellen jüdischen Weisheit[7].

Unserer Stelle entspricht Augustin, *Contra Maximinum* II 5–7: mit
seinen körperlichen Augen sah Abraham drei Männer, mit den „Augen
des Herzens" sah er Gott[8]. Hieronymus erklärt MPL 24, Sp. 93 A zu der
Jesaja-Vision (Jes 6), dort habe sich in verhüllter Weise die Trinität
gezeigt; jedoch seien die *oculi carnis* unfähig, die Gottheit der drei
Personen zu sehen (vgl. Ex 33,20; Joh 1,18), im Gegensatz zu den *oculi
mentis* (vgl. Mt 5,8). – Mehr zum Motiv der ‚Augen des Herzens' oder
‚der Seele' bei Lampe, Lexicon *s. v.* ὀφθαλμός B. 1.

θεωρεῖται] Die Gottesschau liegt für Philon, der hier griechisch
denkt, ganz in der Gegenwart des Betrachtenden, wohingegen sie im
Alten und Neuen Testament eher Verlaufs- und Ereignischarakter hat
(Baudissin, ARW 1915); nur so ist eine eschatologische Erwartung wie
das βλέπειν von 1.Kor 13,12 überhaupt möglich. – Bei Philon hingegen
heißt θεωρεῖν nicht viel anderes als ‚(theoretisch) einsehen': das erweist
sich an Objekten wie der ὕπαρξις des „Seienden" oder an den *Post.* 15
aufgestellten Paradoxen, die gipfeln in einem ἰδεῖν ὅτι ἐστὶν ἀόρατος (ὁ
Θεός) (hier sogar mit dem stärkeren Synonym ἰδεῖν). Vgl. Wilhelm
Michaelis in ThW V 335,52–338,3.

---

70 öffnet Gott selbst dem Menschen das Seelenauge. Hierzu und zu den Reminiszenzen an
Platons dialektische Methode s. Früchtel, Kosmolog. Vorstellungen 166 f.

6 Diesen Eindruck äußern z.B. Jonas, Gnosis II/1, 94 ff., Sandmel, Abraham
124.184.190 u. ö. – Die Hellenisierung liegt hier, wie oft, mehr in Worten als in Gedanken.

7 Dieser Tenor hat sich in der neueren Philon-Literatur zu Recht durchgesetzt. Vgl.
Amir, Philon 74 f., Dahl/Segal, JSJ 1978, 26 u. a.

8 MPL 42,806–809; Thunberg, Three angels 567. Anders Prokopios von Gazas Genesis-
Kommentar (z. St., MPG 87, 364/5), wo auf die Sinnlichkeit und Historizität von Abrahams Seh-Erlebnis Wert gelegt wird.

τοῦ ῎Οντος] Sinn und Problematik dieser Benennung wird von Philon selbst Z. 45 ff. diskutiert.

φαντασία] kann im Griech. etwas Objektives meinen (so Apg 25,23: ‚augenfälliger Aufwand, Gepränge‘), aber auch etwas Subjektives (‚innere Vorstellung‘). Hier wie in der Parallele *Abr.* 119 schillert dieser Ausdruck. „Eine Art religiöser Platonismus wird (ihn) davor bewahren, die göttlichen Bilder (. . .) aus dem eigenen Innern entspringen, statt ihm zukommen zu lassen" (Willms, EIKΩN 104). Letzteres belegt *Mos.* I 289, wo Num 24,3f. in Anlehnung an stoische Wahrnehmungslehre (Turowski, Widerspiegelung 29) paraphrasiert wird. (Dort auch ψυχῆς ὄμματα.)

Z. 7 νοητοῦ ἡλίου] Das Abbildverhältnis der Sonne, die „alles sieht"[9] und – über die Zeiteinteilung – allen Dingen ihr Maß gibt, zu Gott ist Gemeingut der Religionen[10]. In diesem Sinne spricht Philon, *Spec.* IV 231[11], und unten Z. 12 von ἰσότης = Gerechtigkeit Gottes, die von der Sonne ausgeübt werde. Hier aber ist, in Verdichtung der Metapher, das ungeschaffene Licht der Gotteserkenntnis gemeint, ebenso *Spec.* IV 192, *QE* II 51, *Virt.* 164 (dort auch „Aufgehen", „Aufleuchten" Gottes), *Her.* 263 (Bezug auf Gen 18,1ff.). Mehr über diesen Topos bei griechischen Schriftstellern, Kirchenvätern und Rabbinen s. Beierwaltes, Lux intelligibilis 56 und Baeck, Predigt 74 Anm. 28. – Eine Zusammenstellung der Bedeutungen und Bezüge der „Sonne" gibt Philon selbst *Somn.* I 77–115. Über Gott den Vater als νοητὸς ἥλιος bei Origenes u. a. siehe Lampe, Lexicon *s. v.* ἥλιος B. 3.

ὁ Ἑστώς] Diese Substantivierung als Kennzeichnung oder Quasi-Name für das Höchste Wesen ist bei Philon gut bezeugt[12]; damit löst sich das Bd. I Anm. 893 genannte Übersetzungsproblem. (‚Stetig‘ ist also nicht Attribut zu ‚Schein‘, sondern unser Ἑστώς.) Das Tempus des Satzes ist gnomischer Aorist.

---

[9] Homer, Il. 3,277 = Od. 12,323, zitiert von Plin. maj., *Nat. hist.* II 4 § 13.

[10] Vgl. z. B. Hayes/Miller, History 198 (Schutzgott der Gerechtigkeit im Alten Orient); de Vogel, Pythagoras 201; Ps.-Philon, *De J.* 128 und – zu den Kirchenvätern – Lampe, Lexicon *s. v.* ἥλιος B. 1.

[11] Vgl. 236, ferner *QG* I 57.

[12] *Somn.* I 246; zweimal *Mut.* 54 (vgl. 57), *Mut.* 87. – Vgl. Walter Grundmann in ThW VII 643,25ff.; Kuhr, Gottesprädikationen 51.

Gott als den ‚Stehenden', also den Unveränderlichen[13] zu bezeichnen
(vgl. unten Z. 33 f.), ist kein biblischer Gedanke[14], sondern geht zurück
auf die seit den Eleaten belegte Auffassung, daß das „Sein" unbewegt
sei: andernfalls wäre es ja kein Sein, sondern ein Werden. Dies gewinnt
Parmenides aus seiner Tautologie ἔστι γὰρ εἶναι[15]. In ὁ Ἑστώς kommt
noch das Masculinum hinzu, über dessen Bedeutung Philon sich Z. 30 ff.
äußern wird.

Nach Philon ist diese Gotteskennzeichnung nur bei den Gnostikern
im Gebrauch gewesen (Lampe, Lexicon *s. v.* ἵστημι A 1.B; Siegert,
Nag-Hammadi-Register S. 135 f.). Vgl. – ohne Artikel – *C. H.* II 12
(hierzu Festugière, Révél. II 536, IV 126 f.) und Numenios bei Eusebius,
Pr. ev. XI 18,59 (MPG 21, 897 A = Numenios, *De bono* Frg. 15 des
Places/Frg. 24 Leemans; hierzu Möller, Kosmologie 94.107.305
Anm. 3). Die Numenios-Stelle ist von besonderem Interesse, weil dort
ein „Erster Gott" als ἑστώς von einem „Zweiten Gott", welcher κινού-
μενος sei, unterschieden wird. Möller vermutet hierin den direkten
Einfluß der philonischen Metaphysik und Logoslehre.

Z. 8 ἄσκιον ... αὐγήν] Nach *Spec.* IV 192 ist dieser Ausdruck synonym mit νοητὸς ἥλιος. Vgl. ferner die Parallele *Abr.* 119 und die Fülle
der Belege zu αὐγή, auf die im Apparat schon hingewiesen worden ist.
Αὐγή ist in der Lehre der Stoiker die feinste Species des Feuers, wie wir
durch Philon wissen (*Aet.* 86 = SVF II 612; vgl. SVF II 432, 3. Absatz).
Die Stoiker unterscheiden am Feuer Brennstoff, Flamme und Schein
(ἄνθραξ, φλόξ, αὐγή). Nach stoischer Lehre wäre nun das feinste Feuer
dasselbe wie Gott; für Philon ist es von Gott „gezeugt", d. h. geschaffen
(s. nächstes).

Im griechischen Sprachgebrauch ist αὐγή oft Metapher für die Tätigkeit des Verstandes. Dies steht auch hinter αὐγάσαι 2. Kor 4,4; vgl.
Gerhard Kittel in ThW I 505. Origenes sagt *C. Celsum* VI 79, Christus,
die „Sonne der Gerechtigkeit" (nach Mal 3,20/4,2), schicke seine αὐγαί
in jede Seele, die bereit sei, ihn aufzunehmen.

---

[13] Gott ist für Philon ἄτρεπτος (Titel von *Deus*), ἀκίνητος, ἀκλινής, ἀμετάβλητος:
Belege bei Kuhr, Gottesprädikationen 34.35.38.

[14] Auch Mal 3,6 (οὐκ ἠλλοίωμαι) und Ps 101(102),28 (σὺ δὲ αὐτὸς εἶ) sind im Sinne
einer sich nicht ändernden, auf Gerechtigkeit gerichteten Absicht Gottes und einer
Identität Gottes in seinem Handeln zu verstehen. Vgl. *De S.* 16 Ende. M. E. ist im NT Jak
1,17 das einzige Abgleiten in griechische Gottesauffassung; vgl. Siegert, Argumentation
212 Anm. 61a.

[15] Frg. 6, Z. 1 und Frg. 8, Z. 26–33 Diels/Kranz (Kirk/Raven Nr. 345.350).

ἐγέννησεν] Γεννᾶν und ποιεῖν (aber nicht τίκτειν) sind in ihrem übertragen-metaphysischen Gebrauch bei Philon (wie auch sonst oft) Synonyme. Mehr zu diesem Begriff s. u. zu Z. 35 f. Wenn kein Widerspruch zur Rede von Gottes „ungewordenem Licht" (Z. 13) entstehen soll, müssen wir annehmen, daß Philon hier bereits von dessen Abglanz redet: αὐγή meint die menschliche Erkenntnis.

Z. 8 f. τὴν ὅλην ψυχὴν περιλάμπουσαν] Vgl. *QG* IV 1 (S. 266.270), *Cher.* 60 und *Abr.* 119; fast wörtlich gleich ist *C. H.* X 6 περιλάμψαν ... τὴν ὅλην ψυχήν (Schilderung einer Ekstase). – Zur Metaphorik des „Schauens" bis hierher vgl. Philons Auslegung von Abrahams anderer Gottesvision, Gen 17,1, in *Mut.* 1–9 und seine Äußerungen zu der unten zitierten Stelle Ex 25,21(22) in *QE* II 67[16]. Über Stufen der Gotteserkenntnis, ein bei Philon häufiges Thema, soll hier weiter nichts gesagt werden (vgl. Völker, Fortschritt); sie sind hier mit εἶτα ... εἶτα nur angedeutet. Mehr über die von Philon verwendete Mysteriensprache und -szenerie wird zu Z. 65 ff. anzumerken sein.

Z. 9 ἐφέστηκεν] Subjekt ist immer noch ‚der Stehende‘. Er bleibt „über dem Scheitel stehen", nämlich von oben kommend. Die Szenerie ist ja die einer Gotteserscheinung am Mittag (Gen 18,1); die Erscheinung kommt aus der Richtung der Sonne. (Auch Lk 1,78 kennt einen „Aufgang aus der Höhe".) So kann denn Philon die merkwürdige Redeweise in Gen 18,2 ausdeuten, wonach die drei Männer „über" Abraham gestanden hätten (εἰστήκεισαν ἐπάνω αὐτοῦ). Philon nimmt dies anscheinend als Symbol für eine gewisse Dauer der Gottesvision.

Z. 9 f. Ἄξιον γὰρ οὐ πάντων] Hier wird, unter dem Anschein einer Einschränkung, Abrahams Erlebnis verallgemeinert für alle Hörer/Leser dieses Textes (vgl. unten zu Z. 27 f.), wobei diese, nach dem platonischen Zeitgeschmack, als Eliteauditorium[17] angesprochen werden. Vgl. die Disqualifizierung der πολλοί *C. H.* X 20 (S. 123 Z. 16), ferner Plotin, der οὐ πρὸς πάντας spricht (*Enn.* V 8,2), oder N. H. II 141, 25–29, wo die feindliche (nicht-gnostische) Außenwelt als „Tiere" bezeichnet wird, die „von der Wahrheit ausgeschlossen sind". Ähnliches suggeriert, nur freundlicher, Philons Mysteriensprache.

---

[16] Bes. in dem griech. Fragment S. 114 Anm. a (Marcus).

[17] Vgl. Siegert, Argumentation 29 § 7b (nach Ch. Perelman), ferner 38 § 26b („stilisierte Initiation").

Z. 10 τὰς ὄψεις … ἀνατείνουσιν] Ebenso *QE* IV 1 (Ende) von Abrahams Blick in die Sonne, in die „intelligible Sonne" nämlich. *LA* III 98–100: Wenn der νοῦς „gereinigt" und „in die großen Mysterien eingeweiht" ist (das meint die Meditation der Tora), hat er es nicht mehr nötig, „aus den Werken den Künstler" zu erschließen; sondern „über das Gewordene hinwegblickend erhält er eine klare (innere) Erscheinung des Ungewordenen" (ἀλλ᾽ ὑπερκύψας τὸ γενητὸν ἔμφασιν ἐναργῆ τοῦ ἀγενήτου λαμβάνει). Vgl. Völker, Fortschritt 280; Jonas, Gnosis II/1 S. 85–88 und das oben zu Z. 5 Gesagte.

Z. 11 εἰσελθεῖν] Vgl. das ὠκυδρομεῖν bis zum Logos oder wenigstens bis zu den „Kräften" *Fug.* 97 f. und ferner das ἀνωτέρω φέρεσθαι und ἐφίεσθαι des νοῦς (der auch in unserem Text als Subjekt zu denken ist) „zum Großen König selbst" (*Opif.* 70 f.). Er ergeht sich in Tätigkeiten bzw. eher passiven Erfahrungen, die traditionelle griechische Philosophie dem νοῦς niemals zugeschrieben hätte: Vorbereitung des Neuplatonismus. S. Amir, Philon 191 f., 197.

φῶς] wird, wie Bultmann gezeigt hat (Exegetica 344 f.), im Hellenismus zur Bezeichnung einer „Kraftsubstanz", synonym mit πνεῦμα. Licht wird nicht mehr einfach gegen Dunkel kontrastiert; sondern jetzt dient der Gegensatz zwischen einem natürlichen und einem übernatürlichen Licht zur Charakterisierung des Göttlichen. Bereits die „Weisheit Salomos" setzt 7,26 das φῶς ἀίδιον in synonymen Parallelismus mit Θεοῦ ἐνέργεια. Die von Bultmann dargestellte Verschiebung der Gegensätze ist 7,29 abzulesen: „Verglichen mit Licht, erweist sie (die Wahrheit) sich als überlegen: jenes wird durch Nacht abgelöst; die Weisheit aber wird von keiner Bosheit überwältigt." Das natürliche Licht ist nicht mehr Metapher für, sondern Kontrast gegen Gott.

So sagt denn auch Philon *Somn.* I 75: Θεὸς φῶς ἐστιν, mit anschließender Überbietung dieser Aussage. – Die philonischen Aussagen über Gott als „Licht" hat Leisegang, Index *s. v.* φῶς 5. zusammengestellt. Vgl. Beierwaltes, Lux intelligibilis 100 und Klein: Lichtterminologie 11–79 (mit Kritik – S. 73 f. – an Philons Vermischung metaphorischer und unmetaphorischer Ausdrucksweise).

Z. 11 f. εἰς δύο τέμνειν οἷον ἡμέρας τὰς νοητὰς αὐγάς] Οἷον entschuldigt eine uneigentliche Redeweise (wie οἷα *Her.* 264). Es sind deswegen nicht Sonne und Mond gemeint, wie ich Bd. I Anm. 898

unphilonisch vermutet habe, sondern der Unterschied des bei sich blei-
benden, oberen, reinen Lichtes Gottes zu seinem irdischen Abglanz, der
Gerechtigkeit (ἰσότης) – so *QE* II 67; *Spec.* IV 236 (ἰσότης als δεύτερον
φέγγος). – Zu νοητὰς αὐγάς ist außer den im Apparat genannten
Parallelen auch *QE* S. 98 Anm. p (Marcus' Rückübersetzung: ἀσωμά-
τους αὐγάς) zu vergleichen, ferner die ἀμιγεῖς αὐγαί *Opif.* 71 und die
ἀκτῖνες νοηταί *Cher.* 97, *Cont.* 68 u. ö.

Z. 12 πρὸς ἰσότητος καὶ δικαιοσύνης σποράν] Die Meditation der
Tora zielt, wie zu Z. 6 schon bemerkt, auf deren Praxis.

Z. 13 ἀγενήτου ... φωτός] Diese Wortgruppe begegnet beiläufig *Ebr.*
208; vgl. *Opif.* 29 (das „körperlose", „siebente Licht") und *Cher.* 96/97
(Gott bzw. der „Seiende" gebraucht „sich selbst als Licht")[18].

Im Sinne unseres Textes ist es also wohl der „Seiende" selbst, der hier
von seinen Manifestationen und seinen Geschöpfen unterschieden wird
als das „ungewordene[19] Licht". Der andere Ausdruck, νοητόν φῶς,
kann von Philon jedoch durchaus auch auf das gewordene Licht des
ersten Schöpfungstages (Gen 1,3) bezogen werden: *Opif.* 30–35.55[20].

c. 2, Z. 16 εὐλόγως λέγονται] Die Heilige Schrift beim Zitieren
zugleich zu loben, ist eine Eigenart Philons. Vgl. *Mut.* 51, *Congr.* 137,
QG II 45.62, IV 1 (S. 269) und 2, *QE* I 23, II 38 u. ö. Den Autoren des
Neuen Testaments[21] oder den Rabbinen wäre es wohl anmaßend
erschienen, Gottes Wort als „sehr vernünftig" oder „wohlbegründet" zu
empfehlen. (Vgl. aber Apg 28,25: Καλῶς τὸ πνεῦμα τὸ ἅγιον ἐλάλησεν
διὰ Ἡσαΐου τοῦ προφήτου ...) Thyen (Homilie 58), der noch weitere
philonische Beispiele nennt, weiß aus dem griechisch-jüdischen und
dem frühchristlichen Schrifttum nur Barn 10,11 anzuführen – bezeich-
nenderweise einen Vertreter der allegorischen Auslegungsweise. Einem

---

[18] Alle drei Stellen hat bereits Adler, MGWJ 1936, 164 zu unserem Text assoziiert.

[19] Bei sorgfältiger Orthographie läßt sich ἀγένητος ‚ungeworden' von ἀγέννητος ‚unge-
zeugt, ungeschaffen' unterscheiden, wenn auch nur um eine Nuance. Zum Wortfeld vgl.
die Apokalypse Abrahams 17,8–10 (Charlesworth I S. 697). Christliche Stellen in Fülle
bietet Lampe, Lexicon *s. v.*

[20] *Somn.* I 75, das einzige ausdrückliche Zitat von Gen 1,3 in Philons Werken, enthält
eine Art Entschuldigung für diese Ungereimtheit.

[21] Vgl. Siegert, Argumentation S. 159 mit Anm. 17. – Für Philon, mehr als für jeden
vergleichbaren jüd. oder chr. Theologen, ist Mose der *Verfasser* der Tora (Amir, Philon
69f., 72f., 77–106) und kann als solcher auch Lob erhalten.

solchen lag es nahe, etwas Präkonzipiertes sich von der Schrift „trefflich" bestätigen zu lassen.

Z. 17 τῆς ἱερωτάτης Γραφῆς] vgl. *Abr.* 4, wo der gleiche Ausdruck im Plural auftritt. Hier aber ist eindeutig der Singular überliefert. Dieser kann – auch mit Adjektiv ἱερά – bei Philon gelegentlich vorkommen (s. Leisegang, Index *s. v.* und ThW I 751,3–9), obwohl γραφή im Griechischen eher ‚Zeichnung' bedeutet, dann auch ‚Notiz, (schriftlicher) Beleg'. – Im NT heißt es schlicht ἡ Γραφή, einmal (Röm 1,2) γραφαὶ ἅγιαι, einmal (2.Tim 3,15) ἱερὰ γράμματα. Die Kirchenväter bleiben mit ἱερά und ἁγία γραφή (Lampe, Lexicon *s. v.* γραφή A 2; ThW I 751,22–33) im jüdischen Sprachgebrauch.

μελέτην] Dieser Ausdruck gehört bei Philon – ähnlich wie bei den Kirchenvätern (Lampe, Lexicon *s. v.*) – in das Wortfeld um ἄσκησις[22]. *LA* III 18 werden als „Teile der Askese" genannt: ἀναγνώσεις, μελέται, θεραπεῖαι (Gottesdienste), τῶν καλῶν μνῆμαι u. a. Dies dürfte sich am ehesten auf ganz Israel (sofern gesetzestreu), auf Philons „Volk von Sehern" (unten Z. 27), beziehen und nicht auf einen besonderen Lehreroder Rabbinenstand[23]. In dem Philon-Fragment bei Eusebius, *Pr. ev.* VIII 7,13 (MPG 21, 605 B) kommen am Sabbat die Gottesdienstteilnehmer aus der Synagoge als τῶν ... νόμων τῶν ἱερῶν ἐμπείρως ἔχοντες und in der εὐσέβεια weiter Fortgeschrittene.

Z. 18 γνῶθι σεαυτόν] Über die Rezeptionsgeschichte dieser delphischen Maxime, insbesondere bei Philon, sind wir durch die Arbeiten von Pierre Courcelle (Connais-toi toi-même I, bes. 39–43), Antonio Nazzaro (Annali 1970) und Jean-Georges Kahn (RHPR 1973) bestens informiert[24]. Nach Nazzaros Einschätzung (S. 75) hat niemand in der Antike außer Platon und den Gnostikern diesen Spruch so ausgiebig und mit solchem Gewicht gebraucht. Aus Stellen wie *Somn.* I 54–60 (dazu besonders Nazzaro S. 78–85), *Her.* 69f., *Spec.* I 44.264 oder *Migr.* 185

---

[22] S. Leisegangs Index *s. v.;* F. Hieronymus, ΜΕΛΕΤΗ I 83–94; ferner Leisegang, Art. Philon, S. 23 (zur Tradition bis zurück zu den Vorsokratikern); Bréhier, Philon 267.

[23] Wenn Philon seine Lehrer erwähnt, tut er es mit anderen Ausdrücken: vgl. zu Z. 103f.

[24] Aus der reichlichen sonstigen Lit. über Philons Erkenntnisweg sei genannt Jonas, Gnosis II/1, 42f., 104–107, 117–121 und Mendelson, Education 75f. Monographie: J. Pascher, Η ΒΑΣΙΛΙΚΗ ΟΔΟΣ, Paderborn 1931. Weitere Lit. s. Nazzaro 56f. und 74 Anm. 101.

erfahren wir, daß es um Erkenntnis der eigenen Nichtigkeit (οὐδέ-νεια)[25] als Durchgang zur Erkenntnis des Einen und zur ἀρετή (Reinheit der Lebensführung) geht: γινώσκειν ἑαυτόν – ἀπογινώσκειν ἑαυτόν – γινώσκειν τὸν Ὄντα.

Zu den Dingen, die bei solcher Selbsterkenntnis abzulegen sind, gehört bei Philon insbesondere die Astrologie: das „bedeutet" Abrahams Auswanderung aus Chaldäa (*Migr.* 8). Man soll sich den Ansprüchen der Sinnenwelt radikal entziehen, um bereit zu werden für die Begegnung mit dem νοητόν. – Anders, und sehr viel affirmativer, dachten später die Gnostiker: ,Selbsterkenntnis' meinte bei ihnen die Erkenntnis ihrer Überlegenheit über den Kosmos und seine Götter[26].

Rationalistisch gefärbt ist der Gebrauch der Delphischen Maxime bei Epiktet (*Diss.* III 22,53, besprochen von Betz, Hist. of Rel. 1981, 159f.): er läuft auf nüchterne Selbsteinschätzung und Befragung des eigenen Daemonions hinaus. Ähnlich *C. H.* I 21: Ὁ ἔννους ἄνθρωπος ἀναγνωρισάτω ἑαυτόν (vgl. Festugière, Révél. II 207.543).

Die Delphische Maxime galt in der griechischsprachigen Kultur als Inbegriff unergründlicher Weisheit; nur Epikureer konnten, nach Plutarchs Darstellung (*Mor.* 1018C), von ihr unbeeindruckt bleiben. So ist sie denn sogar in die hellenistischen Zauberpapyri eingedrungen (Betz a.a.O. 161–171).

εὐτυχίαν] Max. Adler, MGWJ 1936, 165 hatte hier εὐδαιμονίαν vermutet, was aber von ASA nicht gedeckt wird; auch die Gegenprobe bei Azarian, Lexikon ergibt eindeutig unsere Übersetzung. – Der Kontrast zu κατόρθωσις τρόπων in unserem Text läßt an Stellen denken wie *Cont.* 90 (Schlußsatz der Schrift!), wo die καλοκἀγαθία höher als jede εὐτυχία gewertet wird: ihr folge dann erst die εὐδαιμονία. Unser Text nennt diese letzte Stufe nicht mehr, weil er sich ganz bei dem Zwischenstadium der Kontemplation aufhält.

---

[25] Ganz merkwürdig paßt hierzu ein römisches Mosaik vom Ende des 1./Anfang des 2. Jh. n. Chr. in einem Grab an der Via Appia (Kahn, RHPR 1973, 306f.): Es zeigt ein Skelett (auf einem Scheiterhaufen?) mit der Unterschrift ΓΝΩΘΙ ΣΕΑΥΤΟΝ. – Positiver dürfte der Papyrus Oxyrrhynchus 654 Nr. 2 gemeint sein (abgedruckt bei Aland, Synopsis S. 315 im Apparat), wo im Zusammenhang einer Suche nach der βασιλεία τοῦ Θεοῦ gesagt wird: [ὃς ἂν ἑαυτὸν] γνῷ, ταύτην εὑρή [σει] (Fitzmyers Ergänzung).
[26] Nazzaro S. 75f. mit Bezug auf Hippolyt, *Ref.* V 16,1 (Peraten) und Clemens' *Exc. ex Theod.* – Vgl. N. H. II 138,15–18.

Zur Philosophiegeschichte des Glücksverzichts s. Dillon, Middle Platonists 9.146 u. ö.[27].

Z. 18f. εἴ τινι ...] *Oroy* im armenischen Text ist als Dativ aufzufassen: „wem auch immer anfänglich als Teil sich eingestellt hat (die) Berichtigung der Lebensweise". Kontemplation, Meditation der Tora zielt nämlich nicht nur auf Besserung des Lebens, sondern setzt sie in gewissem Maße, „anfänglich", schon voraus (Einsicht in den hermeneutischen Zirkel von Denk- und Lebensweise). Oder es ist die Privilegierung gewisser Menschen gemeint, die Gott „von Anfang an" zur Vollkommenheit, zu Weisen, zu νόμοι ἔμψυχοι bestimmt hat[28]; vgl. *Abr.* 5; *Mos.* I 162. Vgl. die Schilderung des wahren Gerechten – ob Jude oder Heide! – und damit des wahren Theoretikers *Spec.* II 44f.

Z. 20 ἀναβλέπουσιν] Das Verbum stammt aus Gen 18,2. Philon gibt der Richtung „oben" die zu Z. 10 und 15 besprochene Deutung auf das Intelligible und Über-Intelligible. Zu ἰδόντες vgl. *Deus* 3 das „Sehen" (ὁρᾶν) Gottes und seiner „Kräfte" durch den Weisen.

Z. 21 τὴν θείαν φύσιν] Lactantius, *De ira Dei* 15,7 bemerkt zur Rede von einer *natura Dei*, sie sei unangemessen, denn Gott sei nicht *natus*. Wollen wir Philon genau verstehen, müssen wir φύσις in einem aktiven Sinn[29] nehmen, wie er uns im nächsten Abschnitt, bes. Z. 39ff., begegnen wird. Vgl. Z. 84 die Rede von einer „im Unsichtbaren erscheinenden φύσις, durch welche die Materie gestaltet und geformt wird". – Mehr über Philons schillernden Sprachgebrauch s. Helmut Köster in ThW IX 261–263; zu den Kirchenvätern, die auch eine (schöpferische) θεία φύσις kannten, Lampe, Lexicon *s. v.* φύσις II A.1.

ἐρευνῶσιν] wie *LA* III 84; vgl. Gerhard Delling in ThW II 653f. und Ruiz, Profetas 132f., 146. – Paulus zeigt sich 1.Kor 2,10 zurückhaltender

---

[27] Vgl. seinen Index *s. v. happiness*. Die Aristoteliker meinten, Eudämonie setze einen wenigstens bescheidenen Wohlstand voraus; die Stoiker – mit ihnen Philon – wollten sie auch davon getrennt wissen.

[28] So C. Stead mündlich. Vgl. Mendelson, Education 51–55. – In späteren Zeiten ist die Unterscheidung „von Anfang an" geschiedener Menschenklassen Sache des Gnostizismus gewesen.

[29] LSJ *s. v.* φύσις IV.1. Vgl. Spinozas *natura naturans*. – Stellen zu Gott als φύσις bei Philon s. Kuhr, Gottesprädikationen 29f.

als Philon: das πνεῦμα Gottes ist Subjekt solchen Forschens. Vgl.
jedoch Z. 65 unseres Textes.

Z. 24 διανοίας ὀφθαλμοῖς] d. h. mit dem νοῦς: s. o. zu Z. 6. Nicht
anders läßt auch Eusebius die Hesekiel- und die Jesaja-Vision (Ez 1 und
Jes 6) διανοίας ὀφθαλμοῖς geschehen sein[30].

Z. 25 καμμύων] Gemeinplatz der Mystik, die ja vom Verbum μύειν
(„Augen schließen") ihren Namen hat, und des Platonismus; vgl. *Her.*
257 und *LA* II 30 (wörtlich wiederholter Lehrsatz): „Das Wachen der
Sinne ist der Schlaf des νοῦς" und umgekehrt[31]. Plotin, *Enn.* I 6,8 sagt:
... ἀλλὰ ταῦτα πάντα ἀφεῖναι δεῖ καὶ μὴ βλέπειν, ἀλλ᾽ οἷον μύσαντα
ὄψιν ἄλλην ἀλλάξασθαι καὶ ἀνεγεῖραι, ἣν ἔχει μὲν πᾶς, χρῶνται
δ᾽ὀλίγοι. – Entweder ist in unserem Text das Paradox gemeint, daß die
körperlichen Augen geschlossen werden müssen (vgl. die Szenerie der
Mittagshelligkeit), damit die „geistigen Augen" sehen können (so Bileams Sehen im Schlaf, *Mos.* I 289 nach Num 24.4 LXX); oder die
doppelte Verneinung μηδὲ ... μή ist als Bejahung aufzufassen: die
geistigen Augen dürfen nicht geschlossen sein, nicht einmal eines (so C.
Stead mündlich; vgl. *QG* IV 2, S. 271). Stead schlägt für οὕτως Z. 26 die
Konjektur ἄλλως vor[32] und für ἰσόρροπος die Übersetzung ‚gleichbe-
deutend'[33]. Will man bei der ersten, paradoxen Deutung bleiben, die
zwar von keiner Konjektur, aber doch von dem im Apparat Anm. 27
genannten syntaktischen Problem belastet ist, wäre das Schließen der
äußeren Augen gemeint, die freiwillige Ausschließung der Sinneseindrücke, deren jeder laut *Jos.* 142 dem Wissen hinderlich (εἰς ἐπιστήμην
ἐμπόδιος) ist.

Z. 26 τούτοις ἰσόρροπον] „ihnen (den leiblichen Augen) gleichge-
wichtig" oder – sollte die in diesem Wort steckende Waage-Metapher

---

[30] Jesajakommentar S. 37,12 f. und 38,7. – Alternative wäre das sinnliche Sehen im
Sinne des Prokopios: s. o. Anm. 8.

[31] Vgl. *Her.* 264, wo der – allegorisch ebenfalls verwertbare – abendliche Zeitpunkt der
Gottesvision Abrahams Gen 15,12 auf das Verlöschen der Sinneseindrücke, ja sogar des
menschlichen νοῦς in der Ekstase gedeutet wird. – Mehr hierzu bei Helmut Schmidt,
Anthropologie 61.150 sowie unten im Exkurs zu Z. 65 f.

[32] Sie würde im Armenischen nur 1 Buchstaben ausmachen: *aylpēs* statt *ayspēs*.

[33] Das sagt auch die Bd. I Anm. 916 erwähnte (und verworfene) armen. Glosse. Es
kommt jedoch mit Philons Gebrauch von ἰσόρροπος (niemals metasprachlich) kaum
überein.

bei Philon bereits verblaßt sein – „gleichstark wie sie". *Mos.* I 78 heißt
ἰσόρροπος φαντασία ein ‚gleichstarker Sinneseindruck'. Die inneren
Wahrnehmungen sind – das will Philon wohl sagen – schwächer (zumindest anfangs schwächer) als die äußeren; deswegen müssen die äußeren
abgeschaltet werden.

Z. 27f. ὁρατικός] Adler, MGWJ 1935, 165 erinnert an 1.Sam 9,9 (ὁ
βλέπων), eine von Philon öfters zitierte Stelle: *Migr.* 38, *Her.* 78 (verändert: ὁρῶντες) und *Deus* 139 (ebenso verändert). An unserer Stelle ist
um der Wörtlichkeit, des Kontextes und des philonischen Sprachgebrauchs willen das weniger klassische ὁρατικός vorzuziehen. Dieses
κοινὸν ὄνομα gilt bei ihm ganz Israel, dem ὁρατικὸν γένος[34]. Aus Z. 9f.
und Z. 17 erhellt jedoch, daß für Philon nicht jeder zu diesem Volk
gehört, der von einer jüdischen Mutter stammt, sondern daß er eine
mehr ideale Definition zugrunde legt.

c. 3, Z. 30f. τὸ ἥμισυ τοῦ ἀνθρώπου τμῆμα] „die (männliche) Hälfte
der Menschheit", d. h. Männer im üblichen Sinne des Wortes – so
schlägt Christopher Stead vor, die Stelle zu lesen. Τμῆμα wäre also im
Sinne der Dihärese zu verstehen; vgl. die im Apparat angegebene Parallele. Der διότι-Satz wird damit zur Begründung des μὴ . . . ὑπονοήσῃς;
und *k'anzi* (Bd. I Anm. 920) ist nicht mit „als ob", sondern ganz gewöhn-
lich mit „denn" zu übersetzen. *Abr.* 107 sagt Philon ausdrücklich, es sei
etwas „wie Männer" erschienen: Abraham habe τρεῖς ὡς ἄνδρας gesehen, welche unbemerkterweise von göttlicher Natur (θειοτέρας
φύσεως) gewesen seien[35]. So fassen wir denn auch unsere Stelle auf.
Diese – ein Mißverständnis des Armeniers voraussetzende[36] – Erklärung ist um so willkommener, als damit die Sprecherrollen im unteren
Kontext klar werden: ab διότι (Z. 32) ist alles Philons eigene Meinung.

Z. 32f. τοῦ θείου μὴ μεταβαλλομένου εἰς ἄλλο τι εἶδος] ein Gemeinplatz der griechischen Philosophie, dem man in der hier vorgetragenen

---

[34] Der Menge der Stellen, die Leisegangs Index *s. v.* ὁρατικός anführt, läßt sich *QE* I
12.21, II 46.76 hinzufügen. Unterstützend gebraucht Philon die Etymologie Ἰσραήλ =
Θεὸν ὁρῶν (Belege bei Leisegang unter Ἰσραήλ).
[35] In der anderen Parallele *QG* IV 2 (S. 272) ist es die Dreizahl, in der der Eine lediglich
erscheint.
[36] Er hat nicht bemerkt, daß Philon von ἄνθρωποι nicht *in concreto,* sondern als
Gattung sprach. – Übrigens kommt ἡμίανδρος, das dem *kisamard* des unemendierten
armen. Textes entspräche, bei Philon sonst nicht vor.

Form kaum widersprechen kann: Gott bleibt Gott. Jedoch bedeutete dies für Philon auch, daß Gott „unbewegt" sei und sich nicht ändere; hierüber hat er sich in *Quod Deus sit immutabilis* (῞Οτι ἄτρεπτον τὸ θεῖον) thematisch geäußert. *Opif.* 100 zitiert er zustimmend den Pythagoreer Philolaos: ῎Εστι γὰρ ... ἡγεμῶν καὶ ἄρχων ἁπάντων Θεὸς εἷς ἀεὶ ὤν, μόνιμος, ἀκίνητος, αὐτὸς αὑτῷ ὅμοιος. – Damit wird der Begriff eines ‚Handelns' Gottes schwierig. Wie soll Gott handeln, ohne sich zu bewegen? Er ist doch „der Stehende" (oben Z. 7)! – Dieser Frage ist die Lehre von den beiden „Kräften" gewidmet: unten Z. 42 und besonders Z. 48 ff.

Philon läßt sich auf jene blasse, neutrische Kennzeichnung „das Göttliche"[37] ein, die eher griechischer als biblischer Gotteserkenntnis entspringt (vgl. ThW III 123,19–30). Im NT ist nur Apg 17,27 (Areopagrede!) vergleichbar; zu den Kirchenvätern s. immerhin Lampe, Lexicon *s. v.* θεῖος A 6. – Wenn Z. 36 ff. das Göttliche als Masculinum erscheint, dann in einem metaphysischen Sinn, der nichts mit Personsein zu tun hat.

Z. 34 τροπὴν δέχεσθαι] Außer dem eben Gesagten sei noch als Gegensatz genannt *Opif.* 22, wo es von der ungestalteten Materie bei der Schöpfung heißt: τροπὴν δὲ καὶ μεταβολὴν ἐδέχετο. – Festugière, *Révél.* IV 101 mit Anm. 1 verfolgt das philosophische Lehrstück vom „unbeweglichen" Gott durch die griechische Antike. Entsprechendes aus christlicher Literatur vgl. – außer Jak 1,17 – Lampe, Lexicon *s. v.* τροπή 4a.

διὰ συνήθους μορφῆς] nämlich durch die Menschengestalt der drei Männer. Ähnlich wird Adam *Opif.* 151 beim Anblick Evas durch eine συγγενὴς μορφή in Entzücken versetzt. An unserer Stelle jedoch ist die Wortwahl συνήθης durch ASA, Azarian (Lexikon) und Marcus (Index) eindeutig abgesichert.

Z. 35 ἀενάου καὶ ἀοράτου] Belege zur Verbindung dieser Adjektive mit ὁ θεός und τὸ θεῖον bei Leisegang, Index *s. v.*, zu letzterem auch bei Kuhr, Gottesprädikationen 37. (Vgl. die Kennzeichnung ὁ ἀόρατος *Sacr.* 133 und *Decal.* 120 – Kuhr S. 3.)

---

[37] Vergleichsstellen in Masse bei Leisegang, Index *s. v.*, auch Kuhr, Gottesprädikationen 8.

ἀόρατος war im Griechischen kein eindeutiges Wertprädikat, wie es das *Symbolum Nicaenum* mit seiner aus Kol 1,16 (vgl. 2.Kor 4,18; Hebr 11,1) gewonnenen Einteilung der Welt in ὁρατά und ἀόρατα (= *Über-sinnliches*) erscheinen läßt. Unsichtbar zu sein, ist für griechisches Emp-finden eher ein Mangel. Bei Plutarch kann τὸ ἀόρατον Bezeichnung der Unterwelt sein (*Mor.* 565 A; 591 B). Die Septuaginta hat ἀόρατος nirgends als Gottesprädikat; sie übersetzt *tohu* Gen 1,2 mit diesem Wort. Erst Philon und (spärlicher) das Neue Testament bringen ἀόρα-τος positiv in die biblische Tradition ein. S. Wilhelm Michaelis in ThW V 369–371 (auch zu platonischen Wurzeln dieses Sprachgebrauchs).

μετοχήν] Hier wie in den Parallelen (s. Apparat) zeigt sich, daß Philons „Göttliches" Repräsentant allgemeinerer Begriffe ist. Daher auch ὥρισται, für die „eingeschränkte" Verwirklichung eines allgemei-neren Gedankens. Definitionen sind Einschränkungen.

Bei weiterem Nachdenken mußte diese Redeweise auf Kritik stoßen. Ps.-Athanasius sagt, wenn der Dreieinige Gott ‚gut' heiße, dann nicht μετοχῇ ἀγαθότητος, ἀλλ᾽ οὐσίας ταυτότητι (MPG 28,1141 A, nach Lampe, Lexicon *s. v.* μετοχή 1). Vgl. Mk 10,18.

Z. 35 f. τὴν τοῦ Ὄντος ἄρρενα φύσιν] So unumwunden und schlicht findet man diese These bei Philon kaum ein zweites Mal[38], zumal er dem ὁ Ὤν aus Ex 3,14 LXX, das Masculinum wäre, mindestens gleich oft das allgemein-philosophische und neutrische τὸ Ὄν zur Seite stellt: siehe Leisegangs Index. S. 226 b–227 b. (Dieser Befund gilt auch dann, wenn man einrechnet, daß die Genitive und Dative zweideutig sind.) Daß Philon auf das männliche Geschlecht des „Seienden" so großen Wert legt, hat philosophische Hintergründe, zu deren Darstellung wir etwas weiter ausholen.

---

[38] Kuhr, Gottesprädikationen hat ἄρρην übersehen. Zu Gott als ἀνήρ bietet er einige recht aufschlußreiche Stellen (S. 18): *Cher.* 49 τῶν συμπάντων πατήρ, ἅτε γεγεννηκὼς αὐτά, καὶ σοφίας ἀνήρ; *Det.* 147 ἀνὴρ καὶ πατὴρ τῶν ὅλων; *Mut.* 132.205. Vgl. noch Richard A. Baer jr.: Philo's use of the categories Male and Female, Leiden: Brill 1970 (*non vidi*).

Exkurs: Die „Männlichkeit" des Schöpfers

Aristoteles hat, ältere Naturmythen aufgreifend, definiert: männlich sei der Ursprung der Bewegung und des Werdens, weiblich der Ursprung der Materie[1]. Die griechische Sprache, in der ποιεῖν und γεννᾶν Synonyme sein konnten (so ausdrücklich Philon, *LA* III 219), war dieser Anschauung förderlich, ebenso die Mehrdeutigkeit von σπέρμα, die Zeugen und Säen Synonyme sein ließ[2]. Viele Geschlechtsgegensätze transportierten diese alte Anschauung von der Initiative und Überlegenheit des Männlichen: ὁ οὐρανός – ἡ γῆ; ὁ νοῦς – ἡ αἴσθησις (beides *LA* I 21) usw.[3]

Aristoteles glaubt zu beobachten: „Stets stellt das Weibliche den Stoff, und das Männliche ist das Schaffende" (*De generatione animalium* II 4, 738 b 20)[4], was für ihn sogar heißt, daß der Körper eines Tieres aus dem Weibchen, die Seele aus dem Männchen stammt.

Nun hatte Zenon, der Vater der Stoa, gelehrt, das All habe zwei Ursachen, „Gott und die Materie: Gott als das Schaffende, die Materie als das, was (oder: womit) geschaffen wird" (ἀρχὰς εἶναι . . . τῶν ὅλων θεὸν καὶ ὕλην, θεὸν μὲν τὸ ποιοῦν, ὕλην δὲ τὸ ποιούμενον, SVF I 85)[5].

---

[1] *De generatione animalium* 716 a 5 ff.; s. Lesky, Zeugungs- und Vererbungslehren 1351 (127) mit Belegen zur Vor- und Nachgeschichte. Aus Philon vgl. *Det.* 172, wo in recht offenen Worten auf das Gefälle zwischen Bewegung (männlich) und Passivität (weiblich) beim menschlichen Geschlechtsverkehr Bezug genommen wird. Vater des Gedankens war hier offenbar ein Verhaltenscodex für das jüdische (und später das christliche) Ehebett, den man für die übrige Antike nicht unbedingt voraussetzen kann; das lehren nicht nur zahlreiche Vasenbilder, sondern auch Dichterstellen wie Martial XI 104, bes. Z. 14.

[2] *Aet.* 69: . . . σπείροντος μὲν εἰς μήτραν . . . ὡς εἰς ἄρουραν. Stellen zu diesem Topos aus Platon (*Tim.* 91 D) und anderen Klassikern s. Groß, Natur 30.

[3] Vgl. *QG* I 45–52; *QE* I 8; *Spec.* I 200; *Post.* 177; Karppe, Philon 23; Runia, Timaeus I 245. – *Fug.* 51 wird über die Weisheit gesagt: ὄνομα μὲν θῆλυ σοφίας ἐστίν, ἄρρεν δὲ ἡ φύσις: die weibliche Bezeichnung rechtfertige sich aus der Nachrangigkeit gegenüber Gott, der als τὸ τὰ ὅλα ποιοῦν etwas Männliches (ἄρρεν) sei.

[4] Vgl. 729 a 34 ff. Was Aristoteles und viele andere wie eine Beobachtungstatsache hinstellen, hat Mundle, JbAC 1979, 65 als das zu bezeichnen gewagt, was es schon immer war: ein Vorurteil. Zu Philon vgl. Wegner, Woman, bes. S. 555, auch S. 553 zu der dahinter stehenden Ablehnung aller Sinnlichkeit. *Opif.* 151 f.: Die Frau (vgl. 1.Tim 2,14) und die ἡδονή sind Ursache der Sünde. Hier wird das vom Bibeltext statt dessen genannte – und übrigens Männern oftmals näherliegende – Streben, wie Gott zu sein (Gen 3,5; 11,4), erheblich verharmlost.

[5] Ritter/Preller Nr. 493. Vgl. die bei SVF folgenden Texte. Über die Weitergabe dieses Axioms in der Stoa und seine Aufnahme bei Posidonios (von dem Philon viel gelernt zu haben scheint, v. a. den Synkretismus) s. SVF I 493, II 300, III Archedemos 12; Posidonios

Es ist klar, auf welche Seite, wenn man nach Geschlechtern trennt[6], Gott damit kommt. (Natürlich handelt sich's hierbei um eine rein metaphysische Sexualität, von der der Aspekt einer Fortpflanzung der Species oder gar der Aspekt der Lust gänzlich fortzudenken ist.) Das Aktive nun – oder nach Philon auch: das Männliche – hatten die Stoiker, als Materialisten, mit dem Terminus πνεῦμα belegt; das sollte feinste Materie sein, die sich in verschiedenen Mischungsverhältnissen aus Feuer, dem heißen (= energiegeladenen), und Luft, dem beweglichen Element zusammensetzte[7]. (Mit diesem Stoff dachte man auch die ärgerlichen Hohlräume ausgefüllt, von denen der Atomismus der Epikureer ausgegangen war.) Entsprechend Philon: Ἰδοὺ τὸ δρῶν αἴτιον, τὸ πῦρ· ἰδοὺ καὶ τὸ πάσχον, ἡ ὕλη, τὰ ξύλα (*Fug.* 133).

Wir werden all diese Vorstellungen, die mythisch-platonischen und die stoischen, in unserem Philon-Stück wiederfinden, wobei Philons Originalität sich darauf beschränkt, einen Unterschied einzuführen zwischen dem immateriell gedachten „Seienden" von Ex 3,14 und seinen materiell aufzufassenden „Kräften", deren eine übrigens ϑεός heißen konnte (so unten Z. 49). Männlich, also wirkend zu denken sind sie allesamt. –

Als religionsgeschichtlicher Kontrast seien noch einige ältere wie auch jüngere Aussagen erwähnt, nach denen das Höchste Wesen nicht männlich, sondern zweigeschlechtig oder geschlechtslos ist. Nach einem orphischen Fragment in *De mundo* (401 a 28 – b 7)[8] ist Zeus ἄρσην und νύμφη; und ebenso zitierte der Epikureer Philodemos im Zuge einer Kritik theologischer Anthropomorphismen das Wort: Ζεὺς ἄρρην,

---

(ed. Edelstein/Kidd) Frg. 5; Weiß, Kosmologie 40 Anm. 1 und Dillon, Middle Platonists 108 f. Zur Übernahme dieses Lehrsatzes bei Philon s. Ritter/Preller Nr. 606; Weiß, Kosmologie 38–42; Bréhier, Philon 79 f.; Wolfson, Philo I 276.

[6] Der Stoizismus tat dies nicht. SVF II 1076 Z. 10–13 erklärt Chrysipp, nur die Benennungen der Götter seien männlich und weiblich. Vgl. Festugière, Révél. IV 45 Anm. 1. – S. 47 erklärt Festugière die Rede von mann-weiblichen Göttern im Stoizismus nicht als Übernahme orientalischer Vorstellungen, sondern als Konsequenz des stoischen Immanentismus.

[7] Sambursky, Physical world 132–137. Diese Mischung konnte, zumindest in der Wiedergabe durch Dritte, auch ‚Aether' genannt werden: *Zenoni et reliquis fere Stoicis aether videtur summus deus, mente praeditus, qua omnia regantur* (SVF I 154, aus Cicero). – Zum Aether bei Philon vgl. unten zu Z. 111 f. und 120.

[8] Hier 401 b 2; Kern, Orphicorum Fragmenta S. 91 Nr. 21 a. Vgl. Festugière, Révél. IV 45 ff. mit weiterem religionsgeschichtlichen Material. – Der aus dem 4. Jh. v. Chr. stammende Derveni-Papyrus bietet einen kürzeren Text, der unsere Aussage noch nicht enthält: s. Brisson, RHR 1985 S. 416 Z. 26 ff. Immerhin ist Zeus dort schon mit der (weiblichen) Μοῖρα identifiziert (Z. 28, ergänzt).

Ζεὺς θῆλυς[9]. Ähnliches aus dem Neupythagoreismus s. Festugière, Révél. IV, 43–45. – Gewissen Gnostikern galt ihr Höchstes Wesen, obwohl sie es ‚Vater‘ nannten, als „mann-weiblich"[10] oder geschlechtslos[11]. Ähnlich *C. H.* I 9 (Gott ἀρρενόθηλυς) und *Asclepius* 20[12]. – Typischerweise war der gnostische „Vater" kein schaffender Gott.

Die frühchristlichen Autoren sind in dieser Frage geteilt. Die pseudoclementinischen Homilien (III 27; s. Karppe, Philon 23) stimmen dem Männlichkeits-Theorem bei; der Apologet Aristides jedoch hält Männlichkeit und Weiblichkeit für Einschränkungen, die aus der Gotteslehre fernzuhalten seien[13].

Eine von Philon recht verschiedene Wertung der Geschlechter gibt der jüdische Prediger in *De S.* 18: Frauen können auch die stärkeren sein. Mehr hierüber wird im Kommentar zu *De S.* zu sagen sein.

———

Z. 36 ᾗ σπείρει . . . καὶ γεννᾷ] Auf die Synonymität beider Ausdrücke wurde eben hingewiesen; vgl. auch Lampe, Lexicon *s. v.* γεννᾶν 1. – Wir haben uns hier ein unsexuelles Zeugen, ohne „Mutter", vorzustellen – ähnlich wie *QE* II 46 von der Wiedergeburt des Mose bei seiner Berufung gesagt wird, es gebe bei ihr nur einen Vater, keine Mutter. Der Frage, ob nicht auch etwas passiv-„Weibliches", Material nämlich, bei der Schöpfung habe dabeisein müssen, wird Z. 40 ausgewichen mit der Behauptung, es sei zufällig dagewesen (συμβέβηκεν εἶναι). Ein Schöpfer wird der ὕλη nicht zugeschrieben, auch keine eigene schöpferische Kraft.

Über den Schöpfer als „Sämann" vgl. Festugière, Révél. IV 223 mit Anm. 1 (Philon, Christliches, Hermetisches).

Der Arzt und Philosoph Galenos[1] zitiert einmal mit gewissem Lob

---

[9] Diels, Dox. S. 549. Das Zitat ist geborgt aus dem Stoiker Diogenes v. Babylon; es erscheint darum auch in SVF III S. 217.

[10] Siegert, Nag-Hammadi-Register S. 176.

[11] Iren. I 11,5 (Bd. I S. 108).

[12] Zu ägyptischen Vorbildern s. Mahé, Hermès II 292.

[13] *Apol.* I, S. 6 der armen. Ausgabe. Weniger deutlich der bei Hennecke S. 4 wiedergegebene Text.

---

[1] *De usu partium* XI 14 (III 905 Kühn), zit. nach Stern, Authors II Nr. 376 (S. 311), bes. Z. 1–7. Mose wird in diesem Textstück viermal namentlich erwähnt: Z. 4.7.14.31. – Hier steht offenkundig der Demiurg des platonischen *Timaeus* im Hintergrund, der nur eine untergeordnete Gottheit ist.

„Mose" für die Auffassung, daß die Naturdinge allein vom Befehl des Demiurgen abhingen; dies sei besser als Epikurs Materialismus. In seiner Kritik beider hält er dann den Mittelweg für richtig: sowohl der Demiurg als auch die Materie seien ἀρχαί. – Ihn würde Philons Tadel von Z. 38 treffen.

δι' ἔλεον] Die Schöpfung ist eine Tat des Erbarmens gegenüber den Geschöpfen; denn Sein ist besser als Nichtsein. Dieser Optimismus, den sogar ein Hiob (10,12) im Leiden noch ausdrückt, ist von den Gnostikern frontal angegriffen worden, denen der Kosmos dasselbe war wie das Chaos und die Unterwelt[2]. Bei Philon finden sich gelegentlich auch solche Töne, z. B. *Her.* 45, wo vom gottfernen Menschen gesagt wird, er verbringe ein wertloses Leben in den „Winkeln des Hades". John Dillon weist auf die Vorbereitung dieses Topos im Mittleren Platonismus hin (Middle Platonists 169/170.178).

Normalerweise aber ist für Philon die „schöpferische Kraft" auch die „wohltätige": s. u. zu Z. 49. Vgl. auch *Cher.* 127 und die Platon-Anspielung *Opif.* 21.

Bultmann gibt im ThW die Belege dafür, daß ἔλεος, obwohl zu den πάθη gehörig, bei griechischen Dichtern durchaus von der Gottheit ausgesagt werden konnte (II 475,5 mit Anm. 10; vgl. 475,6f. zum *C. H.* und 478,28ff. zu Philon). Nur der Stoizismus, der das Mitleid auch bei Menschen mißbilligte (a.a.O. 475,20–29), steht hier abseits. Wahrscheinlich meint aber Philon in unserem Text nichts anderes als die auch vom Stoizismus gebilligte, in *De Jona* so sehr gerühmte, *leidenschaftslose* φιλανθρωπία.

Z. 36f. θνητὸν τῇ ζώῃ *scil.* φύσει αὐτοῦ. Der Unterschied zwischen Schöpfer und Geschöpf wird hier zu einem Paradox zugespitzt.

Z. 37f. ἄμορφον οὐσίαν] vgl. Z. 78. Die Materie als „ungestalte Substanz" zu bezeichnen, ist stoischer Sprachgebrauch[3]. Reiner Platonismus hätte den Terminus οὐσία für Immaterielles reserviert. Ähnlich wie hier spricht Philon *Her.* 140; *Spec.* IV 187; *QG* I 64 (S. 39), II 15

---

[2] Belege bei Siegert, Nag-Hammadi-Register S. 262, Z. 18f. Auch Stellen wie N. H. XIII 43,9 u. a. sind hier einschlägig.
[3] Turowski, Widerspiegelung 15; s. SVF I 87 (= Diels, Dox. S. 457f.) u. ö.

(S. 93) u. ö. von der Materie; vgl. Runia, Timaeus I 114. *Fug.* 8[4] ver-
wahrt sich gegen das θεοπλαστεῖν der ἀσχημάτιστος οὐσία.
Zu ἄμορφος vergleicht Justin, *Apol.* I 59 das ἀκατασκεύαστος von
Gen 1,2.

Exkurs: Philons Problem mit der Materie

Platon hatte für die Materie noch kein Wort. Sein *Timaeus* gebraucht
Umschreibungen, die auf ὑποδοχή, „Aufnahme" (49 A ff.) hinauslau-
fen[1]. Ὕλη ‚Bauholz' wurde erst durch Aristoteles zum philosophischen
Terminus (s. LSJ *s. v.,* III.2). Offenbar ist Philon dabei, das weibliche
Gegenstück zu Gott zu benennen; und er muß ihm, um einen Dualismus
zu vermeiden, so viele Eigenschaften wie möglich absprechen – außer
‚weiblich'[2]. Ἄμορφος, eine Nicht-Eigenschaft und Sammelbegriff von
Nicht-Eigenschaften[3], entspricht einem ἄποιος *Fug.* 9 oder der Verbindung beider Adjektive *Spec.* I 328[4]. (Andererseits gilt bei Philon auch
der „Seiende" als ἄποιος[5], was in diesem Fall als Vorzug aufzufassen
ist.) Man kann fragen, ob dieses Un-ding der Schöpfertätigkeit Gottes
vorgegeben sein oder ihr gleichfalls entspringen soll, wird aber bei

---

[4] Hierzu Harl, Cosmologie 198; Weiß, Kosmologie 42.

[1] Das weibliche Geschlecht dieses Ausdrucks ist mit Bedacht gewählt; denn es gleicht
τὸ μὲν δεχόμενον μητρί, τὸ δ' ὅθεν πατρί (50 D). – Über die allmähliche Entwicklung
eines Materiebegriffs im Platonismus s. Dillon, Middle Platonists 15.26f.45.82; Ritter/
Preller Nr. 359. Die Pythagoreer, auf die Platons *Tim.* sich ausdrücklich beruft, haben
ihrerseits bei einem späten, literarischen Wiederaufleben dieser „Schule" ihre „unbe-
stimmte Zweiheit" als πάσχουσα ὕλη bezeichnet; s. Ps.-Pythagorica, ed. Thesleff I 25–27,
vgl. 23 und den ganz und gar synkretistischen Text eines Ps.-Okkelos bei Thesleff II 131,
Z. 2–12.
[2] Weiß, Kosmologie 42 Anm. 5 vergleicht mit unserer Stelle – die er zitiert – Plutarchs
De Isi et Osiride 53 (*Mor.* 372 E/F); dort wird Isis allegorisiert als τὸ τῆς φύσεως θῆλυ, καὶ
δεκτικὸν ἁπάσης γενέσεως und identifiziert mit Raum und Materie (χώρα καὶ ὕλη), die es
dem Obersten, Guten erlaubt (παρέχουσα), zu zeugen und „Ausflüsse" (Emanationen)
und „Ähnlichkeiten" in sie zu „säen" – eine klare Weiterentwicklung von Gedanken
Platons, der in diesem Zusammenhang auch namentlich genannt wird.
[3] In diesem Sinne ist Bd. I Anm. 926 zu korrigieren. Vgl. Harl, Cosmologie 197 mit
weiteren philonischen Parallelen.
[4] Ebenso Posidonios, Frg. 92. – Weitere Philon-Stellen bei Weiß, Kosmologie 41
Anm. 5; Hinweise zur Herkunft des Lehrstücks aus Platonismus, Aristotelismus und Stoa
bei Ritter/Preller Nr. 606 a.
[5] Stellen in Leisegangs Index *s. v.,* auch Ritter/Preller Nr. 603 b.

Philon keine klare Antwort erhalten[6]. *Spec.* I 328 z. B. schafft Gott „aus" der Materie (ἐξ ... ὕλης)[7]; *QG* IV 68 hingegen wird behauptet, der Vater aller Dinge habe für seine Schöpfung die Materie *(niwtʿ)* nicht nötig. – Der Ursprung der Schwierigkeiten liegt in Philons Inkonsequenz, das platonische μὴ ὄν mit der stoischen οὐσία, also Seiendes mit Nichtseiendem zu identifizieren.

Das Materie-Problem hat auch die Kirchenväter noch lange verfolgt. Während Justin in seiner 1. Apologie (10,2) die Welt noch ἐξ ἀμόρφου ὕλης geschaffen sein läßt und sich (20,4) für diese Vorstellung ganz unbefangen auf Platon beruft (vgl. Möller, Kosmologie 146), versucht Tertullian in *Adversus Hermogenem,* diese von seinem Gegner vertretene Anschauung zu bekämpfen. Über die Schwierigkeiten der großen Dogmatiker Basilius und Gregor v. Nyssa mit einer monistischen Schöpfungslehre informiert Gronau, Poseidonios S. 62–65 und 113 ff. Daß das Ringen um Klarheit nicht ohne Tadel am großen Platon abgehen konnte, zeigt Wolfson, Studies 170–181, unter der Überschrift *Plato's pre-existent matter in patristic philosophy.* – Plutarch in seiner Platon-Exegese *Mor.* 1014 A–1016 B riskiert einen klaren Dualismus, kommt also faktisch auf die Lehre der (von ihm gar nicht geschätzten) Stoiker hinaus.

———

Z. 38 θεοπλαστεῖν] Vgl. *Fug.* 8 (zu Z. 37 f. zitiert) und *Decal.* 53.58.59 im Kontext einer Erläuterung des Ersten Gebots: die Elemente oder der Kosmos oder Teile von ihm dürfen nicht zur ἀρχή und nicht zum αἴτιον erklärt werden. Hier ist nicht nur an den Materialismus der Epikureer oder den feineren der Stoiker zu denken, sondern auch an Kompromißhaltungen wie die von Galenos vertretene (s. o. zu Z. 36) und vielleicht

———

[6] May, Schöpfung 9–21 mit Literaturangaben S. 9 Anm. 32; Helmut Schmidt, Anthropologie S. 171 Anm. 18 (mit Literaturangaben); Dillon, Middle Platonists 158; Weiß, Kosmologie 28 (Materie nicht von Gott geschaffen) gegen 43 (Gott einzige Ursache). R. Grant, Miracle 141 will Philons Meinung am ehesten *Conf.* 136 ausgedrückt sehen: „Gott selbst hat sowohl Raum als auch Ort mit den Körpern zusammen gezeugt." Bréhier, Philon 80–82 findet Philons Anliegen nicht in einer *creatio ex nihilo* (die nur für immaterielle Dinge klar ausgesagt werde), sondern in einer Schöpfung durch Mittelinstanzen. – Wendland in seiner Ausgabe von *Prov.* S. 4 f. versucht, das Widersprechende bei Philon in eine chronologische Abfolge zu bringen. Übrigens ist die Wiedergabe philosophischer Lehren über die Materie *Prov.* I 22 und deren Diskussion II 48–51 alles andere als klar; vgl. die Ausg. von Hadas-Lebel S. 68–70.

[7] Vgl. Weish 11,18: Gottes Hand als κτίσασα τὸν κόσμον ἐξ ἀμόρφου ὕλης.

auch an das damals noch in Ägypten geübte Anfertigen von Götterbil-
dern, worunter man das Anfertigen der Götter verstand: s. *Asclepius* 37
(S. 347 Z. 13 f.): *efficere deos.* Festugière[1] und Mahé[2] haben lehrreiches
Material zusammengetragen: es reicht von dem den Statuen zugeschrie-
benen *Ba* (eine Art Seele, aber keine menschliche) bis zur „Theurgie"
der Chaldäischen Orakel und des Neuplatonismus. Sollte unser Text auf
derlei Dinge gemünzt sein, hätte er hier und in der auch auf Himmels-
Körper zurückgehenden Astrologie seinen zeitgemäßen Kontrast. Vgl.
noch Weish 13,2 und Röm 1,25.

Z. 38 f. διαφορὰν ποιοῦντος καὶ πάσχοντος] Philons Lehrsatz – ganz
stoisch – lautet: ἰδοὺ τὸ δρῶν αἴτιον, τὸ πῦρ · ἰδοὺ καὶ τὸ πάσχον, ἡ
ὕλη[3] – so *Fug.* 133 und an anderen Stellen, die einen grundsätzlichen
Unterschied machen zwischen einem handelnden Prinzip (δραστήριον,
gelegentlich auch als Masculinum) und einem passiven (πάσχον, παθη-
τόν), dem jedoch der Rang einer ἀρχή oder αἰτία abgesprochen wird
(*Opif.* 8[4]; *Det.* 161). *Cher.* 87–90 legt dar, daß das „Aktive" unablässig
aktiv sei (vgl. den späteren Begriff einer *creatio continua*); es sei dabei
jedoch stets unveränderlich und ermüde nicht, weswegen es auch das
einzig Ruhende heißen könne[5]. Was die Materie „leidet", wird Philon
Z. 74 ff. genauer sagen. Seine Lehre vom „Feuer" als aktivem Element
im Kosmos expliziert er Z. 82 ff.

Z. 39 Ἀναγκαῖον ... μάθημα] also ein „Lehrstück" nicht nur für die
philosophisch Interessierten, sondern eine „notwendige" Religions-
wahrheit. *Spec.* III 180: „Es gibt keine größere Sünde (ἀσέβημα), als
dem Leidensfähigen (τῷ παθητῷ) die Kraft des Handelnden (τοῦ
δρῶντος) zuzuschreiben[6]. Das wäre die Ehrung des Geschöpfs vor dem

---

[1] C. H. Bd. II S. 378 Anm. 194.

[2] Hermès II 98–100.

[3] Vgl. oben zu Z. 35 f. – Diese Stelle hat Ambrosius in einem seiner Briefe wörtlich
übernommen; s. den 2. Apparat in Cohn/Wendlands Philonausgabe z. St.

[4] Hierzu Dillon, Middle Platonists 157 (Streitfrage innerhalb des damaligen Platonismus); ferner Turowski, Widerspiegelung 11 f. – Über den „Seienden" als ποιῶν und ποιῶν
ἀεί s. Leisegang, Index S. 662 b (Mitte) – 663 a.

[5] S. Festugière, Révél. II 536, der *C. H.* XI 13 f. und XVI 19 vergleicht.

[6] Kontext ist die Erläuterung von Dtn 25,11 f. Philon, der ja für alles eine Allegorie
weiß, nimmt die Hoden (δίδυμοι) ihrer Zweizahl wegen als Symbol der παθητὴ καὶ
διαιρετὴ ὕλη, der die Bibel geringere Aufmerksamkeit („Ergreifen" im Bibeltext) zu
widmen gebiete als dem αἴτιον πρῶτον. Das erklärt ihm die an der Stelle genannte hohe
Strafe. – Fehlte nur noch, daß er dem Phallos (der ja, platonisch gesehen, den Vorzug der

Schöpfer, wovor die jüdische Weisheit warnt (Weish 13,2 – s. o. –; bei Philon *Decal.* 61.69 u. ö.).

Z. 40 συμβέβηκεν] erweckt den Eindruck, als wäre die Schöpfung auch ohne Materie möglich. Terminologisch wird hier eine Verwirrung angerichtet zwischen οὐσία (Z. 37 f.) und συμβεβηκός.

ἡ ὕλη] Diesen Ausdruck, dessen Erwähnung Philon bis hierher aufgeschoben hat, haben wir zu Z. 37 f. vorgreifend schon erklärt.

Z. 41 ὁ Κοσμοποιός] Dieses – wohl erstmals von Philon gebrauchte[7] – Wort ist weitaus angemessener, einen „Schöpfer" im monotheistischen Sinne zu bezeichnen, als das platonische δημιουργός, das nur eine untergeordnete Gottheit, einen göttlichen „Handwerker" meinte[8]. Im griechischen Alten und Neuen Testament kommt das Wort κ. nicht vor, häufig aber dann bei den Gnostikern (die den κ. wieder abwerten) und den Kirchenvätern (s. Lampe, Lexicon *s. v.*).

Z. 41 f. μαθητῇ καὶ γνωρίμῳ δικαίῳ] eine bei Philon nicht seltene Wortverbindung. Abraham ist ein solcher „Schüler" Gottes *Mut.* 270. Über seine Stufe gilt es hinauszukommen und τέλειος zu werden. *Spec.* IV 140 (im Abschnitt „über die Gerechtigkeit"): der Visionär ist der τέλειος ἀνήρ ..., μηκέτι ἐν τοῖς γνωρίμοις καὶ μαθηταῖς ἐξεταζόμενος. Vgl. das zu Z. 9 f. Gesagte. Wieder ist der Eindruck, daß Philon hier (hyperbolisch) zu gewöhnlichen Juden spricht, deren Weiterbildung und Vervollkommnung ihm angelegen ist.

Z. 42 δυνάμεσιν] hier noch in nicht näher bestimmter Mehrzahl; anders dann Z. 48 ff. Die Gotteskennzeichnung Κύριος Σαβαώθ = τῶν δυνάμεων aus der Septuaginta klingt hier an, aber auch die stoische Rede von „Kräften" der Gottheit (Dillon, Middle Platonists 163)[9].

Einzahl besitzt) entsprechende Ehren erweise; doch bleibt seine Rede auf diesem Gebiet abstrakt. Vgl. den letzten Exkurs.

[7] Was die Wörterbücher ausweisen – auch zum adjektivischen Gebrauch des Wortes und zum Neutrum τὸ κοσμοποιόν –, ist alles später als Philon.

[8] Vgl. oben zu Z. 36, Anm. 1 über Galenos' Mißverständnis der Genesis.

[9] Dillon 171 f. erinnert auch an die „jüngeren Götter" Platons; ebenso Ritter/Preller Nr. 607 a (vgl. 334 a). Was bei Platon die Gestirnmächte sind, erhält auch in unserem Text durch Philon eine kosmologische Erklärung.

Es versteht sich bei Philon von selbst, daß die „Kräfte" mehr oder weniger hypostasiert zu denken sind (vgl. ThW II 299,8 ff. und Pfeifer, Hypostasenvorstellungen 53–57), da sie die Vermittlung des außerweltlichen „Seienden" mit seinen Geschöpfen herstellen müssen.

Exkurs: Die beiden „Kräfte" als Vermittler zwischen Transzendenz und Immanenz

Was Philon an dieser Stelle denkt, erfahren wir aus der griechischen Philosophie der Zeit. Ps.-Aristoteles, *De mundo* sprach von der δύναμις (im Singular) des außerweltlichen Gottes als seiner Verbindung zum Kosmos (bes. 397b19ff.)[1]. Vom Pythagoreer Ekphantos (4. Jh. v. Chr.?)[2] wird die Meinung überliefert, nicht durch Schwerkraft oder Stoß würden die Dinge bewegt (wie im Atomismus), sondern ὑπὸ θείας δυνάμεως, ἣν νοῦν καὶ ψυχὴν προσαγορεύει (Diels, Dox. S. 566 Z. 15f.), ein klarer Kompromiß mit der Stoa. Zugleich wurde im Platonismus tradiert, πρῶτον αἴτιον sei Gott, τὸ δὲ δεύτερον αἴτιον ἐκ Θεοῦ γεγενῆσθαί τινας δυνάμεις (Diels, Dox. S. 588 Z. 25f.[3] unter dem Namen des Platon –!). Und der *Poemandres* besingt in seinem Schlußhymnus (*C. H.* I 31) den großen Gott, „dessen Wille von den eigenen Kräften ausgeführt wird"[4].

Fast alle Philosophie drehte sich damals um die Vermittlung von Transzendenz und Immanenz. Dem Epikureismus warf man vor, keine zu sein. Der nächste große Versuch dieser Art war der Neuplatonismus, der über die kosmischen Hypostasen des νοῦς und der ψυχή der Menschheit Anteil an den obersten Substanzen gewährte (Plotin, *Enn.* V 1 u. ö.). Formal verwandt ist das nahezu endlos iterierte „Hervorgehen" von „Kräften" im gnostischen Pleroma[5], das zwar den Kosmos

---

[1] Vgl. Zeller, Philosophie III/1, 661–664.

[2] Vgl. Kirk/Raven S. 247.

[3] Der Text fährt fort: δι' αὐτοῦ δὲ καὶ τῶν δυνάμεων γεγενῆσθαι τὴν ὕλην – eine Lösung der Materie-Frage, die Philon zu unplatonisch wäre. – Das Beispiel zeigt, wie der Unterschied der Philosophenschulen (die atomistische ausgenommen) bis auf bloße Sprachregelungen zusammenschrumpfen konnte.

[4] Festugière, Révél. III 163–165 leitet die „Kräfte" in *C. H.* I rein aus dem hellenistischen Heidentum her, ohne jüdische Vermittlung (gegen W. Grundmann im ThW): es stünden hier nicht die „Zebaoth" des AT dahinter. – Vgl. überhaupt III 153–174 über die „Kräfte" in *C. H.* I und XIII.

[5] Bes. im sog. Ägypterevangelium (N. H. III *2* = IV *2*). Material s. Siegert, Nag-Hammadi-Register S. 17f. und 123ff.

nicht erreicht, wohl aber den Lichtfunken im Gnostiker: Dies ist „Der Gedanke unserer großen Kraft" (so Titel und Inhalt von N. H. VI 4)[6].

Selbst die recht unspekulative Rechtfertigung des traditionellen Polytheismus durch Julians Präfekten Salustios (4. Jh. n. Chr.) arbeitet mit einer Abstufung zwischen „überweltlichen" (ὑπερκόσμιος) und „innerweltlichen" (ἐγκόσμιος) Göttern (6,1).

Walter Grundmann hat im ThW II, 299 f. den heidnisch-jüdischen Doppelcharakter der philonischen „Kräfte"-Lehre kurz und treffend dargestellt. Eine Abwehr des damit naheliegenden Polytheismus unternimmt Philon *Decal.* 61 mit dem ausdrücklichen Verbot, den „Satrapen" des „Großen Königs" göttliche Ehren zu erweisen (vgl. Festugière, Révél. III 164f.). Über das Verhältnis der beiden „Kräfte" zu jener anderen Vermittlungsinstanz, dem Logos, äußert sich Philon z. B. *QE* II 68 (griech. erhalten): Sie gehen „wie aus einer Quelle" aus ihm hervor. Mehr hierüber s. u. im Exkurs zu Z. 49. Zum Anspruch einer persönlichen Offenbarung, den Philon mit seiner Lehre von den zwei „Kräften" verbindet, s. den nächsten Exkurs.

Daß die christliche Theologie mit diesem hellenistisch-jüdischen Lehrstück nicht viel anzufangen wußte – abgesehen von ein paar Anspielungen, die sich im 2./3. Jh. noch finden (s. Exkurs zu Z. 49) –, liegt auf der Hand. In Christus sollte Gottes οὐσία, nicht nur seine δύναμις, verkörpert sein: Verwerfung des sog. Dynamismus. (Vgl. aber immerhin Lampe, Lexicon *s. v.* δύναμις VI B.12 und VII A.2. – Unter VI B.3 findet sich Origenes' Abgrenzung, daß die δύναμις der göttlichen Vorsehung keineswegs wie das stoische Pneuma – vgl. unseren Exkurs zu Z. 65 – vorgestellt werden dürfe. Damit war auch dieser Rest eines jüdischen Stoizismus erkannt und verworfen.)

Als Jahrhunderte der dogmatischen Plerophorie Christus dem Erdboden entrückt hatten, bildete sich in der byzantinischen Kirche erneut eine zu Philon analoge Lehre: Im Palamismus ist der jenseitige Gott durch seine „ungeschaffenen Energien" im Kosmos gegenwärtig (Evdokimov, L'Orthodoxie 14f., 25f.). – Der Volksglaube behilft sich auf ganz andere – mythologische – Weise mit der Mariologie. Die himmlische Maria empfahl sich dem privaten Gebet u. a. dadurch, daß sie mit keiner politischen Macht jemals assoziiert war.

Die Wort-Gottes-Theologie der Reformatoren ist eine andere, nicht-

---

[6] Vgl. Apg 8,10 die Bezeichnung des Simon Magus als „Gottes große Kraft".

metaphysische Lösung des Vermittlungs-Problems, das aus einem kosmologischen mehr und mehr ein historisches wurde.

———

Z. 42 στρατηγοῖς] Dieses Wort war als Bezeichnung hochrangiger „Kräfte" bisher bei Philon nicht belegt. Man könnte auch das – bei Philon seltenere – στρατάρχης in Erwägung ziehen; dieses wird gelegentlich übertragen gebraucht (*Decal.* 53; *Virt.* 77), aber dann im Singular vom „Seienden". Philons Metaphorik schwelgt im Militärischen; der „Herr der Heerscharen" wird als Überhöhung eines hellenistischen Herrschers gezeichnet (vgl. nächste Zeile).

Den Bd. I Anm. 928 genannten gnostischen und patristischen Belegen für στρατηγός läßt sich, als früher christlicher, Melitons Passah-Homilie § 105 hinzufügen; dort heißt es von Christus: οὗτός ἐστιν ⟨ὁ⟩ στρατηγός …¹. Delcor, der in seiner Übersetzung des *Testamentum Abraham* Parallelen zu στρατηγός und ἀρχιστράτηγος (letzteres dort stehender Titel Michaels, entwickelt aus Dan 12,1) zusammengetragen hat (S. 52 f.64.91.151), verweist für στρατηγός und seine Steigerungen (mit ἐπι-, ἀρχι-) auf Titulaturen der ägyptischen Verwaltung. Auch diese können also Philon mitbeeinflußt haben.

Z. 42 f. ἀρχαγγέλοις] Dieses Wort ist, wie man den Angaben bei W. Bauer *s. v.* und im ThW (I 86, 11 ff.) entnehmen kann, eine nachalttestamentlich-jüdische Prägung. Philon bietet die ältesten Belege². Das Neue Testament (1.Thess 4,16; Jud 9) und die übrige christliche und gnostische Literatur hat das Wort von Judentum übernommen. Zur dahinter liegenden Vorstellung (Ausgrenzung von – meist 7) besonderen Engeln, in Anlehnung an Ez 9,2 ff.) siehe das ThW.

An unserer Stelle ist der Plural verdächtig, weil er bei Philon sonst nicht vorkommt. *Somn.* I 157 immerhin heißt es: Ἐμήνυε δὲ τὸ ὄναρ … τὸν ἀρχάγγελον, Κύριον³: das läßt vermuten, daß die andere der beiden obersten „Kräfte", Θεός (vgl. unten Z. 49.61), ebenfalls als „Erzengel"

———

¹ Die Belege bei Lampe, Lexicon *s. v.* στρατηγός 4. sind auch alle singularisch.

² Der bei W. Bauer zu Beginn genannte Beleg grHen 20,8 ist redaktioneller Zusatz, wie innere und äußere Evidenz (sonstiger Sprachgebrauch der Schrift, syntaktische Stellung des Satzes als Schlußtitel des Kapitels, Fehlen dieses Schlußtitels im äthiop. Text) erweist. Die Belege aus dem 4.Esra (4,36) und dem „Gebet Josephs" (Frg. C; Charlesworth II S. 714) werden ins 1. Jh. *n.* Chr. datiert.

³ Harl (ed.), Heres S. 126 Anm. äußert Zweifel an der Integrität des Textes.

anzusehen sei. *Her.* 205 trägt der Logos diesen Titel, ebenso *Conf.* 146, wo dessen ganze Titulatur ausgebreitet wird. (Er zählt zu den „vielnamigen" Gottheiten, im Kontrast zum unnennbaren „Seienden".) Große semantische Unterschiede zwischen den Titeln darf man nicht vermuten.

Z. 43 τῷ Πρώτῳ Ἡγεμόνι] Die an Philon orientierte Rückübersetzung fällt weniger gnostisch aus als erst angenommen (Bd. I Anm. 929): ἡγεμών, nicht ἄρχων[4]. Philon borgt hier Glanz von der Herrlichkeit hellenistischer Kriegführung.

Für das Wortpaar (die Kennzeichnung) Πρῶτος Ἡγεμών gibt es als Parallelen: *Virt.* 169; ferner *QG* IV 2 (Parallele unseres Textes) *aṙaǰin ew išxan* (wo *ew* „und" den Ausdruck wohl mißverständlich zu einer Hendiadys verändert) und *aṙaǰin išxan QG* I 94 (Ende) für den νοῦς, für den auch sonst bei Philon die metaphorische Bezeichnung ἡγεμών häufig ist, ferner *Opif.* 69 ὁ μέγας ἡγεμών und *Mos.* I 284: ἑνὶ τῷ τοῦ κόσμου Ἡγεμόνι πιστεύοντες.

Zur Herkunft der Metapher gibt das Zitat aus dem Neupythagoreer (Ps.-)Philolaos in *Opif.* 100 (oben zu Z. 32 f. schon erwähnt) Aufschluß. Der unechte 6. Brief Platons enthält am Ende (324 D) einen Appell an τὸν τῶν πάντων θεὸν ἡγεμόνα, τῶν τε ὄντων καὶ τῶν μελλόντων, dem allerdings ein Πατήρ und Κύριος übergeordnet wird. Im *Phaedr.* 246 E läßt Platon den μέγας ἡγεμών im Himmel, Zeus, auf einem geflügelten Streitwagen fahren, während er alles ordnet (διακοσμεῖν) und beaufsichtigt; ihm folgt das Heer der Götter und Dämonen. Dies ist von Philon der Sache nach, von Plotin später auch wörtlich wiederholt worden (*Enn.* III 3,2 u. ö.).

Der Stoiker Chrysippos bezeichnete den νόμος (das Weltgesetz) als „König aller, der göttlichen und der menschlichen Geschäfte"; δεῖ δὲ αὐτὸν ... εἶναι ... ἄρχοντα καὶ ἡγεμόνα (SVF III 314). Zur Übernahme dieses stoischen Lehrstücks ins Judentum vgl. *De J.* § 4. In *De mundo* heißt die oberste Gottheit mehrfach ἡγεμών (400 b 8; vgl. die Analogie 399 b 10), einmal sogar ὁ πάντων ἡγεμών τε καὶ γενέτωρ (399 a 30). Die Belege sind wohl insgesamt nicht häufig, aber gut gestreut. Lampes Lexicon bietet ein ähnliches Bild für die Literatur der Kirchen-

---

[4] Entscheidend waren die Nachweise zu diesen beiden Wörtern in Leisegangs Index, ferner Harl, Cosmologie 191 Anm. 1. Ἄρχων wäre der nachher noch zu nennenden, nur partiellen ἀρχοντικὴ δύναμις (Z. 62) zu nahe gekommen.

väter (Clemens v. Alexandrien, Dionysius Areopagita)[5]. – Die Gnostiker in ihrer Polemik gegen den biblischen Schöpfergott haben sich auf
einen „Ersten Archon" eingeschossen. Ἡγεμών (als griechisches Wort)
begegnet in den Nag-Hammadi-Schriften positiv, vom Logos (I 96,20,
neben ἀρχή und *lajqe* = αἰτία): „ein Führer/Herrscher dessen, was nach
dem Bild des Vaters wurde".

ἐν μέσῳ αὐτῶν] ein Widerspruch zu Z. 55 – s. dort.

Z. 44 λατρευόντων] Mit diesem Wort (ThW IV 61,15–25: ,kultische
Verehrung durch die ganze Gemeinde') geht die militärische Metaphorik über in den Topos vom himmlischen Gottesdienst. Im NT vgl. Röm
8,34 und Hebr 7,15–10,21, bes. 7,25 (jeweils vom ἐντυγχάνειν Christi)
und die Hymnen in der Apokalypse; bei Lampe, Lexicon *s. v.* λατρεία
siehe C.3. Manche gnostischen Schriften handeln von nichts anderem,
verlegen es freilich außerhalb des Kosmos (so N. H. III 2 = IV 2).

Die letzten fünf Silben dieses Absatzes ergeben den bei den „Asia-
nern" beliebten rhythmischen Schluß (Creticus + verkürzter Creticus),
ebenso Z. 50, 80 und 134; vgl. Z. 113 (zwei Cretici).

Z. 45 Ὤν] Von Ex 3,14 LXX war schon zu Z. 35f. die Rede; vgl.
Weish 13,1 (εἰδέναι τὸν Ὄντα). Das aus Leisegangs Index und aus
Kuhr, Gottesprädikationen ersichtliche philonische Material läßt sich
ergänzen aus QG S. 85.134.135.152.230.271 (die Parallele) .276.281.
295.419; QE S. 30.108.109.116; ferner ὁ ὄντως Ὤν QG S. 21.33.67; QE
S. 41.94[6]. Sinn und Funktion dieses bei Philon so beliebten Ausdrucks
ist es, das Höchste Wesen unbestimmt und außerhalb der Welt der
Dinge sein zu lassen[7], während seine Aktivitäten, die δυνάμεις,
hypostasiert und von ihm nach Bedarf abgetrennt[8], die Rolle der Immanenz übernehmen. Das ist der Sinn der Kosmologie, die Philon im
folgenden entwickelt.

---

[5] Ferner Synesios v. Kyrene, wo ἡγεμών metonymisch etwa ,Ursache' bedeuten dürfte,
wie übrigens ἀρχηγός Apg 3,15; 5,31 und Hebr 2,10 auch eher den ,Grundlegenden' als
den ,Anführer' meint; s. Siegert, Argumentation 218 Anm. 86.

[6] Dies sind meist Rückübersetzungen, wobei der armen. Text keine Unterscheidung
von Masculinum und Neutrum zuläßt. – Über ὁ Ὤν, τὸ Ὄν bei Clemens v. Alexandrien s.
Heinisch, Einfluß Philos 129; Gnostisches s. Siegert, Nag-Hammadi-Register S. 145f.,
238.

[7] In der Konsequenz davon können τὰ ὄντα im Gnostizismus überhaupt außerweltlich
sein (Belege vgl. vorige Anm.), in völliger Umkehrung des griech. Begriffs. Vgl., was zu
Z. 7 über das νοητόν bei Philon gesagt wurde.

Daß das Höchste Wesen von jeder Berührung und Beschmutzung mit der Materie fernzuhalten sei, ist ein von Philon festgehaltenes platonisches Dogma (s. Wolfson, Philo I 274–282 zu *Spec.* I 329). *Mut.* 27 (hierzu Heinisch, Einfluß Philos 130–132) gibt er ihm die aristotelische Formulierung: τὸ γὰρ ὄν, ᾗ ὄν ἐστιν, οὐχὶ τῶν πρός τι, also kurz: der oder das „Seiende" ist ohne Relation zur Welt. Das läßt die Frage offen, ob die Welt denn kein „Seiendes" sei. Sie bleibt offen, wohingegen die Frage der Relation in der Lehre von den „Kräften" eine Kompromißlösung erfährt.

Z. 45 f. οὐκ ὄνομα ... ἴδιον καὶ κύριον] Hier kritisiert nun Philon selbst den philosophischen Ersatz des unaussprechlichen biblischen Gottesnamens, und zwar mit philosophischen Mitteln. (Als er *Abr.* 121 schrieb, scheint er noch nicht so weit gewesen zu sein: dort gilt ihm ὁ Ὤν als ὄνομα κύριον.) *Mut.* 11 und *Leg.* 6 spricht er wie hier: der Seiende hat kein ὄνομα κύριον[9].

Heinisch, Einfluß Philos 128 weist auf Ps.-Justins *Cohortatio ad gentiles* c. 20 hin, wo gesagt wird, Platon habe genau dies von Mose gelernt, sich allerdings (aus Furcht vor dem Schierlingsbecher) nicht getraut, es offen zu sagen.

Die Antwort „Ich bin der Seiende" Ex 3,14 LXX soll laut *Mut.* 11 besagen: εἶναι πέφυκα, οὐ λέγεσθαι (ebenso *Somn.* I 230; Weiteres bei Ritter/Preller Nr. 604.605 e). Der „Seiende" erlaubt jedoch, mißbräuchlich (καταχρηστικῶς) mit diesem Namen genannt zu werden (*Somn.* I 230, vgl. *Mut.* 12.27). „Dies ist mein ewiger Name" (Ex 3,15) wird abgewertet zu: ‚dies ist mein Name für diesen Aeon' (*Mut.* 12). –

Vater des Gedankens war Platon, der wenigstens einmal bis „jenseits des Seins" (ἐπέκεινα τῆς οὐσίας, *Resp.* 509 B)[10] spekuliert hatte. Krämer, Ἐπέκεινα hat die Wirkungsgeschichte dieser Formel geschrieben. Sprachlich erklärt sie sich als Ablehnung des *prädikativen* ἐστίν für jenes, was über unserer Erkenntnis liegt (transzendent ist); ἐστίν im

---

[8] Heinisch, Einfluß Philos 132 weist auf den Widerspruch hin, daß die „Kräfte" des „Seienden" mal mit ihm identisch, mal nicht identisch sein sollen.

[9] *Mos.* I 75 scheint eine Kompromißlösung zu sein: kein „eigentlicher Name" für den, ᾧ μόνῳ πρόσεστι τὸ εἶναι – dieses letztere darf offenbar doch gesagt werden. Vgl. unseren Text Z. 47.

[10] Vgl. Platons *Parmen.* 141 E: οὐδαμῶς ἄρα τὸ Ἕν οὐσίας μετέχει. So dann in Plotins Hierarchie τὸ Ἕν – τὸ Ὄν – ὁ Νοῦς – ἡ Ψυχή.

Sinne des ‚Bestehens' (ὑπάρχειν) wird davon meist nicht berührt. So auch in unserem Text Z. 47.

Die Wirkung dieses Lehrstücks auf die christliche Theologie[11], auf Gnostizismus[12] und Neuplatonismus[13] ist unermeßlich. Hier interessiert nur die Feststellung, daß Philon ihnen vorangeht. Im *C. H.* II 5 gilt Gott – hier als Θεός deutlich unterschieden von τὸ θεῖον, was Gattungsbegriff wäre – als ἀνουσίαστος. Festugière, Révél. IV 70f. vergleicht hierzu das ἀνούσιος bzw. ὑπερούσιος[14] der Neuplatoniker.

Z. 46f. ἀκατονόμαστος, ἄρρητος] Hierzu John Whittaker in: Fs. Dörrie 1983, 303–306: diese beiden Wörter sind die mittelplatonische Zusammenfassung (und Übersteigerung) von Platons *Tim.* 28 C[15], 7. Brief 341 C[16] und *Parmen.* 142 A[17], wo jeweils die Überlegenheit des Göttlichen über menschliche Sprache ausgedrückt wird. Von da bis zu den Kirchenvätern verfolgt Whittaker das Lehrstück, mit reichem Material. Aus Philon zitiert er *Somn.* I 67, wo übrigens auch ἀκατάληπτος, wie hier, als dritter Ausdruck vorkommt (s. unseren Apparat Anm. 45). Vgl. noch Boyancé, RPh 1955, bes. S. 186f., und Dillon, Middle Platonists 155; Festugière, Révél. IV 70–140.

Keinesfalls würde das pejorative ἀνώνυμος[18] hier passen: Der „Sei-

---

[11] S. Origenes, *C. Celsum* VI 64 den zustimmenden Kommentar zu Kelsos' These: οὐδ' οὐσίας μετέχει ὁ Θεός; ferner Lampe, Lexicon *s. v.* εἰμί C.

[12] S. Lampe *s. v.* εἰμί L. (Basilides); ferner N. H. IX 63,9–11, B. G. 24,20f. und überhaupt die bei Siegert, Nag-Hammadi-Register S. 146 angeführten Paradoxe. Vgl. nächste Anm.

[13] *Resp.* 509 B ist die bei Plotin meistzitierte Platon-Stelle (s. Bd. III S. 357 im *Index fontium.*) – Vgl. noch Pearson, Marsanes *passim* (auch zum Gnostizismus). Norden, Agnostos Theos 232f. verweist auf den Gegensatz zwischen dem Mittelplatoniker Plutarch, der *Mor.* 393 A/B aus dem delphischen E = εἶ das Prädikat ‚sein' für Gott herausliest, und Plotin, der *Enn.* VI 7,38 dem Einen, Ersten das Sein abspricht.

[14] Belege für diese Wörter – aus christlichen und nichtchristlichen Neuplatonikern – bei LSJ und Lampe *s. v.*; ὑπερούσιος auch bei Salustios 5,3. Die Vulgata übersetzt Mt 6,11 ἐπιούσιος in falscher Etymologisierung mit *supersubstantialis.* – Zu ἀνούσιος scheinen sich in theologischem Sprachgebrauch die Richtungen geschieden zu haben: Während die bei Lampe, Lexicon zusammengetragenen Belege abwertend gemeint sind, nicht als Gottesprädikat, hat der Valentinianismus laut Hippolyt, *Ref.* VI 42 diesen Ausdruck auf den obersten „Vater" bezogen. Weiteres bei Siegert, Nag-Hammadi-Register 146.

[15] τὸν γὰρ πατέρα καὶ ποιητὴν τοῦδε τοῦ παντὸς εὑρεῖν τε ἔργον καὶ εὑρόντα εἰς ἅπαντας ἐξειπεῖν ἀδύνατον.

[16] . . . ῥητὸν γὰρ οὐδαμῶς ἐστιν ὡς ἄλλα μαθήματα (nämlich der Zusammenhang zwischen Philosophie und Leben).

[17] Οὐδ' ἄρα ὄνομά ἐστιν αὐτῷ (dem Einen) οὐδὲ λόγος.

[18] Die Stelle bei Lactantius, *Div. inst.* I 6,4 = C. H. Bd. IV S. 105 Nr. 3 a, wonach der

ende" ist nicht ‚namenlos' im Sinne eines Mangels auf seiner Seite; sondern menschliche Sprache ist ungeeignet, von ihm zu reden. (So sagten es, mit einer Vielfalt von Synonymen, auch die Gnostiker: s. Siegert, Nag-Hammadi-Register S. 76f.155.208.277.) *C. H.* V 10 formuliert das Paradox: Gott „hat alle Namen", aber „er selbst hat keinen Namen".

Als religionsgeschichtlicher Kontrast zum „unnennbaren" Gott seien die „vielnamigen" Götter der traditionellen Mythologie genannt[19]. Noch in *De mundo* gilt der Eine Gott als πολυώνυμος (401 a 12ff.), wobei einer der Namen natürlich ‚Zeus' ist. Festugière, Révél. II 516–518 und IV 65–70 hat gezeigt, wie aus dieser (stoischen) Relativierung von Götternamen überhaupt das eben genannte hermetische Paradox hervorgeht.

In anderem Sinn als bei Philon war die Unterweltgöttin Persephone (Kore) ἄρρητος[20]: Man nannte sie nicht aus Scheu vor Unglück.

Z. 47 ἀκατάληπτος] Hierzu, außer dem eben Gesagten, Nazzaro, Annali 55 (Literaturangaben Anm. 30) und 61, wo in Anm. 44 *bis* der Unterschied zwischen ἀκατάληπτος ‚unbegreiflich' und ἄγνωστος ‚unbekannt' herausgestellt wird; ferner Jonas, Gnosis II/1,70–76; Früchtel, Kosmolog. Vorstellungen 161ff. (v. a. zur vorphilonischen Verwendung des Ausdrucks) und Whittaker in: Fs. Dörrie 1983, 303 Anm. 5 (auch zur späteren Verwendung). Philonische Parallelen bei Leisegang, Index *s. v.*

Formal widersprechen sich bei Philon die beiden Aussagen, daß Gott νοητός sein soll (*Spec.* I 46 – vgl. 17 –; *Cher.* 97; vgl. *Her.* 289 und oben Z. 7), μόνῃ διανοίᾳ καταληπτός (*Spec.* I 20), und andererseits ἀκατάληπτος oder, wie *Deus* 62 noch deutlicher sagt: οὐδὲ τῷ νῷ καταληπτός. Der Widerspruch löst sich jedoch, ganz im Sinne von Z. 47f. unseres Textes, in der angegebenen Stelle, *Deus* 62: Gott ist nicht einmal mit dem Verstand zu erfassen ὅτι μὴ κατὰ τὸ εἶναι μόνον· ὕπαρξις γὰρ ἐσθ' ἣν καταλαμβάνομεν αὐτοῦ, τῶν δέ γε χωρὶς ὑπάρξεως οὐδέν. Vgl.

ägyptische Weise Hermes Trismegistus gesagt haben soll, Gott sei ἀνώνυμος (ohne negativen Beiklang), ist singulär und wohl auch schlechtes Griechisch.

[19] Beispiele bei Hengel, Sohn Gottes 91 Anm. 109; ebenso in C. H. Bd. I S. 67 Anm. 26f.

[20] Euripides, Frg. 64 Nauck; Colli, Sapienza I S. 96. Vgl. Festugière, Révél. II 92f. Anm. 1 (negative Theologie des Albinos). – Bei Philon: *Mut.* 14 τὸ ῎Ον ἄρρητόν ἐστιν. Zur Nachwirkung dieser These bei Justin und weiteren Kirchenschriftstellern s. Heinisch, Einfluß Philos 126–131.

Jos., *C. Ap.* II 167. D. h., wir können feststellen, daß er ist, aber nicht, wer oder was er ist – die *existentia,* aber nicht die *essentia;* s. u. (Wieweit diese Aussage überhaupt einen Inhalt hat, wäre eine andere Erörterung.)

Ἀκατάληπτος hatte noch eine große Geschichte in der christlichen Theologie vor sich (s. Lampe, Lexicon *s. v.:* Apologeten usw.), v. a. im Zusammenhang mit der Trinitätslehre. Johannes Chrysostomos hat eine Reihe von Predigten über die Unbegreiflichkeit (περὶ ἀκαταλήπτου) Gottes gehalten, womit er die zu weit gegangene Spekulation, v. a. auf seiten seiner arianischen Gegner, dämpfen wollte. Denn längst füllte die Rede vom „Unsagbaren" Bände. – Johannes' v. Damaskus Dogmatik beginnt mit dem Lehrsatz ὅτι ἀκατάληπτον τὸ θεῖον (c. 1; vgl. c. 4). Philon ist, wie es scheint, Vater und Vorläufer aller „negativen" oder „apophatischen" Theologie: vgl. Heinisch, Einfluß Philos 126–131; Karppe, Philon 18 und den Exkurs bei Cumont, Lux 419–421: *Connaissance par non-savoir.*

τῷ εἶναι] erklärt nun positiv das Ὤν von Z. 45. Wurde das prädikative εἶναι abgelehnt (s. unsere Erklärung zu Z. 46 f.), so darf und muß εἶναι im Sinne von ὑπάρχειν ,existieren, bestehen' vom „Seienden" ausgesagt werden[21]; ja gerade deswegen heißt er so. Τί ἐστιν kann von ihm nicht gesagt werden, wohl aber ὅτι ἔστιν (*Spec.* I 32 u. ö.[22], nach einer Unterscheidung aus Aristoteles' Analytik [89 b 34]). Seine οὐσία ist nicht erkennbar, wohl aber seine ὕπαρξις (*Post.* 168; vgl. Festugière, Révél. IV 7–17; Jonas, Gnosis II/1, 80–84; Chadwick, Philo 148).

Dieses Lehrstück ist ganz unverändert Grundbaustein der patristischen Gotteslehre geworden: *Scimus enim esse Deum, scimusque quid non sit; quid autem et qualis sit, scire non possumus* (Hieronymus)[23]. Ebenso Johannes v. Damaskus, *De fide orth.* 4: ὅτι … ἔστι Θεός, δῆλον· τί δέ ἐστι κατ' οὐσίαν καὶ φύσιν, ἀκατάληπτον. Gnostiker versuchten, das noch zu steigern: Basilides spricht von einem οὐκ Ὤν, denn er sei οὐκ οὐσία, οὐκ ἀνούσιον (s. Hippolyt, *Ref.* VII 21; das gleiche als Hymnus N. H. VII 124,21 ff.).

---

[21] *Opif.* 170 lautet der 1. Punkt einer Zusammenfassung der Schöpfungsgeschichte: ἔστι τὸ θεῖον καὶ ὑπάρχει.

[22] *Deus* 109; *Praem.* 39.44; *Cont.* 137. Vgl. die Rede vom „Seienden" als ἀειδής (*Det.* 86 u. ö.): τί ἐστιν ist ja das εἶδος, die Species.

[23] *In Esaiam* S. 110 Z. 16 f. (zu Jes 6,1–7); vgl. Philon, *Somn.* I 231.

Für Philon impliziert sein Lehrsatz eine Art Akosmismus: Nur Gott „ist"[24]; alles Nachrangige ist nichtseiend und Schein (*Det.* 160; vgl. Jonas, Gnosis II/1, 75; Bréhier, Philon 73 f.) und hat lediglich Anteil an seinen „Kräften" (*Post.* 168).

Z. 48 f. τῶν δὲ δυεῖν ... δορυφόρων] Dieses Concretum ‚Speerträger' kommt überraschend, nach den eben geübten Abstraktionen; das läßt auf den verlorengegangenen oberen Kontext schließen. Der Herkunft der „Speerträger" wird der folgende Exkurs nachgehen. Die Zweizahl, die hier gleichfalls wie selbstverständlich genannt wird, ist Philons Fündlein, läßt sich aber auch textimmanent begründen: Waren die drei Männer vor Abraham eine Erscheinung des Göttlichen (so Z. 32 f.), so muß, nächst ihrer Männlichkeit, auch ihre Dreizahl etwas über das Göttliche besagen. Dies erklärt im folgenden Philons „Kräfte"-Lehre.

Exkurs: Die „Speerträger" und das persische Hofzeremoniell

Philons Worte setzen die Übertragung des (Jahrhunderte älteren) persischen Hofzeremoniells in die Höhen der Gotteslehre und Kosmologie voraus, wie sie für uns erstmals in *De mundo* (398 a 10–35, b 1 ff.)[1] greifbar ist: Vom „König der Könige", der nichts selbst anfaßt oder tut[2], sondern nach dessen Wink und unausgesprochenem Willen seine Gewaltigen alles erledigen, wird *via eminentiae* auf den Einen Gott geschlossen.

Am alten persischen Hof hießen die dem Großkönig nächststehenden Chargen δορυφόροι. Darius ist ein solcher „Speerträger" (*arštibara*) des Kambyses gewesen[3]. An weiteren Titeln nennt Philon gelegentlich

---

[24] Ähnliches aus Kirchenvätern s. Lampe *s. v.* εἰμί A., wo jedoch die Gottesprädikation μόνος ὤν regelmäßig ausbalanciert wird durch ein αἴτιος τοῦ εἶναι für die Geschöpfe; also ein Unterschied zwischen Sein schlechthin und Geschaffensein.

[1] Festugière, Révél. II 479 datiert *De mundo* nach der hier diskutierten Parallele als vorphilonisch und nennt Philon seinen ersten Benützer. Vgl. Harl, Cosmologie 199 mit Anm. 3 und den Hg. von *De mundo*, G. Reale (S. 71). Auf Reales Versuch, die aristotelische Verfasserschaft noch einmal zu begründen (S. 25–34), braucht hier nicht eingegangen zu werden. Vgl. schon Pohlenz, Kl. Schriften I 376–383.

[2] Vgl. 397 b 22–24; 398 a 1–6; 400 b 8–15 (Harl, Cosmologie 199 Anm. 2), ferner oben Z. 45: Der „Seiende" darf sich mit der Materie nicht beschmutzen, darum tut er es durch seine „Kräfte".

[3] Hayes/Miller, History 521; Herodot III 139. Zur Szenerie vgl. z. B. Herodot VII 136;

σατράπαι und πυλωροί (*Decal.* 61; *Spec.* I 31). Das persische Hofzere-
moniell hatte offenbar auf die hellenistische Welt einschließlich des
Judentums[4] tiefen Eindruck gemacht. Was lag Philon näher, als die von
De mundo vorgeschlagene Analogie zwischen Kosmos und Königshof
nachzuvollziehen[5]? So *Decal.* 61.178; *Somn.* I 140; *Prov.* II 22 usw.

In der hermetischen Philosophie ist das gleiche geschehen: dort dient
(δορυφορεῖ) Hermes den himmlischen Göttern (*Kore kosmu* 6, Bd. IV
S. 2). Man mag das als verblaßte Metapher (das Verbum ist hier nicht so
deutlich wie das Substantiv) beiseite stellen: im Stobaeus-Frg. 26,3
begegnet die ausdrückliche Rede von zwei δορυφόροι der Vorsehung
(C. H. Bd. IV S. 81; vgl. Festugière, Révél. II 479). Aëtios bei Plutarch,
Mor. 890 E (= Diels, Dox. S. 353 a Z. 15) spricht von einer δορυφορία
der beiden Wendekreise gegenüber der Sonne.

Festugière, Révél. III 162 f. und IV 115 hat die verschiedensten Nie-
derschläge des persischen Hofzeremoniells in hellenistischer Philosophie bis hin zu Maximus v. Tyrus zusammengetragen. Sie bestehen
teils in Vorstellungen (der „König" regt sich nicht; seine Chargen tun
automatisch seinen Willen), teils in Worten. Man kann Plotin, *Enn.* V
5,3 hinzufügen, wo der unendlich entfernte μέγας βασιλεύς – Bild für
das „Eine und Gute" – hinter den Rängen seines immer herrlicher
werdenden Hofstaates unerwartet doch noch hervortritt. – Noch heute
empfängt die sog. Chrysostomos-Liturgie den „König des Alls" ταῖς
ἀγγελικαῖς ἀοράτως δορυφοφούμενον τάξεσιν (Synekdemos S. 244). –

Philon stellt *Cher.* 27 den Gedanken zweier oberster „Kräfte" des
„Seienden" als seine Privatoffenbarung dar. Das ist uns ein Hinweis
darauf, daß die von ihm so häufig – auch in unserem Text – ausgemalte
Offenbarungs- und Mysterienszenerie sich auf innere Erlebnisse
bezieht, und zwar auf solche, die er über seinen Büchern hatte. Man
muß nicht, wie frühere Religionsgeschichtler allzu naiv dachten, in die
Keller und Höhlen der Alten Welt hinabsteigen, um Philon zu verstehen.

Plutarch, *Mor.* 184 E erwähnt „Speerträger" noch beim Bekleidungszeremoniell des
Seleukiden Antiochos (III).

   [4] Pohlenz, Kl. Schriften I 380 mit weiterer Literatur. Vgl. allein die Titel der Magier und
Wahrsager am persischen Hof Dan 2,2 u. ö.

   [5] Die Redeweise von Gott als μέγας βασιλεύς = Großkönig war auch anderweitig im
Judentum schon vorbereitet: vgl. Ps 48(47),3 LXX und das jüdisch-orphische Lehrgedicht
bei Kern, Orphicorum fragmenta Nr. 245 Z. 13; ferner TestAbr 2 (Delcor S. 93 mit
Anm. 11 S. 96).

Philons Hervorhebung einer Zweizahl von „Speerträgern" oder obersten „Kräften" löst das auch von den Rabbinen behandelte Problem einer Mehrzahl von Namen für den Einen Gott, unter welchen zwei durch ihre Häufigkeit hervorragen: *JHWH* und *ᵉlohim*. Die Septuaginta bzw. ihre damals geübte Vorlesepraxis setzt Κύριος für den einen, Θεός für den andern. Beide nennt Philon und deutet sie im folgenden.

———

Z. 49 θεός, κύριος]: Parallelen in Fülle bietet Leisegangs Index *s. v.* δύναμις 10 (vgl. Ritter/Preller Nr. 609; W. Grundmann in ThW II 299f.), denen sich anschließen läßt QG S. 32.35.56.94.132.133. 167.218.226.227.247.270.281.308.339; QE S. 79.108–118. Die beiden Paralleltexte *Abr.* 121–125 und *QG* IV 2 sagen das gleiche. Für Philon ist θεός die ‚schöpferische', ‚wohltätige' (ποιητική, εὐεργέτις) Kraft, κύριος die ‚königliche' und ‚strafende' (βασιλική, κολαστήριος). Eine kurze Übersicht über die Bezeichnungen der zwei obersten und der übrigen „Kräfte" geben Jonas, Gnosis II/1 S. 76 Anm. und Pfeifer, Hypostasenvorstellungen 54. Haupttext ist *QE* II 68.

Exkurs: Philons Trias, die rabbinischen Middoth und die christliche Trinitätslehre

Wir sind hier bei einem häufigen Phänomen der Religionsgeschichte angelangt, einer göttlichen Trias. Bréhier, Philon 120 und Cumont, Oriental. Religionen 112 mit Anm. 77 (S. 268f.) nennen Analoga im Hellenismus sowie im semitischen Syrien und Babylonien. Schneller noch denkt man vielleicht an die rabbinische Lehre von JHWHs „Maß der Gnade" und „Maß des Gerichts" (*middat hā-raḥᵃmim* bzw. *haddin*); jedoch sind dies keine „Kräfte", nichts Hypostasierbares mit Eigentätigkeit. Philons Auffassung der beiden Begleiter des „Seienden" ist auch insofern anders, als die Zuordnung zu den traditionellen Gottesnamen bei ihm umgekehrt erfolgt. Siphre 27 (Blatt 71 a) erklärt zu Dtn 3,24 (wo sowohl *JHWH* als auch *ᵃdonāj* als auch *ēl* vorkommt): *JHWH* ist Eigenname ohne alle Einschränkung, *ᵃdonāj* der „Maßstab der Gnade" und *ᵉlohim*[1] der „Maßstab des Gerichts". So wird die Antinomie zwischen der Gnade und der Gerechtigkeit Gottes (vgl. Röm 11,22;

---

[1] Die Ableitungsvarianten *ēl*, *ᵉloᵃh* und *ᵉlohim* werden in eins gesetzt.

Grundproblem noch von Leibnizens „Theodizee") als freier Wechsel in
Gottes Verhalten erklärt. Auf welcher Seite das größere Gewicht liegt,
zeigt schon der Ersatz des unaussprechlichen *JHWH* in der Punktierung
des Bibeltextes durch *ᵃdonāj;* bei Philon zeigt es die Reihenfolge, in der
er die „Kräfte" nennt.

Alan Segal, Two powers[2] führt die rabbinische Lehre in ihrer gängi-
gen Form auf Rabbi Šimʿon ben Joḥaj und Rabbi Meʾir (2. Jh. n. Chr.)
zurück (S. 45); er verweist übrigens auch auf einzelne Fälle umgekehrter
Verteilung der Namen (S. 38 f. und 145: Mekhilta). Mit ihm (S. 178–181)
können wir für die philonische wie die rabbinische Lehre einen gemein-
samen, älteren Ursprung annehmen. Dahl, Contradictions 168 weist
noch darauf hin, daß diese Lehre zu den typischen Mitteln der rabbinischen Hermeneutik zählt, die dazu dienten, Widersprüche zwischen
Bibelstellen aufzuheben.

Philon geht von griechischem Sprachgefühl aus, für das eher χύριος
etwas mit „Herrschen" zu tun hat. *Abr.* 121[3] gibt er folgende Etymologien: χύριος von κρατεῖν, θεός von τιθέναι; das letztere spricht für die
„schöpferische" Kraft, mit welcher das Wohltun ganz selbstverständlich
assoziiert wird (s. o. zu Z. 36). So bekommt der „Seiende" beide Haupt-
eigenschaften eines idealen hellenistischen Herrschers zugeordnet: nach
der einen ist er εὐεργέτης (vgl. Lk 22,25 und die Zunamen einiger
Ptolemäer), nach der andern ist er ἄρχων – was die Gnostiker dann
allein für die kosmischen Götter und ihren Obersten gelten ließen. Als
eine religionsgeschichtliche Parallele sei noch die Gegenüberstellung
von Δίκη und Χάριτες beim Stoiker Cornutus erwähnt (Dillon, Middle
Platonists 163; natürlich polytheistisch zu verstehen)[4].

Eusebius bringt *Pr. ev.* VII 8,3 (MPG 21, 520 B/C; s. Karppe, Philon
28) ein anonymes jüdisches Fragment – vielleicht ist es seine eigene
Philon-Paraphrase –, wo Enos gemäß Gen 4,26 als der erste bezeichnet
wird, der sowohl Gottes ποιητικὴ θύναμις als auch seine Herrschaft
δεσπότου δίκην über die gesamte Kosmopolis erkannt habe – er, der
„wahre Gnostiker und Fromme zugleich". Sofern Eusebius hier korrekt

---

[2] Kurzfassung: Dahl/Segal, JSJ 1978, 1–28.

[3] Dahl/Segal, JSJ 1978, 1 f.

[4] Ähnliches bei Philon s. Ritter/Preller Nr. 607 a; vgl. die Χάριτες *LA* II 18. Zum
weiteren Vorstellungskontext s. noch Heinisch, Einfluß Philos 132, wonach in Philons
Lehre von den beiden „Kräften" jüdische Engelspekulation mit griechischer Elementen-
lehre, platonische „Ideen" mit stoischen „Wirkursachen" zusammenfließen.

zitiert (er sagt leider nichts über seine Quelle), ist dieses Fragment später als Philon, der das Wort γνωστικός noch nicht kannte[5]. Zur christlichen Rezeption des Lehrstücks ist weiter Theophilus v. Antiochien zu nennen, der die Gottesnamen Θεός und Κύριος ganz wie Philon erklärt (*Ad Autolycum* I 4 nach Dahl/Segal, JSJ 1978, 22). Da sonst keine Abhängigkeit des Theophilus von Philon anzunehmen ist, wäre hier die alte, gemeinsame Tradition belegt. – Bei Irenaeus dann findet sich etwa ein dutzendmal die Rede von den „zwei Händen Gottes", womit Sohn und Heiliger Geist gemeint sind; s. Mambrino, NRTh 1957, 355–370. – Heinisch (Einfluß Philos 194) hat bei Clemens v. Alexandrien, *Strom.* V 12,80 die Rede vom „Ungewordenen und seinen Kräften" nachgewiesen, ein fast wörtliches Zitat aus Philons *Sacr.* 60. Nach *Strom.* II 2,5 (wofür Philons *Post.* 20 Vorlage war) ist Gott „fern" κατ' οὐσίαν (mit der platonischen Begründung, das Geschaffene könne dem Ungeschaffenen nicht nahekommen), „sehr nah" aber δυνάμει, wobei neben einer εὐεργετική und einer παιδευτική noch eine ἐποπτική aufgezählt wird (Heinisch 134). – Der christliche Philon schließlich, Ambrosius, erklärt die Redeweise „Gott der Herr" *(Dominus Deus)* in Gen 7,5 so: *Hic loco et vindicaturi et ignoscituri geminam expressit potestatem,* mit weiteren Textbeispielen (*De Noe et arca* XIII [§ 47] als Zitat fremder Meinung; s. Karppe, Philon 30).

Auch das ist ein Nachklang Philons, wenn Clemens v. Alexandrien *Paed.* I 9,87 f. erklärt, Richten und Wohltun sei Sache ein und derselben göttlichen Kraft (Heinisch 135). Philon konnte die beiden „Kräfte" auch in Einem zusammensehen, den er den Λόγος nannte. – Wir sparen uns, die philonische Logoslehre hier aufzurollen, weil sie in unserem Fragment nur beiläufig vorkommt (Z. 58.88). Hier interessieren an ihr nur die Vermittlungen mit der Kräfte-Lehre. *QG* III 30 gibt es einen θεῖος λόγος neben einem κύριος λόγος. *QE* II 68[6] (zu Ex 25,21, das auch in unserem Fragment Z. 52 f. zitiert wird) und andere Texte (*Fug.* 94–105 u. a.) konstruieren als Reihenfolge: 1) τὸ πρῶτον, 2) ὁ τοῦ ῎Οντος λόγος, 3) θεός, 4) κύριος, 5 ff.) weitere Kräfte, die aus θεός und κύριος „hervorwachsen". – *Opif.* 20 ist der „göttliche Logos" der „Ort" seiner „Kräfte".

---

[5] Es scheint in seiner hier vorliegenden Bedeutung (Auszeichnung einer Person mit besonderer Erkenntnis) überhaupt erst in christlicher Zeit aufgekommen zu sein – um nach den Belegen in den Lexika zu schließen. – Die Meinung der Rabbinen über Enos war übrigens die gegenteilige: s. Charlesworth I 260 Anm. g.

[6] Griech. Text QE S. 255 f. – Lit. s. o. zu Z. 49.

So hat Philon, in wechselnden Konstruktionen, nicht nur den Haupt-gegenstand der stoischen Philosophie, den Logos, untergebracht, son-dern auch die biblische Rede vom „Wort Gottes" auf die Höhe seiner Zeit gehoben. Eine Zeitlang mag diese Theorie im Judentum Geltung besessen haben: Spuren einer hellenistisch-jüdischen Lehre von einem göttlichen Logos sind noch bei Kelsos feststellbar. Als Origenes wäh-rend der Vorbereitung seines *C. Celsum* bei seinen jüdischen Gewährs-leuten nachfragte, wurde sie jedoch bereits abgeleugnet (*C. Celsum* II 31)[7]. Letztlich blieb die Kirche – und in anderer Weise auch der Gnosti-zismus[8] – ihr einziger Erbe.

Die Frage mag nun interessieren, ob auch bei anderen Exegeten als bei Philon der Gedanke eines „Seienden" mit seinen zwei Begleitern *als Auslegung von Gen 18,2* vorgebracht worden ist.

Nicht bei den Rabbinen, soweit sich feststellen läßt[9]. Sie erklären die Dreizahl der Boten mit deren drei Funktionen: Ankündigung an Sara, Zerstörung Sodoms, Rettung Lots. Der Wechsel zwischen Einzahl und Mehrzahl im biblischen Text soll besagen, daß anfangs Gott selber und dann drei Engel erschienen seien. Gelegentlich erklärt man, wo Gott bzw. die Schechina sei, da seien auch die Engel und umgekehrt. – K. Hruby (RScRel 1973), der S. 359–369 die Auslegungsgeschichte von Gen 18,1–16 behandelt, weist auf, wie ab dem 2. Jh. n. Chr., ab Rabbi Me'ir einerseits und Justinus Martyr andererseits, die jüdische und die christliche Auslegung entgegengesetzte Wege gehen. Während Justin (*Dial.* 56,1–4.10f.) ein Sichtbarwerden des Schöpfers ablehnt und dafür den „anderen Gott", Christus nämlich, und zwei Engel einsetzt – was, um eine Ebene herabgesetzt, große Ähnlichkeit hat mit Philons Anschauungen –, behaupten die Rabbinen lieber die Sichtbarkeit Got-tes. Ähnlich der angebliche jüdische Konsens bei Justin, *Dial.* 56,10 (vgl. 5). Die wörtliche Auslegung geht schließlich bis zu einer ausgespro-chen trotzigen Antwort auf die schon von bei Justin gestellte Frage, ob denn auch das Essen der Engel Gen 18,8 wörtlich zu nehmen sei:

---

[7] In Ernst Bammels Interpretation – mündlich –; vgl. Chadwicks Fußnote in seiner engl. Übers. z. St.

[8] S. Siegert, Nag-Hammadi-Register 155.265f.

[9] Vgl. Kasher, Encyclopedia III S. 7f., Targum Jonathan und Targum Neofiti z. St. (mit den rabbinischen Verweisen des Hg. Le Déaut); Fragmententargum (ed. Klein) z. St. und Delcor, Test. Abraham S. 112 Anm. 1.

Jawohl, Gott öffnete ihnen den Mund, und sie aßen (Hruby 369). –
Anders Philon *Abr.* 118 und Ps.-Philon, *De S.* 14 (Ende).
Goodenough, Jew. Symbols X 94 f. (Text) und XI, *plate* XIII bzw. *fig.*
334 (Abbildungen) bespricht eine Darstellung der drei Männer von Gen
18,2[10] in der Synagoge von Dura/Europos, wo der mittlere durch ein
helleres Gewand abgesetzt ist. Das Motiv ist im Judentum singulär, die
(z. T. älteren) christlichen Abbildungen (s. Bd. XI Nr. 100.264–266),
z. B. in Rom (Santa Maria Maggiore[11], Katakombe an der Via Latina[12])
und in Ravenna sehen jedoch bis ins frühe Mittelalter genau gleich aus
und bezeugen damit die gemeinsame Tradition: der sichtbare (bei Philon: innerlich sichtbare) Gott[13] und zwei „Kräfte", christlich gedeutet
als Christus und zwei Engel. Das ist um so interessanter, als die *literarische* christliche Theologie seit der Entwicklung der Trinitätslehre von
dieser Deutung abrückte: Sie insistierte exegetisch auf der Gleichheit
der drei Gestalten (so Augustin, *De trinitate* II 18,34 – Goodenough X 94
–; vgl. *De civ. Dei* XVI 29), dogmatisch auf einem Typos (keiner
direkten Erscheinung, sondern einem vorauslaufenden Analogon)[14] der
Trinität. Für diesen Zweck *durfte* zwischen den drei Männern kein
Rangunterschied gemacht werden.

Der Archivar der altkirchlichen Exegese, Prokopios v. Gaza, unterscheidet in seinem Genesis-Kommentar z. St. (MPG 87/1, 364 A/B,
Zeit: frühes 6. Jh.) drei Arten der Auslegung: 1) drei Engel, 2) Gott und
zwei Engel – diese Auslegung schreibt er den ἰουδαΐζοντες zu, 3) Typos
der wesenseinen Trinität[15]. – Noch die Suda wußte im byzantinischen

---

[10] Daß es diese seien, scheint ihm sicher, obwohl Abraham nicht mit dargestellt ist. So
ist es auch oft in christlichen Darstellungen.

[11] Dort trägt die mittlere Gestalt – und nur sie – sogar eine Mandorla.

[12] Diese älteste bekannte Darstellung des Motivs (4. Jh. n. Chr.) behandelt Stemberger, Kairos 1974. Stemberger, der die rabbinische und patristische Auslegungsgeschichte
von Gen 18,1 ff. ausführlich behandelt, weist Spuren jüdischen Midraschs in dieser christlichen Darstellung nach und schließt daraus: „Beziehungen zwischen jüdischen und christlichen Gemeinden gab es auch nach dem Bruch von Jamnia" (78). Dafür ist nicht zuletzt die
recht gemischte Religiosität der Familie, die sich an der Via Latina begraben ließ, ein
Beleg. – Übrigens fehlt in dieser Darstellung das Mahl, das Abraham seinen Gästen
vorsetzte. Sollte die Frage, ob die Engel gegessen haben, umgangen werden? (33).

[13] Goodenough X 94 unterläuft ein kleiner Fehler: Philon hat nicht den Logos zwischen
die beiden „Kräfte" gestellt, sondern den „Seienden" selbst. So auch in *Abr.* 142, wo der
„Seiende" bei Abraham zurückbleibt, während die 2 „Kräfte" nach Sodom weitergehen.

[14] Nur die Populartheologie der Palaea (S. 214 f. Vassiliev) spricht von einer ἐμφάνησις
(= ἐμφάνισις) τῆς ἁγίας Τριάδος. Korrekt hingegen die Catena Sinaitica z. St. (Frg. G 74
Petit): ὁ Ἀβραὰμ τρεῖς εἶδεν ἀγγέλους εἰς τύπον τῆς Τριάδος.

[15] Thunberg, Three angels, der diese Einteilung zugrunde legt, ordnet Hebr 13,2,

Mittelalter zu berichten: Φίλων τοῦ „θεός" καὶ „κύριος" τὴν σημασίαν
ἑρμηνεῦσαι πειρώμενος τῆς βασιλικωτάτης Τριάδος ἔννοιαν ἔσχεν[16].

Z. 50 ἀρετῆς] Nach allen vorhandenen Nachschlagemöglichkeiten ist
dieses Wort hier das ursprüngliche, nicht δύναμις. Vgl. *Mos.* II 189 und
Leisegang, Index *s. v.* ἀρετή 9. Die Wortwahl an unserer Stelle dürfte
durch den etymologischen Anklang an Wörter für ‚Mann' und ‚männlich' motiviert sein (vgl. *Abr.* 54; ferner unseren Text Z. 31 ff.). Zu den
drei „Männern" kehrt Philon nunmehr zurück.

c. 5, Z. 51 f. χρησμός ... νενομοθετῆσθαι] Χρησμός ist eines von
Philons Lieblingswörtern: „Alles sind Orakelsprüche (χρησμοί), was in
den heiligen Büchern aufgeschrieben steht" (*Mos.* II 188). In diesem
Grundsatz spiegelt sich Philons Vorliebe, auch kleinste Details zu allegorisieren und zu Spruchorakeln zu machen. Ungewöhnlich für griechische Ohren ist die Verbindung dieses Wortes mit dem Verbum νομοθε-
τεῖν[1]; man erwartet διδόναι oder θεσπίζειν, allenfalls ᾄδειν (vgl. Thesaurus *s. v.* χρησμός). Nach der Suda *s. v.* λόγια heißt χρησμός ein
metrischer Orakelspruch (die Delphischen, die Sibyllinischen, die
„Chaldäischen" Orakel benützen diese Form); ein prosaischer hingegen
heißt λόγιον. Es wäre demnach eine bemerkenswerte Übertreibung und
Über-Stilisierung von seiten Philons, das unendlich holprige Septua-
ginta-Griechisch χρησμοί zu nennen. – Philon verschmilzt hier zwei
Hauptarten autoritativer Rede, die die Antike kannte, das Orakel und
die Gesetzgebung[2]. Ausgangspunkt seiner Spekulationen ist schließlich

---

Justins jüdischen Gesprächspartner in *Dial.* 56,5, sonstige Anhänger der Literalexegese
(Antiochenische Schule, Rabbinen) und teilweise auch Augustin dem 1. Typ zu. Philon ist
ihm Vater des 2. Typs, wobei dieser 2. besonders im lat. Westen Anhänger hatte (Nova-
tian, Tertullian, Hilarius; Griechen: Justin und Ps.-Chrysostomos). Die Höherstellung
eines der drei Engel in der bekannten „Trinitätsikone" (Rubljow u. a.) erkläre sich aus
diesem Typ. – Die Folgerung, daß der erhöhte Engel ursprünglich für Christus stehe (und
nicht für Gott den Vater), dürfte m. E. auf den Anm. 13 benannten Irrtum zurückgehen.

[16] So der erste Eintrag *s. v.* θεός (das einleitende ὅτι ist nur eine Art Anführungszeichen). – Auch die „Kräfte"-Lehre Philons erwähnt sie *s. v.* δύναμις (letzter Eintrag) mit
der kritischen Bemerkung, von der „rettenden Kraft" Gottes habe Philon „gar nichts"
(οὐδ' ὄναρ) verstanden.

[1] Sie ist bei Philon durchaus häufig. Den bei Leisegang *s. v.* χρησμός S. 860 b/861 a
angegebenen Stellen läßt sich noch *QG* I 90 (rückübersetzt etwa: χρησμός ἐστιν τὸ
νενομοθετημένον) und IV 90 beifügen.

[2] Vgl. in der ps.-platonischen *Epinomis* 988 A das Nebeneinander von μαντεία und

ein Corpus von Büchern, die nicht als Geschichtsbücher (wie in heutigen Lutherbibeln), auch nicht als „Weisung" (Martin Buber), sondern als Gesetz (νόμος) im Bewußtsein der griechischsprachigen Welt verankert waren[3]. – Über Philons Inspirationslehre s. u. Exkurs zu Z. 65.

Juvenal beschreibt *Sat.* VI 543 ff. eine jüdische Wahrsagerin, die, arm wie die römische Judenschaft war, für kleine Münze bereit ist, das „Jerusalemer Gesetz" tatsächlich in Orakelsprüche umzusetzen:

arcanam Judaea tremens mendicat in aurem,
interpres legum Solymarum et magna sacerdos
arboris ac summi fida internuntia caeli.[4]

Z. 52f. λαλήσω σοι ἄνωθεν ... δυεῖν Χερουβίμ] Hier bringt Philon eine seiner Lieblingsstellen[5], Ex 25,22 (LXX 25,21), ins Spiel. Sie ist inhaltlich insofern ein „Orakelspruch", als sie von den Modalitäten spricht, unter denen Orakel in Israel ergehen sollen. Im Opfer, über dem Versöhnungsaltar, wird Gott „sprechen"[6]. Solches Sprechen wird nun von Philon, gemäß dem zu Z. 6 Gesagten, in eine Schau umgemünzt. Aufgrund der gleichen Szenerie[7] – ein Sprechender mit zwei Begleitern – assoziiert er die beiden Bibelstellen und nimmt sie als Symbole für dieselbe Sache: die Beziehung des jenseitigen (ἄνωθεν!) Schöpfers zu seiner Welt mittels der „Kräfte", die im folgenden auch noch ein materielles Substrat, eine Art Feuer, erhalten werden (Z. 79 ff.). Hierin geht unser Fragment weiter als die thematische Schrift *De Cherubim.*

νόμοι; voraus ging noch παιδεία. Kommentar zu dieser Stelle, einer Schlüsselaussage für Verschmelzung griechischer Bildung mit orientalischer Religiosität bei Festugière, Révél. I 617 und II 206 f.

[3] Vgl. Siegert, Argumentation 159 f.

[4] Stern, Authors II Nr. 299. *Sacerdos arboris* dürfte Anspielung an eine Freiluft-Synagoge irgendwo im Wald sein. In *summi caeli* klingt die jüdische Rede vom „Höchsten Gott" (Θεὸς Ὕψιστος) durch, welcher als Weltherrscher, mit Recht (nach damaligem Weltbild) mit der äußersten Sternsphäre identifiziert wurde – wie bei den Gnostikern. – Vgl. unten zu Z. 56.

[5] Vgl. *Her.* 166; *Fug.* 100–105; *QE* II 62–68 (griech. erhalten); weiter Harl, Cosmologie 193 Anm. 3.

[6] Es mag offen bleiben, wieweit tatsächlich von dieser Stelle Priesterorakel ausgingen. (Das unten zu zitierende Jes 6 ist beim Räucheropfer entstanden.) Philon hat sicher keine eigenen Erfahrungen mit solchen Orakeln, wenngleich auch er einmal als Pilger in Jerusalem gewesen ist (*Prov.* II 107). Sein Orakel ist die Heilige Schrift.

[7] Harl, Cosmologie 190.199 f.202 stellt heraus, welche Rolle die optische Vorstellung der Bundeslade des Exodus-Buches mit ihren beiden Cherubim für Philons Allegorien spielt.

Im rabbinischen Judentum findet sich gelegentlich die Assoziierung der Cherubim mit den beiden Gottesnamen *ᵃdonāj* und *ᵉlohim* (Ginzberg, Legends III 158; Belege Bd. VI S. 65 Anm. 333). Trotz der Ähnlichkeiten zwischen Philon und den Midraschim, die Ginzberg andeutet, dürfte die Anwendung stoischer Kosmologie auf die Allegorisierung des Tempelkultes weitaus mehr Philons Eigentum sein.

Z. 53f. Ὑπόπτεροι, πτηνῷ ἅρματι] Die räumliche Anschauung, die mit dem Jerusalemer Sühnealtar und seinen Beigaben verbunden war, hebt hier buchstäblich ab: Die Flügel der Cherubim weisen nach oben; ihr „Wagen" ist das Himmelsgewölbe. *QG* III 3 (S. 181) deutet Platons Rede von einem πτηνὸν ἅρμα des Zeus (*Phaedr.* 246 E; s. o. zu Z. 43) auf die schnelle Bewegung der „himmlischen Kräfte", sprich Hemisphären[8]. In derselben Tradition steht Plutarch, der die genannte Platon-Stelle von der νοητὴ φύσις des Himmels reden läßt „wegen des harmonischen (ἐναρμόνιος) Umlaufs des Kosmos" (*Mor.* 740B).

Bei Philon müssen die Flügel der selbst ja unbewegten Cherubim diese Bewegung symbolisieren und außerdem das „Streben" des Kosmos nach „oben", zu seinem Schöpfer. *QE* II 65: αἱ μὲν τοῦ Θεοῦ πᾶσαι δυνάμεις πτεροφυοῦσι τῆς ἄνω πρὸς τὸν Πατέρα ὁδοῦ γλιχόμεναί τε καὶ ἐφιέμεναι – Vgl. die die Verbindung nach „oben" meinenden Flügel der Seraphim in unserem Fragment Z. 115ff. Die jetzt zu entwickelnde Kosmologie entspricht nach ihrer physikalischen (nicht mythologischen) Seite genau der Lehre, die Aëtios in seinen *Placita philosophorum* als aristotelisch wiedergibt: Der oberste Gott „sitzt (ἐπιβεβηκώς) auf der Kugel des Alls, welche ätherischer Stoff (σῶμα) ist" (Diels, Dox. S. 305a Z. 3–5 = b Z. 11f.). Obwohl es Aristoteles so sicherlich nicht gesagt hat[9], ist doch ebendies die Vorstellung, die man sich aus seinen Schriften gemacht hat. Ἅρμα ist ein Streitwagen, wie er dem „Herrn der Heerscharen" zukommt. Viele Götter, insbesondere Helios, fuhren nach antiker Vorstellung zum Zeichen ihrer Macht auf Kriegswagen. Vgl. L'Orange, Iconography[10], dort bes. S. 126 den Hin-

---

[8] Vgl. Harl, Cosmologie 190.201 und Harl (ed.), Heres S. 122–127 mit weiteren philonischen Belegen.

[9] Bonitz, Index weist einen anderen Gebrauch von ἐπιβαίνειν aus; und αἰθέριος kommt überhaupt nur in Ps.-Aristoteles' *De mundo* vor: 401 a 17 (Epitheton des Zeus) und v. a. 392 a 31. b 1 in einem für unsere Zwecke höchst aufschlußreichen Kontext, aus dem auch Aëtios seine Wiedergabe geschöpft haben dürfte.

[10] Harl, Cosmologie 202 Anm. 3 nennt ferner H. Schrade: Zur Ikonographie der Himmelfahrt, Leipzig 1930 *(non vidi)*.

weis auf den Thronwagen des persischen Großkönigs; S. 124–132 Christus als Lenker eines solchen geflügelten Streitwagens, mit Verweis auf den philonischen Logos als Wagenlenker – s. Leisegang, Index *s. v.* ἡνίοχος. Bei Plutarch, *Mor.* 375 E gilt Osiris als κοινὸς λόγος des Himmels und des Hades – auch dies meint (nach Bréhier, Philon 110) die beiden Hemisphären des Kosmos. Für Philon dürfte zusätzlich wichtig sein, daß ein solcher Wagen den Sichtkontakt nach unten verdeckt, also die Transzendenz wahrt.

In der Bibel begegnet die Vorstellung eines von den Cherubim begleiteten (oder gebildeten?) Thronwagens (ἅρμα) 1.Chron 28,18, wo auch von ihrem „Fliegen" die Rede ist (vgl. Ps 18[17],11) und davon, daß sie auf die Bundeslade ihren Schatten würfen. Hesekiel bezeichnet die vier „Lebewesen" seiner Eingangsvision in der Wiederaufnahme 10,1 ff. als Cherubim und 43,3 als ἅρμα (LXX)[11]. (Die Rabbinen haben daraus ihre *merkābā*-Spekulation abgeleitet.) Die nachher folgende (Z. 61 ff.) Assoziation mit Jesajas Seraphim-Vision ist wiederum motiviert durch Gleichartigkeit der Szenerie sowie durch wörtliche Übereinstimmungen zwischen Jes 6,1 („voll war das Haus von seiner Herrlichkeit") und Ez 10,2 sowie 43,5. Da Philon die Propheten nur äußerst selten zitiert – zu Hesekiels Visionen haben wir keine direkte Äußerung von ihm[12], und zu Jes 6 hatten wir bisher auch keine –, können wir manche Assoziationsbrücke nur vermuten.

Z. 54 f. ἐπάνω παντὸς τοῦ κόσμου . . . καθῆσθαι] Die von den Cherubim symbolisierten „Kräfte" haben ihren (Haupt-)„Sitz"[13] im Himmelsgewölbe – dem στερέωμα der Bibel, dem kugelförmigen οὐρανός des durch Aristoteles klassisch gewordenen Weltbildes – und sind also die Grenze[14] zwischen dem Kosmos und dem Transzendenten, dem

---

[11] Weitere biblische und jüd. Belege zu einem „Wagen" Gottes s. Harl (ed.), Heres S. 124 Anm. 1 (Ende) zu *Her.* 301 τὸ πτηνὸν ἅρμα, τὸν σύμπαντα οὐρανόν. Sir 48,8 kombiniert, unter Nennung Hesekiels, die Motive ganz wie in 1.Chron 28,18.

[12] Diese Stelle mag wegen der Vierzahl der „Lebewesen" ihm weniger gelegen haben. Auch ist in Ez 1,25 und 10,1 das Himmelsgewölbe (στερέωμα) oberhalb der Cherubim – anders als hier Z. 54 f.

[13] D. h. ihren Fixpunkt. Z. 56 f. führt aus, daß Philon sie sich „hängend" vorstellt. Nach Z. 81 ff. durchdringen sie von oben her den ganzen Kosmos, mit nach unten nachlassender Intensität.

[14] οὐρανός wird in *De mundo* 400 a 6 f. aus ὅρος hergeleitet; so auch öfters bei Philon (s. Leisegang, Index *s. v.* οὐρανός 11) und bei den Gnostikern (s. Siegert, Nag-Hammadi-Register *s. v.* ὅρος).

Bewegten und seinem Beweger: siehe Harl, Cosmologie 196 und Harl
(ed.), Heres S. 98 Anm. 2 mit Verweis auf *Opif.* 37, *Plant.* 3 und *Her.*
228. Da es *zwei* Cherubim bzw. „Kräfte" sind, bekommen sie die nördli-
che und die südliche Halbkugel des Himmelsgewölbes zugewiesen
(*Cher.* 25, *Mos.* II 98). Davon mehr zu Z. 117ff.

Auf diesem Kosmos-Wagen „sitzt" in *QG* IV 51 (S. 327)[15] der
„Vater" – vgl. *Somn.* II 294 und Ps.-Philon, *De J.* 4 und 21 – und lenkt
ihn. Gelegentlich wird auch sein Logos als Lenker eingeführt. Hier
„sitzen" die „Kräfte" mit auf dem Wagen, der also den Ausgangspunkt
ihrer Aktivität darstellen soll.

Dies ist Philons Alternative gegen den ihm bekannten Mythos von
den beiden Dioskuren (*Decal.* 56f.)[16], wobei er übrigens die Vorstellung, einer der Diskuren sei der „untere", ablehnt mit dem richtigen
astronomischen Einwand, Oben und Unten gebe es am Himmelsgewölbe nicht an sich, sondern nur in bezug auf unsere Köpfe und Füße. –
Die „Köpfe" und „Füße" der Cherubim/Seraphim in unserem Text
Z. 117ff. sind denn auch etwas anderes: sie stehen für Außen und Innen
im Kosmos.

Z. 55 ὁ Πατήρ] Philon spricht oft vom „Seienden" als „Vater"[17],
wobei dies für ihn nicht der im Gebet angerufene *abbā'* ist, sondern der
intelligible Schöpfer im Sinne der hier entwickelten Kosmologie, und
außerdem, als Konsequenz hiervon, die mit diesem Namen belegte
Vorsehung. Gottlob Schrenk hat im ThW V 956f. beides in Kürze
dargestellt und auf die Quellen bei Homer und in Platons *Timaeus*
hingewiesen. Zum AT vgl. ThW V 971: Dtn 32,6 u. a.

ὑπεράνω] bleibt, wie auch Z. 57ff., in Spannung zu ἐν μέσῳ (vgl.
Z. 43.126.134 und *Sacr.* 59). Beides kommt aus dem Zitat Ex 25,22(21).
Die Vorstellung dürfte sein: ‚oben in der Mitte'; vgl. *QE* II 68 (S. 117 mit
Anm. h). Dazu stimmt eigentümlich, daß die Seraphim in Jes 6,2 im MT

---

[15] Vgl. die Rückübersetzung aus dem Armen. in Anm. h sowie in QE S. 217 unten.
Auchers Übersetzung (S. 327 seiner Ausg.) bezieht den Relativsatz falsch; *nsti* ist Genitiv.

[16] Daß dieser ihm als Allegorisierungsvorlage besser gefallen haben soll als die beiden
Cherubim – so Amir, Allegories 22f. –, kommt mir sehr unwahrscheinlich vor.

[17] Leisegang gibt 2 Spalten Belege. Auch für absolutes ὁ Πατήρ (ohne beigefügten
Genitiv) sind es ca. 40 Stellen (bes. Sp. 637 a/b). Vgl. Kuhr, Gottesprädikationen 14f. –
Gott als „Vater" im AT s. ThW V 971–977, im nach-atl. Judentum 977–981; vgl. Delcor,
Test. d'Abraham 155/6.

mimmaʿal lo (eigentlich: „über ihm", *sc.* JHWH) stehen, was die LXX mit κύκλῳ αὐτοῦ übersetzt (unser Text Z. 68)[18].

Z. 56 οὐκ ἦϱται, ἀλλ᾽ ἤϱτηκεν] ᾽Αϱτᾶσθαι, ἠϱτηκέναι heißt ganz wie im Dt. ‚abhängen von . . .‘, im wörtlichen wie im übertragenen Sinne. Philon gebraucht dieses Verbum gerne vom Zusammenhang der Geschöpfe mit dem Schöpfer, ebenso die Synonyme ἐκϱέμασθαι, aktiv ἐκϱεμανύναι und ἐξάπτειν (*Somn.* I 157, *Post.* 26 usw.[19]). Das Wort hat seine philosophische Geschichte, die von Aristoteles' *De caelo* 279 a 2 und Metaphysik 1072 b 14 (vgl. Ritter/Preller Nr. 399 g) über die alte Stoa (SVF II Nr. 442) und die Hermetik (*C. H.* IX 9; X 14.23) bis zu Plotin reicht (*Enn.* IV 2,1 [Z. 29 Henry-Schwyzer]; 3,11 [Z. 16], 4,29 [Z. 10]; V 2,1 [Z. 27], 3,12 [Z. 20], 3,16 [Z. 36], 5,3 [Z. 6]; VI 8,18 [Z. 20]) und weiter: s. LSJ *s. v.*

Bei Philon ist am ehesten eine räumliche Anschauung hiermit verbunden, dank den angezogenen Bibelstellen. Inhaltlich ist die Lehrformel περιέχων, οὐ περιεχόμενος zu vergleichen: *LA* I 44; *Post.* 7; *Conf.* 136; *Migr.* 192; vgl. *Somn.* I 64.183; *LA* III 6; *Sobr.* 63; *Fug.* 75; Kuhr, Gottesprädikationen 52; Chadwick, Philo 142 Anm. 10. In unserem Text vgl. Z. 146 f.: der Schöpfer hat den ganzen Kosmos „aufgespannt" und läßt ihn an sich „hängen". Wie das zu verstehen ist, davon gibt der Rest unseres Fragments eine physikalische Theorie.

Durch glücklichen Zufall besitzen wir zu dieser Lehre – und zu ihrem Mißverständnis bei Außenseitern – einen sehr alten Beleg aus der Feder eines Nichtjuden. Diodorus Siculus, ein Zeitgenosse Julius Caesars, zitiert in seiner „Historischen Bibliothek" XL 3 einen Hekataeos v. Abdēra[20], der von den Juden berichtet, sie lehnten Götterbilder ab διὰ τὸ μὴ νομίζειν ἀνθϱωπόμοϱφον εἶναι τὸν θεόν, ἀλλὰ τὸν περιέχοντα τὴν γῆν οὐρανὸν μόνον εἶναι θεὸν καὶ τῶν ὅλων κύϱιον (Stern, Authors I Nr. 11, § 4; vgl. das Juvenal-Zitat oben zu Z. 51). Hier wird – so würde Philon sagen – der Thronwagen des „Seienden" mit ihm selbst verwechselt. Im übrigen kommen auch hier die beiden Gottesnamen Θεός und Κύϱιος vor.

Aus der Gnosis vgl. Hippolyt. *Ref.* VI 37,7 ein κϱέμασθαι aller Dinge αἰθέϱος πνεύματι. (Hinweis M. Hengel)

---

[18] Ähnlich übersetzt sie Jer 36(43),21 *mēʿal* mit περί.

[19] Harl, Cosmologie 201 Anm. 5.

[20] Dieses Zitat wird – im Zusammenhang mit der obligatorischen Echtheitsdiskussion – recht unterschiedlich datiert, aber doch jedenfalls in vorphilonische Zeit.

Z. 56 f. ἔρεισμα, στῦλος] Ἔρεισμα (wie auch sein Synonym στήριγμα) ist ein gut philonischer Ausdruck in Kontexten wie dem unseren; vgl. *Somn.* I 158 usw.[21]. Zu στῦλος vgl. *Migr.* 124 in der hier benötigten abstrakten Bedeutung; ferner *Decal.* 44, wo beim Offenbarungsereignis am Sinai eine Wolke „wie eine Säule" (κίων) sich mit ihrer „Basis" (vgl. unseren Text Z. 119) auf die Erde stützt (ἐρείδειν) und sich mit ihrem übrigen Leib (vgl. ebd.) „bis in ätherische Höhen erstreckt" (ἀνατείνειν, vgl. Z. 121) und mit „himmlischem Feuer" (hier Z. 79 ff.) und Rauch den Umkreis überschattet. Das ist im großen und ganzen eine bemerkenswerte Parallele zu unserem Fragment; nur daß an unserer Stelle in paradoxer Weise das Oben und Unten vertauscht ist: *La stabilité est „en haut"*, bemerkt Marguerite Harl (Cosmologie 194, zu unserer Stelle). Ebenso *Somn.* I 157 f. Vgl. den Exkurs zu Z. 117 ff.

Z. 57 αὐτὸς μόνος] der „Vater" nämlich. Dies kann gesagt werden, weil die „Kräfte" nicht selbständig wirken. Sie sind nicht zur Relativierung des Monotheismus eingeführt, sondern um die Transzendenz des „Seienden" auszusagen.

Z. 57 f. ἄνωθεν ... τὸν ἐν μέσῳ ὄντα] Es scheint, als hätte Philon das hierin liegende Paradox gespürt (vgl. oben zu Z. 55). Die Auflösung ist die, daß die „Kräfte" ja gar nichts Selbständiges *neben* (oder gar über) dem „Seienden" darstellen, ihm also an „Höhe" keine Konkurrenz machen können. – Schwieriger wird zu sagen sein, wie sie in die Tiefe reichen; dem gilt Philons Aufmerksamkeit ab Z. 73.

Z. 58 λόγῳ] Das atl. Motiv des „Sprechens" Gottes (Text war: Λαλήσω σοι ...) wird hier, dank der Vieldeutigkeit des griechischen Wortes λόγος, in das kosmologische Motiv einer Weltvernunft oder Weltstruktur übersetzt. Wie der Logos sich zu den „Kräften" verhält, wurde zu Z. 49 f. schon angedeutet. Er ist sachlich mit ihnen weitgehend deckungsgleich, nur daß eine Materialisierung wie in unserem Text Z. 79 ff. von ihm nicht denkbar wäre. Er ist Aktivität des „Seienden", auf einer höheren Stufe betrachtet und mit einem abstrakteren Begriff bezeichnet.

Die christliche Theologie hat den Logos dann, Joh 1 folgend, konkreter gefaßt. Der Streit zwischen Justin und seinem jüdischen Gesprächs-

---

[21] Leisegang *s. v.* und Kuhr, Gottesprädikationen 19 f.

partner über das Verständnis von Gen 18,2 (s. o zu Z. 49) zeigt die
Folgen für die Exegese. Bei Prokopios v. Gaza (MPG 87/1 S. 637 f.,
z. St.) wird der philonische Logos auch in der Auslegung von Ex
25,22(21) von Christus abgelöst; die Cherubim verschwinden.

Z. 59 φωνήεντα καὶ λογικά] Dieses Begriffspaar auch *Det.* 91, wo
allerdings nur vom vernünftigen Teil der menschlichen Seele die Rede
ist. Die Geschöpfe im allgemeinen nennt Philon sonst nie ‚vernünftig'
oder ‚mit Stimme begabt'. Sie können es höchstens in dem abgeleiteten
Sinne sein, daß die Tätigkeit des einteilenden Logos (Λόγος τομεύς,
Her. 133–236; Bréhier, Philon 86–89) an ihnen erkennbar ist: Gottes
Sprechen in der Schöpfungsgeschichte wird *Her.* 135 gedeutet als Schei-
dung von Gegensätzen im Sinne Heraklits (mit Zitat aus Gen 1,10); vgl.
unten Z. 127 ff. – In einer anderen, mehr subjektiven Abwandlung
dieses Gedankens entdeckt *Her.* 235 (mit Kontext) die menschliche
Vernunft beim Nachvollziehen der Einteilungen der Natur ihre eigene
Gemeinsamkeit mit dem göttlichen Logos. Hierzu vgl. *Sacr.* 75, ferner
das unten zu Z. 87 f. Gesagte.

προνοίᾳ] Siehe zu Z. 147.

c. 6, Z. 63 τὸν προφήτην Ἡσαῖαν] Jesajas Name begegnet in Philons
erhaltenen Schriften sonst nirgends. Einige Male[22] wird anonym aus
dem Jesaja-Buch zitiert, davon einmal (*QG* II 42) mit der Einleitungsformel (rückübersetzt): Διὸ καὶ γνώριμος Μωυσέως καὶ φίλος
προφήτης τις ἐνομοθέτησεν[23] τοιοῦτόν τινα λόγον (es folgt Jes 1,9).
An unserer Stelle wird der Prophet durch Namensnennung und ausdrückliche Würdigung seiner Inspiration noch höher gewertet.
Ruiz, Profetas hat das Thema der Propheten (d. h. hauptsächlich des
Mose) bei Philon in einer gewissen Übersicht dargestellt (hauptsächlich
aus den bei Cohn/Wendland vorhandenen Texten) und das hellenistische Element der mystischen Erkenntnis überzeitlicher Wahrheiten
hervorgehoben, demgegenüber erst Martin Luther (S. 146) die Propheten wieder als Sprecher Gottes in konkreter Situation gewürdigt habe.
Vgl. noch ThW VI 822 f. (Rudolf Meyer) und v. a. Bréhier, Philon

---

[22] 4 Stellen bei Leisegang; dazu *LA* II 183 (vgl. Jes 6,9) *QG* II 26 und 43. Weitere
Anspielungen verzeichnet die Biblia Patristica z. St.
[23] R. Marcus' passivische Wiedergabe QG S. 123 Anm. b ist inkorrekt.

180–205 mit dem Befund (S. 185): *Sa* (Philons) *théorie du prophète n'emprunt rien au prophétisme juif, mais se tient tout entière sur le terrain des idées égyptiennes et grecques.* Das wird auch unser Text im weiteren bestätigen.

Z. 64 f. τὸ τοῦ θείου πνεῦμα] Zu dieser Wortgruppe finde ich bei Philon keine wörtliche Parallele. Es heißt sonst τὸ θεῖον πνεῦμα, τὸ τοῦ θεοῦ πνεῦμα (seltener)[24] oder – auch nur einmal – τὸ ἔνθεον πνεῦμα (*Decal.* 175, von Moses Inspiration).

Für Philon ist das Göttliche nicht nur *Schöpfer,* sondern es besitzt auch einen *Logos* und ein *Pneuma*... Doch kommt auch noch eine Sophia und es kommen „Kräfte" hinzu, die die Ähnlichkeit zur christlichen Trinitätslehre zufällig erscheinen lassen.

Z. 65 τὸ προφητικόν] *sc.* πνεῦμα. Vgl. *Fug.* 186 (von den siebzig Ältesten Num 11,17, die etwas vom Geist des Mose übertragen bekommen) und *Mos.* I 277 (Bileam). – Anders geartet ist *QE* II 29 die Rede von Moses „prophetischem Geist" (*mitk'* = νοῦς oder Verwandtes[25], jedenfalls nicht πνεῦμα): das ist ein zu prophetischen Aufgaben geeigneter Menschengeist, eine Begabung von Geburt, im Sinne von Philons Drei-Klassen-Anthropologie[26] (mit welcher die spätere gnostische große Ähnlichkeit hat). In unserem Text aber ist ein plötzliches Überfallenwerden durch einen von außen kommenden Geist gemeint, der „oberhalb des Alls" (Z. 64) zu Hause ist. Dies zu unterstreichen, dient die Ekstase-Szenerie. Sie hat weitläufige philosophische Hintergründe.

Exkurs: Pneuma und Inspiration bei Philon

Das deutsche Wort ‚Geist', dem am ehesten griechisches νοῦς entspricht, vermag kaum wiederzugeben, welche kosmologischen und anthropologischen Hintergründe sich für Philon und seine gebildeten Zeitgenossen mit dem Wort πνεῦμα verbanden[1]. Die Urbedeutung

---

[24] Belege bei Leisegang, Index Sp. 661 a.
[25] Marcus, Index 272 weist auch einmal ψυχή nach.
[26] Mendelson, Education 51–59; vgl. oben zu Z. 19.

[1] Wichtigste Monographien: Verbeke, Pneuma; Leisegang, Hl. Geist. Im ThW s. VI 370–373 (Werner Bieder).

‚Wehen, Hauch' (vgl. *ruᵃḥ*) hatte noch nie etwas rein Immaterielles gemeint. Die Stoiker mit ihrem subtilen Materialismus definierten πνεῦμα als einen ganz feinen, energiegeladenen, die ganze Natur durchdringenden Stoff. Die Annahme unterschiedlicher Spannungsgrade (τόνοι) dieses Stoffs ermöglichte es ihnen, in einer einheitlichen Theorie die unbelebte, nur-stoffliche Natur mit der belebten, ja sogar mit geistigen Vorgängen zu verbinden (SVF II 439ff.; vgl. Samburksy, Physical world 132ff.; Groß, Natur 21²): zwischen Ruhe und höchster Aktivität dieses Pneumas erstreckten sich die vier Naturreiche der ἕξις (Lage), φύσις (Wachstum), ψυχή (Empfindung, Vorstellung, Triebe) und διάνοια oder λογικὴ ψυχή, welche allein dem denkenden Menschen eigen ist. Philon verwendet diese Lehre ausführlich und mit Zustimmung *Deus* 35–43, *LA* II 22ff. u.ö. – Wir werden Anklänge an den Terminus ‚Spannung' auch in unserem Text wiederfinden (Z. 83.121). Allerdings geht es dort um eine Verlängerung nach oben, ins Immaterielle, oder, wie Philon es versteht, um ein Aufhängen am Immateriellen (Z. 56f.).

Vorgearbeitet hatte ihm die „Weisheit Salomos" (7,21–27)³: „Die Werkmeisterin aller Dinge lehrte mich, die Weisheit. Denn in ihr ist ein geistiges Pneuma (πνεῦμα νοερόν), ein heiliges, einziggeborenes, vielteiliges, feines (λεπτόν), bewegliches ... (usw.), das alle Pneumata durchdringt, die geistigen, die reinen, die allerfeinsten. Beweglicher als alle Bewegung ist die Weisheit. Sie durchzieht und durchquert (διήκει δὲ καὶ χωρεῖ διά ...) alles durch ihre Reinheit; denn die ist ein Rauch (ἀτμίς) der Kraft (δύναμις) Gottes und lauterer Ausfluß (ἀπόρροια) der Herrlichkeit des Allmächtigen." – Hier ist zu den Eigenschaften der „Feinheit", der „Beweglichkeit" (heute würde man wohl sagen: Energie) und des „Durchziehens" noch einiges hinzugekommen, zunächst auch die Kautele: „in" der Weisheit sei dies alles, die aber dann bald vergessen wird.

Philon hatte keine Schwierigkeiten, die Unterschiede der Naturreiche sowie (insbesondere) die menschliche Geistestätigkeit anhand der stoischen Pneuma-Lehre zu erklären⁴: selbst der νοῦς des Menschen kann

---

² S. 85 der Hinweis auf die Übernahme dieser Theorie in der „pneumatische" Schule der griech. Medizin. – Die ganze Geschichte des Lehrstücks, von Andeutungen bei Heraklit bis zu Stellungnahmen früher Kirchenschriftsteller, behandelt Spanneut, Stoïcisme 86–89. Zu Heraklit s. Frg. 220–223 Kirk/Raven (= Nr. 30.31.90.64 Diels/Kranz), Ritter/Preller Nr. 484a (2. Hälfte) und Harl, Cosmologie 195 Anm. 2.

³ Hierzu P. Barth, Stoa 162; Leisegang, Hl. Geist 69f.

⁴ Helmut Schmidt, Anthropologie 52.144; Pohlenz, Kl. Schriften I 350f.

ihm als ἔνθερμον καὶ πεπυρωμένον πνεῦμα gelten (*Fug.* 133; ‚Hitze' ist Wechselbegriff für ‚Spannung'). Ein Geschöpf darf materiell sein, auch in seinen Lebensäußerungen. Wie steht es aber mit der Beziehung des Menschen zu Gott, der doch als der bloße „Seiende" immateriell ist? Selbst sie ist über ein Pneuma vermittelt, nämlich das Gen 2,7 dem Menschen eingeblasene (*Det.* 80–90; *LA* I 37f.), das ihn befähigt, Gottes Existenz (nur diese) zu erkennen. Die Verben τείνειν und ἐκτείνειν dienen Philon in diesen Zusammenhängen, ein Continuum bis in die Transzendenz des Immateriellen zu behaupten. Denn, anders als in der „Weisheit Salomos", ist bei ihm das Pneuma unteilbar; kein Stückchen läßt sich von ihm abtrennen, wie er an beiden Stellen betont.

Das menschliche, oder richtiger: das sich in die Menschen erstreckende Pneuma ist also Werkzeug der Gotteserkenntnis. Soweit Philon der Stoiker. Nun aber erklärt uns Philon der Platoniker, wie es zu Erkenntnissen kommt, die über jene des bloßen Daseins Gottes (die natürliche Gotteserkenntnis) hinausgehen. Dasselbe Pneuma, das schöpfungsgemäß den Menschen gegeben ist, muß nun – in Verdichtung – dazu dienen, prophetische Inspiration erklärlich zu machen[5]. Und zwar wird eben jener beste Teil im Menschen, womit er denkt, *ausgewechselt und ersetzt* durch ein θεῖον πνεῦμα im besonderen Sinne: „Denn es wird in uns der Verstand ausgetrieben (ἐξοικίζεται) bei der Ankunft des göttlichen Pneumas" (*Her.* 265; vgl. *Spec.* IV 49; *Mos.* I 283). Dieses Pneuma benützt den bewußtlosen Menschen wie ein Musiker sein Instrument (*Spec.* IV 49; *Mos.* I 274; *Mut.* 139). Das ist der Unterschied zwischen Wahrsagekunst (ἔντεχνος μαντική, wovon auch die Stoiker eine Theorie hatten[6]) und Prophetie, wie *Mos.* I 277 am Beispiel Bileams erläutert. Verbeke (Pneuma 250–259.530) betont die Neuerung, die Philon hier gegenüber dem μαντικὸν πνεῦμα der Stoiker einbringt, allerdings auch die Ungereimtheit[7] (oder ist es theologische Absicht?), daß ausgerechnet der beste Teil des Menschen – jenes Pneuma, das ihn zur Gotteserkenntnis befähigt – beim Prophetendienst weichen muß. Er erklärt beides damit, daß Philon den Rationalismus der Stoiker an diesem Punkt nicht mitmachen wollte. Vielmehr griff er

---

[5] Den Umschlag markiert Leisegang, Hl. Geist 76–112: „Das Pneuma als stetig dem Menschen innewohnende Gotteskraft"/113–136 „Das Pneuma als überirdische[,] von Gott plötzlich in die Seele einströmende Kraft". – Ähnliches im *C. H.* s. Festugière, Révél. II 542.

[6] SVF II 1187ff.

[7] Hierüber auch Leisegang, Hl. Geist 181ff.; Bréhier, Philon 190.

auf eine andere, der östlichen Religiosität[8] sehr viel nähere Lösung
zurück, auf die von Platon mit philosophischen Würden versehene
Ekstase[9]. Οὐ γὰρ τέχνη ταῦτα λέγουσιν, sagt Platon von den Dichtern,
ἀλλὰ θείᾳ δυνάμει: Gott ist der Sprechende; „durch sie tönt (φθέγγε-
ται) er zu uns" (*Ion* 534 C–E)[10]. Dies hat Platon zu seiner bekannten
Theorie von der μανία verallgemeinert (*Phaedr.* 244 A–245 B). Philon,
der das Wort μανία im selben Sinne meliorativ (als Synonym zu ἔκστα-
σις) gebrauchen kann (z. B. *Deus* 138 von Elia; *Her.* 249.265 in grundsätzlichen Passagen), hat, in der Weise des Posidonios[11], ein Lehrstück
daraus gemacht und vier Arten der Ekstase unterschieden; so v. a. in
Her. 249–266 (zu Gen 15,12 LXX). Die vierte und oberste ist bei ihm die
·prophetische Ekstase. (Posidonios kannte nur drei Arten.) Für sie gibt
es gewisse Vorbereitungen[12], die hier nicht weiter interessieren, außer
daß die Abkehr von den Sinneseindrücken und die Selbsterkenntnis
dazu gehören, die auch in unserem Text genannt sind (Z. 24 f.; Z. 18).
Philon nennt den Zustand, wenn dann schließlich das Gottespneuma das
eigene verdrängt, mit einem von ihm geprägten Oxymōron einen „nüch-
ternen Rausch" (μέθη νηφάλιος, *Opif.* 71 u. ö.)[13]. In diesem Zusammenhang fallen dann auch regelmäßig die Ausdrücke κορυβαντιᾶν und
ἐνθουσιάζειν (in unserem Text Z. 65 f.). So stellt sich Philon die „Ideen-
schau" (*Opif.* 70) vor, und so will er sie selbst erlebt haben (nächster
Exkurs).
    Yehoshua Amir hat herausgestellt, daß nach griechischer Auffassung
der damaligen Zeit „göttliche Rede nicht *zum* Menschen, sondern *im*
Menschen" geschieht (Philon 71)[14]. Ein Angeredetwerden von einem

---

[8] Im Kontrast zu sehen z. B. gegen die nüchtern-römische.

[9] Hierüber Leisegang, Hl. Geist 163–231; Bréhier, Philon 189–205; auch Verbeke,
Pneuma 255; Völker, Fortschritt 303 ff.; Helmut Schmidt, Anthropologie 107 f., 172. –
Weniger geglückt scheint mir dort die Rückführung philonischer Theorien auf Platons
Tim. 71 C (vielmehr 71 E–72 B), eine ironische Passage, wo die Leber als Empfangsort
von Eingebungen der Wahrsager gelobt wird. Soweit geht der Irrationalismus bei Philon
nicht.

[10] So die Meinung des Sokrates; Ion stimmt ihr bei. – Schon Hesiod (Theogonie
22.35 f.) hatte göttliche Inspiration (ἐπιπνεῖν) zur Kündung von Vergangenheit und
Zukunft beansprucht. Bei Marrou, Erziehung Abb. 32 findet sich solch ein Musenkuß
bildlich dargestellt.

[11] Frg. 108 Edelstein/Kidd; vgl. Bréhier, Philon 186.

[12] Leisegang, Hl. Geist 207–216 (nach *Somn.* I 4–133); Helmut Schmidt, Anthropologie
108.172 f.; Völker, Fortschritt 303 ff.

[13] Jonas, Gnosis II/1 93; Monographie: Lewy, Sobria ebrietas.

[14] Bréhier, Philon 191 zitiert *Spec.* IV 192: „Dem Propheten ist nichts unerkennbar, da
er ja den νοητὸς ἥλιος und die ἄσκιοι αὐγαί (in unserem Text Z. 7 f.) in sich hat."

Gegenüber, wie die Bibel beider Testamente es bezeugt, ist, sofern der Orient es überhaupt kannte, von den Gebildeten zu einem inneren Erlebnis umstilisiert worden. Das ist der Grund, warum Philon seine elaborierte Ekstasetheorie braucht. Ihr macht er die ursprünglich stoische Pneuma-Lehre dienstbar.

Die Folge von all dem ist eine derart „steile" Inspirationslehre, wie sie, wenn man von Rabbinen und Kirchenvätern absieht, die immer auch andere Meinungen in ihrer Mitte hatten, in geschlossener Front wohl nur noch von der Altprotestantischen Orthodoxie vertreten worden ist[15]. Aristobulos kannte sie nicht[16]; im Neuen Testament zeigen der Hebräerbrief (3,7) und der 2. Petrusbrief (1,21) Ansätze dazu[17]. Wieweit der Topos von der Zither und vom Zitherspieler, für dessen Beliebtheit auch *De J.* § 67 f. spricht, bei altkirchlichen Schriftstellern dogmatisch gemeint ist (im Sinne einer „Verbalinspiration"[18]), mögen andere entscheiden. (Zitatesammlung bei Lampe, Lexicon *s. v.* πλῆκτϱον.) Heinisch, Einfluß Philos 45 hebt Ps.-Justins *Cohortatio* c. 8 heraus als im Sinne Philons gesprochen. Man darf das montanistische Zitat bei Epiphanius, *Panarion* 48,4 (s. Lampe) würdig danebenstellen, ebenso Origenes, *C. Celsum* II 9 (mit Bezug auf die Pythia, auf die Propheten des Alten Testaments und auf den Logos des Neuen).

Ambrosius[19] und Augustin[20] haben sich weniger extrem geäußert: sie verneinen menschliche Kunst, insbesondere Redekunst, wenn es um die Wirkung des Gotteswortes geht; sie verneinen aber nicht den menschlichen Geist als dessen Empfänger[21].

Plutarch, selbst delphischer Priester, wendet sich in *De defectu oracu-*

---

[15] Völker, Fortschritt 295 und Heinisch, Einfluß 44 erinnern auch an den Montanismus. Dort allerdings war Praxis, was bei Philon lediglich exegetische Theorie ist. – Bréhier, Philon 249 vergleicht die Lage Philons als Exegeten ohne Deckung durch ein förmliches Lehramt mit der der Protestanten.

[16] Walter, Aristobulos 94 f. und 130 Anm. 2.

[17] Die gewöhnliche Auffassung dürfte etwa Mk 12,36 Ausdruck finden: „David sprach im Heiligen Geist". Daß die menschlichen Sprecher dadurch nicht automatisch außer Betracht bleiben, zeigen Stellen wie Apg 2,25.30 f. und – besonders stark – Röm 10,20.

[18] Ein in sich widersprüchlicher Ausdruck. Was wird gegeben, Worte oder Geist?

[19] 8. Brief § 16; zitiert bei Norden, Kunstprosa II 526.

[20] *De doctrina christiana* IV 7 § 21.

[21] Wie heikel die damit verbundenen dogmatischen Probleme bis heute sind, zeigt die Unentschiedenheit insbesondere der protestantischen Theologie angesichts der Frage, welche Eigentätigkeit dem menschlichen Geist als Empfänger der Offenbarung zugeschrieben werden kann. S. Siegert, Argumentation c. 5 sowie Exkurs I (ebd. S. 144–148).

lorum 9 (*Mor.* 414 E) mit Spott gegen die Meinung, die Gottheit gebrauche den Propheten lediglich als Sprechorgan. Er findet es unwürdig, daß Gott sich in einen Menschen verkleiden und den Bauchredner[22] spielen soll.

Auf eigene Weise hat der Neuplatonismus die platonische Ekstase-Theorie beerbt. Er wendet sie nicht auf Texte an – das ist der Unterschied zu Philon –, aber er strebt mit dieser Lehre in gleicher Weise ins Überintelligible[23].

Übrigens liegt es für Philon in der Konsequenz, daß er die Arbeit der (legendären) 72 Übersetzer des Pentateuchs in solchem Ekstasezustand geschehen sein läßt; sonst hätte er ja keinen verläßlichen Bibeltext. *Mos.* II 37 ist der älteste Beleg für die Legende, alle Zweiundsiebzig hätten – trotz getrennten Arbeitens, aber dank ekstatischer Inspiration – unabhängig voneinander exakt dieselben ὀνόματα καὶ ῥήματα gebraucht. Nur Ps.-Justins *Cohortatio* 13[24] hat dies dann noch zu steigern vermocht.

_____

Z. 65f. ἐνθουσιάζει καὶ κορυβαντιᾷ] Den zahlreichen Parallelen, die Leisegang unter diesen Wörtern ausweist, läßt sich QG S. 181.191. 305.378 und QE S. 7.10 hinzufügen. *Cher.* 48f. führt Philon ein Jeremia-Zitat in noch größerer Ausführlichkeit als hier mit der Ausmalung einer Mysterien-Szenerie ein (Wortfeld: μύστης, ἱεροφάντης, χρησμός, ἐνθουσιάζειν), redet seine Leser mit ὦ μύσται an und sagt von sich selbst, er sei „beim Gottesfreund Mose in die großen Mysterien eingeweiht" worden. Dem heutigen Leser drängt sich hier die Rückfrage nach Philons Erfahrungshintergrund auf.

Exkurs: Die Ekstase am Schreibtisch

Philon spricht mit Worten wie ἐνθουσιάζειν und κορυβαντιᾶν eine der stärksten Erfahrungen an, die die Antike kannte: man denke an die Bacchantenzüge von Euripides' *Bacchae* bis zu den spätesten heidnischen Sarkophagen. Nicht selten interpretiert er eine Ekstase des Mose

---

22 ἐγγαστρίμυθος. – Vgl. Bréhier, Philon 189; Völker, Fortschritt 294.

23 Vgl. Amir, Philon 191f.; Bréhier, Philon 201. – Festugière, Révél. IV 132–135 sagt Gleiches von den „Chaldäischen Orakeln".

24 Mit Namensnennung Philons. – Vgl. Walter, Aristobulos 94f.

in den auszulegenden Gesetzestext erst hinein[1]. Hans Leisegang (Hl. Geist 159) schreibt, Philon schöpfe seine Inspirationslehre „aus eigenster, innerer Erfahrung. Er selbst hat solche Zustände an sich erlebt." Dazu verweist Leisegang auf Passagen wie *Spec.* III 1–6. Ausführlich schildert Philon dort, wie er, nach Abstandnahme von allen weltlichen Beschäftigungen, die ψυχῆς ὄμματα öffnet (§ 4.6) und vom φῶς σοφίας umleuchtet wird (§ 6). Daraufhin traut er sich zu, in die „Mosaischen Heiligtümer" nicht nur einzudringen, sondern auch der Menge (τοῖς πολλοῖς – Predigttätigkeit Philons?) das bisher daran Unbekannte zu entfalten. *Cher.* 27 nennt er diesen Zustand θεοληπτεῖσθαι; *Somn.* II 252 sagt er: „Heimlich tönt (ὑπηχεῖ) in mir wiederum . . . der unsichtbare Geist[2] und spricht . . ." Nach seiner eigenen Theorie müßte er da „getaumelt und getanzt" haben (*Migr.* 35: κορυβαντιᾶν usw.!), wenn er uns nicht zugleich sagen würde, daß der Rausch ein innerlicher, „nüchterner" sei (s. vorigen Exkurs). So müssen wir denn die ganze Korybantenszenerie metaphorisch nehmen, als Ausdruck für ein rein inneres Erleben – bei Mose und den übrigen Propheten ebenso wie bei ihrem Ausleger Philon. Hier pflichte ich Völker, Fortschritt 288–317 („ob Philo ekstatische Erlebnisse gekannt habe") und der sich abzeichnenden Mehrheit der Fachleute[3] bei.

Es handelt sich bei Philon um eine konventionelle Darbietung, um das literarische Mittel der „stilisierten Initiation"[4], das Platon im *Phaedrus,* im *Symposion* und im 7. Brief bereits ausgiebig verwendet hatte[5]. Hi 4,12 ff. ist ein biblisches Beispiel[6]. Selbst Leisegang, der den Erlebnishintergrund der hier in Frage stehenden Selbstaussagen höher einstuft als manche Fachkollegen, stellt doch fest (Hl. Geist 122 f.), wie sehr sich Philon auch in solchen Kontexten an die stilistische Konvention hält, in

---

[1] Stellen bei Leisegang, Hl. Geist 120.

[2] Geist ist eigentlich immer unsichtbar. Daß mit diesem Adjektiv mehr gemeint war, nämlich die Zugehörigkeit zum Überkosmischen, zeigt die stereotype Kennzeichnung „das Unsichtbare Pneuma" in den Nag-Hammadi-Schriften (s. Siegert, Nag-Hammadi-Register S. 290 f.).

[3] Lit. bei Völker, Fortschritt 307–309. S. Bréhier, Philon 242–249; Jonas, Gnosis II/1, 101 mit hermetischen Parallelen (v. a. *C. H.* X 5 f., wozu unser Text Z. 6–25 zu vergleichen ist); Festugière, Révél. 545–551 (*Lieux communs mystiques;* erst danach folgt *Eléments personnels chez Philon*); Früchtel, Kosmolog. Vorstellungen 112–115: „Das philonische Mysterium – ein Schreibtischmysterium" (gegen Pascher, Goodenough u. a.).

[4] Vgl. Siegert, Argumentation 38 (nach Ch. Perelman).

[5] Stellen gesammelt bei Colli, Sapienza I S. 98–104; dort auch das ganze Wortfeld ἐνθουσιάζειν, μαίνεσθαι, φῶς, αὐγὴ καθαρά usw.

[6] Hierzu Siegert a.a.O.

den Worten abzuwechseln, und wieweit er die Septuaginta-Ausdrücke durch solche ersetzt, wie sie etwa das *Onomastikon* des Pollux (I 15–19) vorschreibt.

Anders als durch Konvention läßt sich das Paradox nicht erklären, daß Philon seine Inspirationen durchaus gewohnheitsmäßig empfängt (εἴωθα, τὸ εἰωθός *Cher.* 27; *Somn.* II 252). Es sind Einsichten, die ihm beim Studium des heiligen Textes kommen, unverfügbar im einzelnen (*Migr.* 34), aber doch wiederholt; es sind „überraschende Einfälle eines Gelehrten"[7], *disclosures*[8]. „Hinter Philos Aussagen über die Schau steht kein Kultmysterium", schreibt Ursula Früchtel (Kosmolog. Vorstellungen 151), sondern es sind – wo es sich um Philon selbst handelt – „Augenblicke erhöhter Produktivität am Schreibtisch", ein „Schreibtischmysterium".

Harald Hegermann (Schrifttum 534f., vgl. 349 Anm. 55) bemerkt zu der These von jüdischen Mysterien in Alexandrien, für die Philon der Bürge sein soll: „Die Textstelle, die am meisten für ein mysterienhaftes Selbstverständnis Philons angeführt wird (*Cher.* 42ff.), zeigt ihn in Wirklichkeit als scharfen Kritiker solcher Tendenzen, deren Bedeutung er allerdings für die jüdischen Kreise um ihn her indirekt bestätigt."

Der Schlüssel zum Verständnis der mysterienhaften Stilisierungen bei Philon liegt in dem zu Z. 5 schon bemerkten Streben nach dem Über-Intelligiblen. Es ist kein Zufall, daß in solchen Zusammenhängen das platonische Verbum γλίχεσθαι ‚sich sehnen' auftaucht (*Cher.* 45; *Spec.* III 4 u. ö.): Philon geht es letztlich nicht um eine Erkenntnis von Objekten, sondern um ein Kontakt-Bekommen und Verschmelzen mit dem unerreichbaren Höheren. Es ist ein Grundsatz aller Mystik:

> „Mensch, was du liebst, in das wirst du verwandelt werden.
> Gott wirst du, liebst du Gott, und Erde, liebst du Erden."
> (Angelus Silesius)[9]

Völker, Fortschritt 315 weist darauf hin, daß, was bei Platon eine Steigerung der Vernunfttätigkeit war, bei Philon in deren Auslöschung

---

[7] Büchsel bei Verbeke, Pneuma 254 Anm. 89.

[8] Zu diesem auf Ian Ramsey zurückgehenden Terminus – dt. etwa ‚Erschließung', bei den Psychologen ‚Aha-Erlebnis' – s. Siegert, Argumentation 105–107 mit weiterer Lit.

[9] Cherubinischer Wandersmann (1675), zitiert (in modernisierter Rechtschreibung) nach v. d. Leyen, Dichtung 479. Die Überschrift des Gedichts trägt den Zusatz: „aus St. Augustino". Dieser soll gesagt haben: *Amando Deum homines efficiuntur dii; amando mundum, mundus dicuntur* (so Aurifodina I 122 Nr. 37; die Herkunftsangabe *Sermo 24. de nativitate Domini* wäre noch zu berichtigen).

umschlägt, zumindest in den Spitzenaussagen. Dies war denn auch die
Haltung des Neuplatonismus, des heidnischen[10] wie des christlichen[11].

———

Z. 66ff. Εἶδον τὸν Κύριον . . .] Zu Jes 6,1f. hatten wir von Philon bis
jetzt keinen Kommentar. Der untere Kontext zeigt, daß Philon stillschweigend eine Zweizahl von Seraphim annimmt[1]. Die Identifizierung
mit den Cherubim erfolgt über die Zuschreibung derselben kosmologischen Rolle, welche abgestützt ist durch die Etymologie Z. 72.

Origenes, *De princ.* I 3,4[2] weiß von der Lehre eines „Hebräers" zu
berichten, die besagt, daß „die beiden Seraphim bei Jesaja . . . der
Einziggeborene Gottes seien und der Heilige Geist". Das erinnert an
den philonischen Logos und an das – hier von den zwei Seraphim
symbolisierte – Pneuma. Hieronymus, der gegen diese subordinatiani-
sche Theorie Einspruch erhebt[3], läßt den Hinweis auf Jes 6,1 in Joh
12,41 zugleich einen Hinweis auf Christus sein; seine – nun orthodox-
trinitarische – Erklärung der Jesaja-Vision lautet: „Zu *sehen* war der
Sohn im Kleide eines Herrschers, *gesprochen* hat der Heilige Geist –
wegen der Gleichheit der Majestät und der Einheit des Wesens" (MPL
24, 92 C, z. St.). Der Vater bleibt also unsichtbar über der Szene, ganz

———

[10] Plotin-Stellen gesammelt bei Ritter/Preller Nr. 644 mit Anm. a. – Porphyrios, *Vita Plotini* 23 bezeichnet als Ziel der Philosophie seines Meisters die Vereinigung mit dem überintelligiblen (ὑπὲρ νοῦν καὶ πᾶν τὸ νοητόν) Gott, was Plotin viermal, ihm selber bis ins hohe Alter nur einmal gelungen sei. – Ganz ähnlich äußert sich Augustin in den „Konfessionen" VII 17.
[11] Vgl. die Verweise auf die „apophatische Theologie" und den Palamismus oben zu Z. 47 und im Exkurs zu Z. 49.

[1] Harl, Cosmologie 195 Anm. 1: Der LXX-Text suggeriert eine solche Auffassung. – Im rabbinischen Judentum war es hingegen üblich, die Seraphim mit den vier „Lebewe-sen" der Hesekiel-Vision zu identifizieren, die, wie es scheint, nicht auf zwei reduziert wurden. Vgl. Ginzberg, Legends VI 359f.; V 25. Im hebrHen 26, wo Jes 6 in die Hesekiel-Szenerie eingetragen wird, gilt 4 als die Zahl der Seraphim (§ 9; Charlesworth I 281); sie stehen, wie auch sonst in jüd. Engellehre, *neben* Cherubim, Ophanim oder „Thronen" o. ä. Das „Brennen" der Seraphim (Etymologie – unser Text Z. 72) wird § 10 als tägliches Verbrennen des Sündenregisters Israels gedeutet. – Im „Testament Isaaks" 6,26 (Charles-worth I 910) gibt es einen „Wagen der Seraphim", die jedoch von den Cherubim unter-schieden bleiben. Eine Verwechslung beider scheint in den „Fragen Esras" A 29 (Charles-worth I 598; Yovsēpʻeancʻ 302, 3. Absatz) vorzuliegen, erleichtert durch die im Armeni-schen fast gleichlautenden Namen *serobēkʻ* und *kʻerobēkʻ;* vgl. Bd. I Anm. 947.
[2] S. 52,17–53,4 Koetschau; Hinweis Harl, Cosmologie 200 Anm. 1 (mit weiteren Ver-weisen) und Daniélou, Philon 151.
[3] Zitiert bei Koetschau im Apparat.

so, wie Justin (s. Exkurs zu Z. 49) gegenüber seinen jüdischen Gesprächspartnern die Unsichtbarkeit des Schöpfers behauptet hatte, und wie Tertullians *Adversus Praxean,* eine Grundschrift der christlichen Trinitätslehre (*trinitas* begegnet dort erstmals), in c. 14 es erklärt, mit Hinweis auf Abrahams und Jesajas Visionen.

Z. 72 τύποι] Diese Etymologie kann ich sonst nicht nachweisen, weder bei Philon (der von den Seraphim nur hier spricht), noch anderweitig – nicht in der Suda, nicht in Lampe (Lexicon), nicht in der an phantasievollen Ableitungen nichtgriechischer Wörter reichen 2. Auflage des Thesaurus. – Inwiefern die Seraphim Symbol sein sollen für die „prägende" Kraft des Pneumas, wird der untere Kontext erläutern; dies geht aus der stoischen Pneuma-Lehre selbst hervor. Zum Nebeneinander der beiden Etymologien bemerkt Wolfson, Philo I 340 (z. St.), es werde hier einmal auf den intelligiblen (= transzendenten) Logos Bezug genommen, der in der Welt der Ideen walte, das andere Mal jedoch auf den im Kosmos immanenten Logos, das stoische „Feuer". Dies ist richtig beobachtet und zeigt recht deutlich den kumulativen Charakter des philonischen Denkens. Wolfson zeigt auf S. 334 ff., wie Philon in seiner Logos-Lehre Biblisches mit Außerbiblischem (Heraklit, Stoizismus) zusammenbringt.

Die gnostischen Peraten haben sich des jetzt zu erläuternden hellenistisch-jüdischen Lehrstücks auf folgende Weise bedient: Sie lassen den Logos (den Sohn, die – männliche – Schlange) die Mitte innehaben zwischen dem Vater und der Materie; „und manchmal wendet sich der Sohn zum Vater und nimmt die Kräfte auf sein eigenes πρόσωπον; und nachdem er die Kräfte aufgenommen hat, wendet er sich zur Materie, καὶ ἡ ὕλη ἄποιος οὖσα καὶ ἀσχημάτιστος ἐκτυποῦται τὰς ἰδέας *(accusativus Graecus)* ἀπὸ τοῦ υἱοῦ, ἃς ὁ υἱὸς ἀπὸ τοῦ Πατρὸς ἐτυπώσατο" (Hippolyt, *Ref.* V 17; Möller, Kosmologie 224.226; zum Synonym χαρακτῆρες vgl. zusätzlich die sog. Doketen bei Hippolyt, *Ref.* VIII 9; Möller, Kosmologie 328).

ἔμπρησις] Zu dieser bekannten, auf *śrp* beruhenden Etymologie liefern Harl, Cosmologie 197 Anm. 1 und Lampe, Lexicon *s. v.* Σεραφίμ die griechisch-jüdischen und christlichen Belege (teilweise mit ἐμπρησμός). Mehr s. u. zu Z. 76 ff.

Von den übrigen Vorkommen des Wortes ἔμπρησις bei Philon ist *LA* III 225 bemerkenswert: dort ist in einem übertragenen Sinne vom „Verbrennen" des νοῦς durch die überhandnehmenden Sinneswahrnehmungen (αἰσθήσεις) die Rede. – Hier nun wird etwas Geringeres, die Materie, zu etwas Höherwertigem, den Geschöpfen „verbrannt" oder vielmehr verbraucht. Vgl. Z. 89 ff.

Z. 73 εὐθυβόλως] Daß Mose „genau treffende" Ausdrücke verwende, muß natürlich gerade der Allegoriker sagen, der ständig vom Wortsinn abweicht. Das ist das argumentative Verfahren, die eigene denkerische und sprachliche Leistung zu verstecken und sie lieber einer alteingeführten Autorität zuzuschreiben[4]. – Besonders gerne gebraucht Philon εὐθυβόλος in Kontexten, wo er Mose die griechischen Philosophen an Richtigkeit der Aussagen übertreffen läßt; Belege s. zu Z. 98 Μωυσῆς; vgl. ebd. τηλαυγέστερον.

εἴδη καὶ σφραγῖδες] hier synonym, wie *Opif.* 134: ἰδέα τις ἢ γένος ἢ σφραγίς. Das Wort σφραγίς, das ursprünglich das Siegel wie auch sein Original, das Petschaft, bezeichnet, wurde (nach Ausweis der Wörterbücher) in der Spätantike mehr und mehr metaphorisch gebraucht, bei Philon (s. ThW VII 946 f.) und bei den Gnostikern (s. Siegert, Nag-Hammadi-Register 308, vgl. 98) fast nur noch metaphorisch. Als Bildhälfte einer ausdrücklichen Analogie (jeder Metapher liegt eine Analogie zugrunde) finden wir es bei Plutarch, *Mor.* 373 A: Die Zerstreuung des Leibes (nicht der Seele) des Osiris wird gedeutet auf die εἰκόνες, λόγοι, εἴδη und ὁμοιότητες, mit denen das Sensible vom Intelligiblen geprägt wird (ἐκμάττεται), „wie (καθάπερ) im Wachs die Abdrücke (σφραγῖδες) auch nicht immer bleiben …" (Bezug auf den Tod des Osiris). Vgl. Möller, Kosmologie 236.[5]

Die frühe Stoa hatte Sinneseindrücke (αἰσθήσεις, φαντασίαι) so erklärt, daß die Gegenstände wie Stempel sich ein-„drücken" oder einprägen – so Zenon (SVF I 58 f.) und Kleanthes (SVF I 484, II 56), was Chrysippos dahingehend verbesserte, daß es sich nur um in übertragenem Sinne um ein „Prägen" handeln könne (SVF II 55 f.; vgl. 53). Philon, *Opif.* 166 (= SVF II 57) und *Deus* 43 gebraucht diese Lehre ohne die chrysippeischen Bedenken[6]. In unserem Text überträgt er sie,

---

[4] Siegert, Argumentation S. 65 f., 80. – Die späten Apokalyptiker und Weisheitslehrer betrieben Ähnliches durch Pseudepigraphie.
[5] Bei den gnostischen Sethianern kehrt das gleiche Wortfeld wieder: τύπος, σφραγῖδες, εἰκόνες, ἰδέαι (Hippolyt, *Ref.* V 19; Möller, Kosmologie 41).
[6] Vgl. Helmut Schmidt, Anthropologie 80 f., 157 f. – *Post.* 94 taucht in etwas anderem

ebenso wie in *Spec.* I 47 f. und *Sacr.* 59 f., ins Kosmologische: Die beiden
„Kräfte" – nicht nur die „schöpferische" übrigens – prägen fortwährend
den von ihnen durchwalteten Kosmos. Sie sind, wie es an anderer Stelle
heißt (*QE* II 64, griech. erhalten), ἰδέαι ἰδεῶν – so wie entsprechend
auch der Logos, im Singular, ἰδέα ἰδεῶν heißen kann (*Migr.* 103; *QE* II
124). Diese Abstraktion „Idee *von* Ideen" (wieder ein Ausdruck des
Über-Intelligiblen) soll wohl besagen, daß nichts Kosmisches direkt als
Abbild des Logos oder der „Kräfte" gelten kann, sondern daß diese
vielmehr beim Zustandekommen und Bestehenbleiben aller kosmischen Dinge nur beteiligt sind. Das relativiert die „Stempel"-Metapher,
ähnlich wie schon Chrysipp die Wahrnehmungslehre des Kleanthes
hatte relativieren müssen; und es macht möglich, daß die andere, weniger metaphorische Aussage, die vom „Feuer" und vom „Verbrennen",
im Kontext danebengestellt werden kann.
   Shmuel Samburský, Physical world 136 interpretiert die stoische Kosmologie kongenial und in gleicher Metaphorik, wenn er sagt, der unterschiedliche Grad von Spannung des Pneumas gebe den verschiedenen
Stoffen *the stamp of their specific qualities,* also dem Eisen die Härte,
dem Stein die Dichte, dem Silber den Glanz (so SVF II 449 mit Beispielen aus dem Bereich der ἕξεις, der unbewegten Strukturen; Verben:
εἰδοποιεῖν, σχηματίζειν).

Z. 74 ὁ Ποιητής] eine bei Philon geläufige Bezeichnung für den
„Seienden" in seinem Verhältnis zum Kosmos, die, wie auch ihre Synonyme ὁ ποιῶν, ὁ πεποιηκώς, ὁ γεννήσας, ὁ κτίστης (Stellen s. bei
Kuhr, Gottesprädikationen, *s. vv.*), über Platons Auffassung vom
Demiurgen weit hinausgeht (vgl. oben zu Z. 41): Dieser Schöpfer ist
zugleich der/das Oberste, über aller Transzendenz; und es ist von einer
kontinuierlichen Schöpfung die Rede (Z. 106 f.; 132 ff.; 145–149; dort
auch das Wort δημιουργός im philonischen Sinne).

Z. 74 f. τετύπωκε ... ποιότητας] Die stillschweigend vorausgesetzte
Materie (vgl. Z. 40), die eigenschaftslose (Z. 37: ἄμορφος soviel wie
ἄποιος), erhält Eigenschaften. An anderer Stelle neigt Philon dazu,
τυποῦν überhaupt nur für ein Schaffen ohne Materie, rein im Ideen-
reich, zu reservieren, und trägt dieses Verbum demgemäß in die Erste

---

Zusammenhang Chrysipps Argument gegen Kleanthes wieder auf, daß bei Konkurrenz
auch nur zweier Stempel kein klarer Abdruck zustande käme.

Schöpfungsgeschichte (Gen 1) ein: So *LA* I 31 und *QG* I 4 von der
Erschaffung des ersten, „himmlischen" Menschen. – Unsere Stelle
treibt den Platonismus nicht so weit, sondern gibt dem τυποῦν des
Schöpfers ein materielles Instrument, das (stoische) Pneuma, und läßt
auch noch etwas „Weibliches", die Materie (Z. 37 ff.), zu. In jedem Falle
aber ist τυποῦν für Philon ein Wertbegriff: *Opif.* 65 sagt er von den in
der Schöpfungshierarchie[7] niedrig stehenden Fischen, ihre Seele sei am
wenigsten geprägt (ἥκιστα τετυπωμένη), am meisten hingegen die der
Menschen.

Z. 76 ff. ἔμπρησις κτέ.] Das folgende, Philons zweite Etymologie für
den Namen ‚Seraphim‘, ist in SVF II 422 als stoisches Lehrgut abgedruckt; d. h. hier lehnt sich Philon noch enger als sonst an stoische Denk-
und Ausdrucksweise an. Mit *oculis* = ὄμμασι (Z. 86) läßt SVF das
Exzerpt enden: Anzeichen dafür, daß der Herausgeber das weitere,
trotz der auch dort stark stoischen Wortwahl, inhaltlich für eine Kombi-
nation Philons hält, worin ich ihm Recht geben möchte.

Z. 77 f. ἀταξίαν . . . τάξεως] eine platonische Formel (*Tim.* 30 A), zu
der Douwe Runia (Timaeus I 113–119) die philonischen Nachklänge
zusammengestellt hat, nebst Bemerkungen zur Wirkungsgeschichte.
Für platonisches Denken ist Schaffen soviel wie Ordnen; denn die
Materie ist ausgeklammert: sie wird weder geschaffen, noch schafft sie
(vgl. den Exkurs zu Z. 37 f.). Sachlich ist Z. 102 zu vergleichen.

ἀκοσμίαν . . . εὐκοσμίαν] Hier mischt sich nun, wie in derartigen
Zusammenhängen bei Philon zu geschehen pflegt (Bréhier, Philon
79 f.), stoisches Sprachgut in platonisches[8]. In gleicher Weise wie hier
hatte Chrysipp den Begriff κόσμος als ‚Ordnung‘ (διακόσμησις) etymologisiert (SVF II 527). Seine beiden Definitionen des Wortes κόσμος
wiederholt der Anfang von *De mundo* beinahe wörtlich (391 b 9–12).
Die zweite ist die von Philon hier zugrunde gelegte. Sie – und damit das
Gegensatzpaar ἀκοσμία/κόσμος – wurde Gemeingut der Spätantike:
Vgl. den Apologeten Hermias, *Irrisio* 6 (Diels, Dox. S. 652 Z. 26–28 –

---

[7] Genauer: in der Hierarchie der beseelten Dinge. Die ganze Hierarchie sieht – gut
stoisch – so aus (*Deus* 35): Die Menschen haben λογικὴ ψυχή, die Tiere nur ψυχή, die
Pflanzen φύσις, die Steine nur ἕξις (Struktur). Vgl. oben Exkurs zu Z. 65.
[8] Liest man Platons *Tim.* 30 A/B im Zusammenhang, merkt man freilich, wie sehr die
Sprache der Stoiker schon bei Platon vorbereitet war. Vgl. unten zu Z. 88.

als Lehre des Anaxagoras, was aber wohl nicht wörtlich stimmt); Plutarch, *Mor.* 1014 B (Ritter/Preller Nr. 622 c); Salustios 7,1.

Eigentümlich für Philon ist der Gebrauch des Wortes εὐϰοσμία, was eigentlich ‚Dezenz‘ heißt (im menschlichen Verhalten). Dieses Wort ist sonst aus der philosophischen Kosmologie nicht bekannt. Philon gebraucht es, wie auch sonst gelegentlich[9], als gesteigerten Gegenbegriff zu ἀϰοσμία.

Z. 78 τὴν ἄμορφον οὐσίαν] vgl. Z. 37 f.

Z. 79 f. πυρὸς ... σωτηρίου] Hier wird klar, daß der Begriff ἔμπρησις, den Philon ab Z. 76 erläutert, in einem übertragenen Sinne gemeint ist. Ein „erhaltendes“ Feuer (über σωτηρία = ‚Erhaltung‘ s. u. zu Z. 91 ff.) – das ist kein gewöhnliches Feuer, sondern das stoische Pneuma, als dessen „Spannungs“-Grade wir ja schon die ποιότητες Z. 75 erklärt haben. Schon Kleanthes hatte in diesem Sinne von einem *ignis salutaris* gesprochen (SVF I 504, erhalten durch Cicero). *Her.* 136 läßt Philon den Himmel aus solchem „erhaltenden Feuer“ bestehen, welches vom „gewöhnlichen“, „zerstörerischen“ Feuer (ganz stoisch) unterschieden wird. Doch kann der Himmel, wie wir hier aus unserem Text erfahren, nicht als ausschließlicher Ort des „erhaltenden Feuers“ gedacht sein.

Der Genitiv, mit dem dieser Ausdruck neben δυνάμεις gestellt wird, ist ein *explicativus:* Die „Kräfte“ *sind* dieses Feuer. Damit hat Philon wieder einmal die Transzendenz des „Seienden“ gegenüber dem Kosmos gewahrt. Die Stoiker hatten, anders als er, dieses Feuer – auch das zerstörende und neuschaffende der Ekpyrose[10], mit Gott identifiziert (SVF I 157[11]; II 593, vgl. 604 und zum pantheistischen Sinn des Ganzen 605).

---

[9] S. Leisegang, Index *s. v.*, die ersten 3 Belege.

[10] Philons negative Meinung hierzu s. *Her.* 228 (Bréhier, Philon 88). Was Philon vom Ekpyrose-Gedanken brauchen konnte, hat er in seine Schöpfungslehre überführt: vgl. *Spec.* I 208 und unten zu Z. 111.

[11] Es ist eine in christlicher Polemik gängig gewordene Vergröberung (z. B. bei Augustin, SVF II 423), die Stoiker hätten einfach eines der vier Elemente vergottet. Vielmehr wußten sie innerhalb dieses Elementes Unterschiede zu machen; s. o. zu Z. 8 und unten zu Z. 82. Kein Kirchenvater ist so sorgfältig wie Philon mit dem stoischen Gedankengut umgegangen.

Z. 80 τέχνῃ] Dies meint hier keinen Gegensatz zur Natur, sondern ist Echo der stoischen Rede von der Natur als der größten „Künstlerin". Cicero referiert in *De natura deorum* II 57 (SVF I 171) als Lehre Zenons, die Natur arbeite *multo artificiosius* als unsere Hände. Der Alexandriner Erasistratos nannte die Natur (φύσις) selbst τεχνική, ‚schöpferisch'; und Galenos, der dies referiert (*De naturalibus facultatibus* II 3, Bd. II S. 81 Kühn), zählt selbst zu den Kräften der Natur eine δύναμις τεχνική (I 6, S. 15): sie ist die oberste von allen, denn sie schafft alles τινὸς ἕνεκα, mit Zweck (Teleologie – vgl. hier Z. 88).

Z. 81 τῶν ἀπὸ τῆς φιλοσοφίας ὄντων τινές] Stoiker, wie schon bemerkt (Bd. I Anm. 959). Philon vermeidet es in der Regel[12], die Stoiker mit Namen zu nennen, wohingegen der „große", „allerheiligste" Platon (*Aet.* 52; *Prob.* 13) beinahe[13] unangefochtenes Renommee genießt. Diese Haltung, die für Jahrhunderte Schule gemacht hat (niemand gab gerne zu, bei den stoischen Materialisten gelernt zu haben), hat wohl zu dem häufig kolportierten Bild von Philon als dem „jüdischen Platon" geführt[14]. – Hier aber spricht er mit aller nur wünschenswerten Deutlichkeit, deutlicher als in vergleichbaren Kontexten[15], die Sprache der Stoiker, weswegen v. Arnim die folgende Lehrformel in seine Sammlung aufgenommen hat (SVF II 422), wie oben zu Z. 76 ff. schon erwähnt.

Z. 82 πῦρ τεχνικὸν ὁδῷ βαδίζον] ist eine stoische Lehrformel über das alles durchdringende schöpferische Pneuma, über dessen unterschiedliche Tätigkeitsgrade in den verschiedenen Bereichen der Natur im Exkurs zu Z. 65 schon die Rede war. Die Formel war bisher viermal griechisch überliefert (Diels, Dox. S. 306 Z. 1 f. und Apparat, aus Plurarch, Stobaeus und dem Apologeten Athenagoras[16]; hinzu kommt

---

[12] Ausnahmen: *Post.* 133, *QE* II 120 und die Materialsammlung *De aeternitate mundi.* – *Prov.* II 48 ist nicht Philons eigene Rede.

[13] *Cont.* 59 tadelt er ihn immerhin für das Loblied der homosexuellen Liebe im „Gastmahl".

[14] Belege in der Cohn/Wendland-Ausgabe, Bd. I, S. CIII, CVIII, CX (zweimal), XCI: ἢ Πλάτων φιλωνίζει ἢ Φίλων πλατωνίζει.

[15] Gesammelt bei Festugière, Révél. II 533 Anm. 1 sowie bei Leisegang, Index *s. v.* οὐράνιος (πῦρ) und χρειώδης (πῦρ). Erinnert sei auch nochmals an die Einfachstformel von der „handelnden Ursache, dem Feuer" (*Fug.* 133). Im folgenden haben wir es mit genaueren Aussagen zu tun.

[16] Vgl. SVF II 1027; Ritter/Preller Nr. 494; Harl, Cosmologie 195 Anm. 2 und Spanneut, Stoïcisme 88 f.

Diog. Laërt. VII 156 = SVF I 171: Zenon) und einmal lateinisch
(Cicero, *De natura deorum* II 57 = SVF I 171 als Äußerung Zenons).
Die Lehre ist diese: „Drei von den vier Urstoffen nahm Zeno als leidend
an, nur den vierten, das Feuer, als tätig. Freilich auch nicht das ganze
Feuer, sondern nur seinen feineren Teil, eben denjenigen, mit dem er
den Äther identifizierte. Dieses nannte er das *schöpferische Feuer* (πῦρ
τεχνικόν), das ursprünglichste Element, aus dem die anderen drei Elemente und das gröbere Feuer, also indirekt alle Dinge überhaupt,
entstanden seien, in das sich auch die ganze Schöpfung zurückverwan-
dele" (Barth, Stoa 31; vgl. Sambursky, Physical world 133).

So kann es uns nicht wunder nehmen, wenn das Subjekt des Lehrsatzes in der Überlieferung teils „Gott" ist, teils „Physis"; das kommt auf
dasselbe hinaus. Erst bei Philon gibt es etwas jenseits dieses „Feuers":
den „Seienden", als dessen „Kräfte" (gemäß Z. 79) jenes feinste Ener-
gie-Feuer einzustufen ist.

Der „Weg" (ὁδός) ist nach der bei Ritter/Preller[17] gegebenen Erklärung ein weiterer Rückgriff der Stoiker auf ihren Lieblingsphilosophen
Heraklit, der gesagt haben soll, Veränderung (μεταβολή) sei ein „Weg
von oben nach unten und umgekehrt" (ὁδὸς ἄνω κάτω), wobei an eine
Verdichtung (= Abstieg) und erneute Verdünnung (= Aufstieg) von
Feuer gedacht war. Heraklit hatte von πυρὸς τροπαί (Frg. 31; vgl. Frg.
90; Kirk/Raven Nr. 221 f.) gesprochen und angeblich sogar von einem
φρόνιμον πῦρ (Diels/Kranz 22 B 64; Colli, Sapienza III S. 86; vgl. das
stoische πῦρ νοερόν SVF II 443; 806 [zweimal]). Mindestens in sprachli-
cher Hinsicht haben wir in ihm also den Ahnen dieses ganzen Vorstel-
lungskomplexes.

Wie zu erwarten, gibt es bei Philon eine Alternativ-Formulierung des
hier über die „Kräfte" Gesagten mit Hilfe des Logos-Begriffs: *Her.* 119
spricht von einem Schöpfungswirken des σπερματικὸς καὶ τεχνικὸς
θεῖος λόγος; und in *QE* II 53 (S. 101 Anm. g) begegnet (rückübersetzt) ὁ
τεχνίτης, ὁ θεῖος λόγος. So ist denn der Logos auch „heiß" (*Cher.* 28)
und „feurig" (*Sacr.* 87).

Friedrich Lang gibt im ThW VI *s. v.* πῦρ eine Übersicht über religiöse
und philosophische Feuer-Lehren in der Antike: bei den Stoikern
(930,1–23), bei Philon (939,5–27, ohne Erwähnung eines weltschaffen-

---

[17] Nr. 494 a samt Rückverweis auf Nr. 36 (Diog. Laërt. IX 8 f. = Diels/Kranz 22 A 1;
vgl. 22 B 60 = Kirk/Raven Nr. 203. Zur Vorliebe der Stoiker für Heraklit s. Barth, Stoa
31–33; 54 u. ö. Heraklit-Zitate lieferten der jungen Stoa den Altersbeweis.

den Feuers – hierzu Turowski, Widerspiegelung 11 f.16.19) und sonst; zu
Philons Belegstelle Dtn 4,24 (unser Text Z. 89 f.) 936,25–41. Philon baut
hier ganz und gar auf stoischen Grundlagen. Zu christlichen und gnostischen Vorstellungen siehe den nächsten Exkurs.

εἰς τὸ τίκτειν τὸ σπέρμα] Der untere Kontext der Lehrformel ist in
den Überlieferungen verschieden. In den drei von Diels, Dox. 306
parallelisierten Quellen heißt es ἐπὶ γένεσιν (oder γενέσει oder γενέ-
σεις) κόσμου; die mit Zenons Namen verknüpfte Überlieferung (SVF I
171) sagte nur εἰς γένεσιν (Cicero: *ad gignendum*). Ist die in unserem
Text vorgenommene Einengung vielleicht nur eine Glosse?

Dagegen spricht die schon von Zenon vorgetragene Auffassung, „der
Same der Tiere sei jenes Feuer, das auch Seele und Geist (heiße)"[18]
(SVF I 126, aus Varro) – wobei man für Philon freilich präzisieren muß,
daß er Mensch und Tier stark unterscheidet und einen λόγος σπερματι-
κός im Sinne der Gottesebenbildlichkeit nur den Menschen zuschreibt
(*Anim.* 96, zu vgl. mit 20; s. auch Terians Kommentar zu 49 Ende). –
Auf der andern Seite ist in Z. 85 von der Durchformung der Materie
(allgemein) durch dieses „Feuer" die Rede, und nicht nur von der
Materie des menschlichen Körpers. So dürfte denn σπέρμα die Schöpferkraft, das Pneuma, das (feine) Feuer im ganzen Kosmos meinen, wie
in SVF II 618 (aus Plutarch und Philon, *Aet.* 94[19]). Wir haben es mit
einer metaphorisch-bildhaften Variante jener Ausdrücke zu tun. Noch
Calcidius in seinem Timaeus-Kommentar erinnert an einen Vergleich
der Stoiker, wonach die Gottheit durch die Materie gehe *(per silvam
meare), velut semen per membra genitalia* (SVF I 87, 2. Absatz). Mehr
hierzu im letzten Exkurs.

Unsere Interpretation wird bekräftigt von der Suda, die die „Kräfte"-
Lehre Philons ausdrücklich von der ganzen belebten Natur gelten läßt:
Φίλων ἔφη δύο δυνάμεις εἰς πᾶσαν ψυχὴν συνέρχεσθαι, σωτήριόν τε
καὶ φθοροποιόν (S. 313 b, letzter Eintrag zu δύναμις). – In unserem
Text vgl. Z. 120 f.[20]

---

[18] Laut Festugière, Révél. II 640 mit Anm. 2 ist es eine aristotelische Lehre, daß die
Lebewesen aus Feuer entstanden seien (Cicero, *De natura deorum* II 42; Apulejus, *De deo
Socratis* 8).

[19] Im Namen des Chrysippos. Vgl. noch Turowski, Widerspiegelung 16.

[20] Ferner *Opif.* 43, wo Philon in den σπερματικαὶ οὐσίαι der Pflanzen – Auslegung von
Gen 1,11 f. – die λόγοι τῶν ὅλων verborgen sein läßt.

Exkurs: Gott als Feuer?

So weit wie in unserem Text geht Philon sonst nirgends in der Identifizierung der göttlichen „Kräfte" mit dem „schöpferischen Feuer" der
Stoiker. Auch sein *dictum probans*, Dtn 4,24 (unten Z. 89f.), zitiert er
nach Ausweis aller vorhandenen Register nicht wieder[1]. *QE* II 47 nimmt
er Stellung zu Ex 24,17: „Das Aussehen der Herrlichkeit des Herrn war
wie brennendes Feuer auf dem Gipfel des Berges", und betont dieses *wie*
im Sinne der Nichtidentität. Er hält „diejenigen" (*sc.* die Stoiker) für
„töricht und leichtgläubig, die glauben, daß das Feuer bei dem Propheten (Mose) das Wesen (*ēowt'iwn* = οὐσία) Gottes sei"; es sei nämlich
nur das „scheinbare Aussehen" seiner Herrlichkeit. –
Auch die christlichen Theologen waren mit dem Satz ‚Gott ist . . .
Feuer', der, wörtlich genommen, den Keim des Materialismus in sich
trug, ziemlich vorsichtig. Während Simon Magus recht frei über die
„grenzenlose Kraft, das Feuer" (ἡ ἀπέραντος δύναμις, τὸ πῦρ, *Megalē
Apophasis* bei Hippolyt, *Ref.* VI 9) spekuliert haben soll, welches nach
ihm in zwei Arten zerfällt, ein verborgenes und ein offenes, und während nach demselben Text (c. 12) die gewordene Welt aus dem „ungewordenen Feuer" stammt[2] (welchem dann das Pneuma Gottes nach Gen
1,2 nochmals übergeordnet wird), hat Clemens, der große Vermittler
alexandrinischer Gedanken, an dem *Wie* einer bloßen Analogie festge-
halten. Zu Dtn 4,24 schreibt er: „Wie das Feuer das stärkste aller
Elemente . . ., so ist auch Gott allmächtig und Allherrscher."[3] Ganz wie
in unserem Text Z. 91ff. werden die schaffende und die zerstörende
Wirkung des Feuers unterschieden; es werden jedoch beide – nicht nur
die schaffende, wie bei Philon in Z. 91 – in analoger Weise Gott zuge-
sprochen. Lk 12,49 und Mt 3,11 par. sind ihm die Belege.
Die stoische Identifizierung des (feineren) Feuers mit Gott war, wie
aus Lampes Lexicon *s. v.* πῦρ B hervorgeht, bei den Kirchenvätern
doxographisch bekannt[4]; sie wurde aber schon von den Apologeten

---

[1] Zu der gegenläufigen Stelle 3.(1.)Kön 19,12 („der Herr war nicht im Feuer") haben
wir keine Äußerung von ihm.
[2] Vgl. Möller, Kosmologie 294.
[3] *Eclogae propheticae* 26 (S. 144,10–25 Stählin); hieraus auch das Folgende. Es handelt
sich um ein Exzerpt aus einem nicht genannten Buch, aber doch wohl um eines, das des
Clemens eigene Meinung wiedergibt oder stützt.
[4] Ein eigentümlicher Anachronismus begegnet in Hermias' *Irrisio gentilium philosophorum* 12 (Diels, Dox. S. 654 Z. 7–10) und in den Vergil-Scholien des Probus (1. Jh.

(Aristides, Athenagoras) polemisch abgelehnt. Einzig Tertullian verrät materialistische Einflüsse, wenn er sagt, Gott sei *corpus* (Materie), auch wenn (oder vielmehr: weil) er *spiritus* (Pneuma) ist (*Adversus Praxean* 7, *Adversus Marcionem* II 16; s. Spanneut, Stoïcisme 288–290). Die patristische Auslegung von Dtn 4,24 blieb meist auf der von Clemens markierten Linie: s. Lampe, Lexicon *s. v.* πῦϱ H und Spanneut, Stoïcisme 288f. mit Anm. 2. – Bemerkenswert ist eine Allegorisierung Augustins in *Contra Adimantum* 13 (MPL 42, Sp. 147 oben): „Christus selbst spricht im Alten Testament, wenn er sagt: ‚Ich bin verzehrendes Feuer‘, der (auch) im Evangelium sagt, daß er gekommen sei, ‚Feuer in diese Welt zu werfen‘ (Lk 12,49), nämlich das Wort Gottes, das er selbst ist." Das könnte noch einmal an den philonischen Logos erinnern, zielt jedoch bereits in eine andere Richtung: das Gebiet der Schöpfungslehre wird verlassen und die Ekpyrose des Jüngsten Gerichts kommt in den Blick. Minucius Felix bereits ließ im *Octavius* c. 35 den uns aus herakliteischer Tradition bekannten *sapiens ignis* schlicht das Höllenfeuer sein, das die Sünder peinigt und zugleich am Leben erhält, damit sie in Ewigkeit weiter gepeinigt werden können[5]. Ambrosius im *Hexaëmeron* IV 3 § 10 beantwortet die Frage „Wie ist Gott ‚verzehrendes Feuer‘?" so: *non solet consumere nisi sola peccata.* Die Doppelfunktion des Gottesfeuers ist bei ihm, *ut . . . inluminet justos, exurat inpios.* Ebenso im *Peristephanon* des Prudentius, II 393–396[6]:

> *Sic ignis aeternus Deus*
> *(nam Christus ignis verus est)*
> *is ipse complet lumine*
> *justos, et urit noxios.*

Lactantius, der *Div. inst.* VII 21,3f. das „ewige", „göttliche" Feuer ganz stoisch vom Feuer des täglichen Gebrauchs unterscheidet, stuft jenes erste doch zum Höllenfeuer herab. Hier erweist sich ein eigentümlicher

---

n. Chr.; s. Colli, Sapienza II S. 94 und 279f.). Dort wird Pherekydes, der sagenhafte Lehrer des Pythagoras, namhaft gemacht für die Auffassung, es gebe drei ἀϱχαί, Zeus = Aether, Chthoniē = die Erde und Kronos = Chronos (!); ὁ μὲν αἰθὴϱ τὸ ποιοῦν, ἡ δὲ γῆ τὸ πάσχον, ὁ δὲ χϱόνος ἐν ᾧ τὰ γινόμενα. Das ist natürlich eine stoische Entmythologisierung. – Etwas freundlicher als hierüber spricht Hermias c. 16 über den monistischen Ansatz des Pythagoras.

[5] In der Ausg. Gronovius sind S. 361f. reichlich Parallelen aus Tertullian, Hieronymus, Paulinus v. Nola u. a. zitiert.

[6] Den Hinweis danke ich Elke Ahlborn, Tübingen.

Zug der lateinischen Theologie, die sich um die Würdigung von Hölle und Teufel stets große Mühe gegeben hat.

Für die Gnostiker ist bezeichnend, daß auch sie das Feuer in abwertenden Kontexten gebrauchen – als Gegner der Schöpfung, die sie waren. Der Befund im ThW VI 939,31–54 wird bestätigt von Siegert, Nag-Hammadi-Register S. 8 Z. 13, S. 34. B. G. 39,1–4 hält Jaldabaoth, der Schöpfergott, sich in einem Aeon aus „leuchtendem Feuer" auf. Dieses Feuer wird übrigens, unter völligem Verzicht auf jede Vorstellbarkeit, mit dem „Wasser" und sogar der „Finsternis" des Kosmos assoziiert; s. Siegert a.a.O. S. 29 Z. 9–11 (Stellenangaben).

———

Z. 83 τὴν μὲν ... φλόγα] Zu Z. 8 wurden aus *Aet.* 86 die drei stoischen Arten von Feuer referiert: ἄνθραξ (Brennstoff), φλόξ (Flamme), αὐγή (Schein). Das Mittlere wäre also hier gemeint, das teilbare, verstreute, mit den körperlichen Augen sichtbare Licht; es wird kontrastiert gegen das „schöpferische Feuer" = αὐγή = Pneuma = Wirken des Logos (vgl. Z. 88), welches Philon folgendermaßen bezeichnet:

Z. 84 ἐμφανῆ ἐν τοῖς ἀοράτοις φύσιν]. Diese wahrzunehmen, ist allein Sache des menschlichen νοῦς = Intuitionsvermögens (vgl. oben zu Z. 5), welches sich hierbei selbst übertrifft – daher ja die Ekstase-Theorie der Z. 63–66. So ist also ἐμφανής einzuschränken: nichts für sinnliche Wahrnehmung. Im gleichen Gegen-Sinn des Wortes heißt Gott *Somn.* I 112 ἐπιφανέστατος.

Z. 85 διανοίας] Synonym zu νοῦς; siehe zum vorigen. Vgl. *Spec.* I 20 u. ö. zur Gotteserkenntnis als Aufgabe der διάνοια.

Z. 85f. ὀξυωπέσιν] oder ὀξυδερκέσιν, ein bei Philon beliebter Begriff (s. Leisegang, Index), impliziert einen gewissen Widerspruch zu der recht anstrengenden Prozedur des intelligiblen oder über-intelligiblen „Sehens" (= Intuition), wie Philon sie Z. 5–28 beschreibt. Gemeint ist die Fähigkeit, überhaupt mehr zu sehen als nur das Grobstoffliche (τὸ παχυμερές, Z. 86), nämlich die Wirkung des Logos in den Geschöpfen.

Z. 86 τὸ παχυμερές] Erde und Wasser galten den Stoikern als παχυμερῆ, βαρέα und ἄτονα (= ohne Pneuma-Spannung, ohne Energie), Feuer und Luft hingegen als λεπτομερῆ, κοῦφα und εὔτονα (SVF II 473

– S. 155 Z. 32–34 – als Lehre des Chrysippos). Eine interessante Parallele zu unserem Text, Philons *QG* IV 46, besagt, daß der menschliche Geist beim Betrachten der höheren Dinge selbst „leicht" wird; *eleal tʿetʿewacʿeal* entspricht ἐπελαφρισθείς[1]. Es war Topos der späthellenistischen Philosophie, zu sagen, nur der „leichteste" Seelenteil vermöge Gott zu berühren; s. Festugière, Révél. IV 113 mit Verweis auf Maximus v. Tyrus XVII 9 u. a.

διοίξασιν habe ich ‚durchdringen' übersetzt; wörtlicher, aber nur mit Zusatz verständlich wäre: ‚eröffnen'. Den sich schließenden Augen (Z. 25) öffnen sich die Dinge: Grundgedanke der mystischen Naturphilosophie im Gegensatz zur (heutigen) empirischen Naturwissenschaft. – Die von Leisegangs Index zu διοίγειν (διοιγνύναι) beigebrachten Stellen stammen aus andersartigen Kontexten: dort ist meist vom Öffnen des inneren Auges die Rede.

Z. 87 τὰς θείας εἰκόνας ... ἐμψύχους καὶ λογικάς] Εἰκών kann ‚Urbild' wie ‚Abbild' heißen; das Verbum ποιεῖν aber deutet auf letzteres. Sind darum alle Kreaturen – nach Meinung Philons – Abbilder Gottes?

Platon – zu dessen Sprache Philon hier überwechselt – hatte den Kosmos im Schlußsatz seines *Timaeus* (92 C) als „Lebewesen" (ζῷον) bezeichnet, als „Abbild des intelligiblen (Gottes)" (oder – Textvariante – „des Schöpfers") und als „sichtbaren Gott"[2]. Der Stoa ihrerseits galt der Kosmos als Lebewesen (SVF II 633–645) und ganz und gar durchwaltet vom Logos (SVF II 300 ff.) bzw. vom Pneuma (SVF II 439 ff.; oben Exkurs zu Z. 65). Für Kleanthes war es, Cicero zufolge (*De natura deorum* II 40 f. = SVF I 504), das „lebenschaffende, heilbringende Feuer" (*ignis ... vitalis et salutaris),* das „alle Dinge *(omnia)* erhält,

---

[1] Vgl. die ASA I 804 c zu *tʿetʿewanam* zitierte Stelle *Spec.* I 99. Das pleonastische Hilfsverb entspricht der pleonastischen Vorsilbe ἐπι-.

[2] Hinweis auf diese Stelle und auf Spezialliteratur bei Conzelmann, 1. Korinther, S. 220. Zur Diskussion der Variante s. Runia, Timaeus I 306 f. – *Tim.* 30 B sagt Platon, der Kosmos sei durch Gottes Vorsehung (πρόνοια) ein ζῷον ἔμψυχον ἐννοῦν τε geworden. Vgl. (für Platonismus und Stoa) Diels, Dox. S. 329 Z. 9 ff. und ebd. 301 b Z. 1 f. („Thales"). Runia, Timaeus I 127 gibt einen Überblick über die insgesamt eher verhaltene Rezeption dieser platonischen Aussage bei Philon sowie über ihre kontroverse Diskussion bei hellenistischen Philosophen.

nährt, wachsen läßt, unterhält und mit Gefühl (?) versieht (*sensuque*[3] *adficit*)".

Philon übernimmt diese Aussagen, wo es ihm darum geht, die Schöpfung zu preisen, und steigert sie gelegentlich sogar noch. Er lädt seine Leser ein, sich einzustimmen auf τὸ θεῖον ὄργανον (Musikinstrument), τὸν οὐρανὸν καὶ τὸν σύμπαντα κόσμον (*Virt.* 74). Dieser gilt ihm als φιλοσοφικός, denn er ist „in gewisser Weise . . . ein Spiegel der Kräfte Gottes" (*QG* I 57, mit ausdrücklicher Nennung der „schöpferischen" und der „königlichen Kraft"). Vgl. Bréhier, Philon 171.

Der Schlußhymnus des *Poemandres* (*C. H.* I 31) singt:

ἅγιος ὁ Θεός, οὗ ἡ βουλὴ τελεῖται ἀπὸ τῶν ἰδίων δυνάμεων.

. . .

ἅγιος εἶ, ὁ λόγῳ συστησάμενος τὰ ὄντα.

ἅγιος, εἶ, οὗ πᾶσα φύσις εἰκὼν ἔφυ.

Plutarch sagt in seinen *Platonicae quaestiones* (*Mor.* 1007 C): εἰκόνες δ' εἰσὶν ἄμφω τοῦ Θεοῦ, τῆς μὲν οὐσίας ὁ κόσμος, τῆς δ' ἀιδιότητος ὁ χρόνος, letzterer in der κίνησις, ersterer in der γένεσις.

Jedoch sind solche Aussagen bei Philon eher unverbindliche Plerophorien. Philon weiß, daß die Heilige Schrift Gen 1,26 f. den Menschen, und nicht den ganzen Kosmos, Gottes εἰκών sein läßt, und engt diese Aussage *Her.* 56 sogar noch auf den νοῦς im Menschen ein, der nicht aus dem Gewordenen ableitbar sei, sondern von Gott eingehaucht (Gen 2,7). Nach *Det.* 86 hat Gott dem Menschen „von seiner eigenen Gottheit" etwas „eingehaucht", hat die Gottheit der Menschenseele ihre „Typoi eingesiegelt", „damit dem irdischen Bereich die Gottesebenbildlichkeit (εἰκὼν Θεοῦ) nicht mangle". Also: nur *in* dem ihn bewohnenden *Menschen,* ja nur in dessen von oben inspirierter Gotteserkenntnis, hat der Erdkreis Anteil an der Gottesebenbildlichkeit. *LA* I 90 gilt überhaupt nur der „himmlische", nicht der „irdische Adam" als Ebenbild Gottes. Die Stellen sind gesammelt und geordnet bei Leisegang, Index Sp. 224 b/225 a.

Daran sieht man, wie weit sich Philon, trotz aller verbalen Anklänge, von den Lehren der Stoa entfernt hat. Für Zenon ist der Kosmos, weil er lebende und vernünftige Wesen hervorbringt, selbst lebend und vernünftig (SVF I 112 f.). Ἐμψύχους καὶ λογικάς in unserem Text muß demgegenüber erheblich eingeschränkt werden: als Attribut zu θείας

---

[3] Zur dt. Wiedergabe vgl. SVF IV S. 174 *s. v. sensus.*

εἰκόνας beziehen sich diese Ausdrücke auf gar nichts Kosmisches mehr[4]. In Z. 151 f. unseres Textes ist die Erscheinung der drei Männer vor Abraham eine εἰκών des „Seienden" und seiner „Kräfte".

Im Neuen Testament gilt vor allem Christus als Gottes εἰκών (2.Kor 4,4; Kol 1,15; Hebr 10,1 – ThW II 386,25 ff. und 393,26 ff.), wie bei Philon der Logos (*Conf.* 97 u. ö.), wobei die Berufung des Christen und sein Glaube ihn seinerseits diesem „Bilde" angleichen (Röm 8,29; 2.Kor 3,18). Kol 3,10 wird der Glaube, gut „philonisch", als ἐπίγνωσις ausgeführt und übrigens auch als erneuerte πρᾶξις (vgl. V. 9).

Die Kirchenväter scheinen εἰκών auch nicht allgemein-kosmologisch gebraucht zu haben, sondern auf den Menschen bzw. auf Christus, den neuen Menschen, beschränkt[5]. Daneben besteht, besonders nach östlichen Auffassungen, eine tiefe Sympathie und Schicksalsgemeinschaft zwischen Kirche und Kosmos, ähnlich Röm 8,18 ff. (vgl. Bd. I S. 8 und Edvokimov, L'Orthodoxie 154, mit Verweis auf Ps 19); doch hat sich diese nicht des εἰκών-Begriffes bedient.

Einen Exkurs zu εἰκών in der Antike bis hin zu den Gnostikern (die diesen Begriff positiv verwendeten) bietet Conzelmann, 1. Korinther S. 220 f. (mit weiteren Literaturangaben).

c. 7, Z. 89 Μωυσῆς δέ . . .] Die griechische Schreibweise dieses Namens mit dem sog. Langdiphthong ωυ (damals gesprochen *ōw*) richtet sich nach der von Philon selbst *Mos.* I 17 gegebenen Etymologie aus den kopt. Wörtern *mow* ‚Wasser' und *sōše* ‚ziehen'[6]. Vermutlich hat nur diese – Ex 2,10 originell nachempfundene – Etymologie das υ in den Namen überhaupt erst hineingebracht. Noch die Suda *s. v.* μωυ kennt den ersten Teil dieser Etymologie; doch wird vom Herausgeber μῶυ akzentuiert (statt μωῦ), im Sinne der kirchlichen Traditionsaussprache Μωϋσῆς (mit *ōü*)[7]. Diese dürfte eine Hybridform sein (wie frz. *Lefébure*

---

[4] Vgl. oben zu Z. 59 Festugière, Révél. II 537: Philon zieht stoische Terminologie ins Metaphorisch-Erbauliche. Weitere Bezüge s. ThW II, 392,40–393,24.

[5] Lampe, Lexicon *s. v.* εἰκών III, IV C.D; einmal auch von der Weisheit (IV B). Die Angabe unter II A 8 ist m. E. irreführend. – Λογικός hießen bei den Kirchenvätern nur die vernunftbegabten Geschöpfe, also wohl Menschen und Engel (ebd. λογικός A 6).

[6] Vgl., weniger genau, Jos., *C. Ap.* I 286. In *Ant.* II 228 läßt Josephus als 2. Bestandteil kopt. *učaj* ‚retten' anklingen. – Übrigens war *kurzes* o vor w in damaliger Orthographie – anders als später im Koptischen – nicht auszudrücken.

[7] Selbst in einem bohairischen Codex des 9./10. Jh.s (de Vis, Homélies coptes II 208 Z. 4; 220 Z. 5) befindet sich über dem Y von ΜΩΥΣΗΣ ein Silbenstrich; das mag aber Rückwirkung aus dem Griechischen sein. Mehr hierüber zu ermitteln, wäre Sache einer

für *Lefè[b]vre*)[8], erklärlich aus einem Überwiegen schriftlicher Überlieferung vor der mündlichen.

Zu dem mit δέ angedeuteten Gegensatz vgl. *Agr.* 1 f.: οἱ μὲν πολλοί..., Μωυσῆς δε...; *Cher* 56 u. ö. sowie die ausdrücklichen Kontrastierungen Moses mit den griechischen Philosophen *Gig.* 5 und *Plant.* 14. Es ist ein bekannter Topos der jüdischen Apologetik, daß Mose der älteste und größte Philosoph sei. Schon der Aristeasbrief hatte die jüdische Gesetzgebung als φιλοσοφωτέρα bezeichnet, weil sie „rein" und „von Gott" sei (§ 31). Aristobulos (bei Eusebius, *Pr. ev.* XIII 12 Anfang) behauptete, Pythagoras, Sokrates und Platon seien „unserer (*sc.* der jüdischen) Gesetzgebung nachgefolgt", ebenso Josephus, *C. Ap.* II 168.257, der noch einige Namen mehr einschließt, auch die Stoa. Dieser Topos, der bis weit in die christliche Literatur hineinreicht[9], findet sich bei Philon in der Form, daß er Heraklit in inhaltlichem (nicht nur zeitlichem) Sinne Mose nachfolgen läßt (*LA* I 108; *Her.* 214); und *QG* IV 167 erklärt er Mose zur „Quelle" einiger der „Neueren" (Autoren?) „und derer, die danach kamen" (so wörtlich). Z. 103 f. unseres Textes erhebt Mose zum Schulhaupt der Naturphilosophen. Runia, Timaeus II 548 f. gibt eine Übersicht über die philonischen Aussagen.

Z. 89 f. Κύριος ... πῦρ καταναλίσκον ἐστίν] In Philons griechisch erhaltenen Schriften wird diese Stelle sonst nicht zitiert (siehe Biblia

---

paläographischen Spezialuntersuchung. – Nikiprowetzky, Moyses *(passim)* ist sich der Möglichkeit einer halbvokalischen Aussprache des υ nicht bewußt, auch nicht Isaak Heinemann im PW XVI 359 ff. (Art. ‚Moses') oder Nestle, ZAW 1907. Aus dem von Nestle beigebrachten Material spricht Sib III 253 wegen des Metrums jedenfalls für zweisilbige Aussprache, was bei vorhandenem υ (die Textzeugen schwanken) eine Schreibung mit Trema ausschließt. So auch die Empfehlung bei Blaß/Debrunner/Rehkopf § 38 Anm. 4.

[8] de Saussure, Cours 53 f.; dort war ein unetymologisch eingefügtes *b* Ausgangspunkt der Verwirrung. – Im Französischen wird übrigens Ἠσαῦ *Esaü* geschrieben und ausgesprochen (dreisilbig).

[9] Justin, Apologie I 59 f., Clemens v. Alex. u. a.; s. Walter, Aristobulos 26 f. und 44, Hadas-Lebels Ausg. von *Prov.* S. 26 Anm. 1 und Chadwicks Übers. von Orig., *C. Cels.* S. 332 Anm. 3 (zu VI 19). Besonders ergiebig ist Eusebius, *Pr. ev.* IX 6 f.; XI 1–14.19 f.; XIII 12–21. Das Wort des „Pythagoreers" Numenios (2. Jh. n. Chr.), Platon sei ein Μωυσῆς ἀττικίζων, wird von Clemens Alexandrinus und Eusebius mit Zustimmung zitiert (Stern, Authors II Nr. 363 a–e). – An Justin, *Apol.* I 59 ist inhaltlich auffällig, daß er Mose Platons Lehrer sein läßt für den Lehrsatz, Gott habe durch Verwandlung von ὕλη ἄμορφος den Kosmos geschaffen: das hatte weder der eine noch der andere, sondern Philon gesagt. S. unseren Text Z. 37 f. mit Parallelen.

Patristica z. St.). Ebenso wie Hebr 12,29 läßt Philon zwei Worte aus: θεὸς ζηλωτής. Der Anthropomorphismus hätte ihm wohl Schwierigkeiten bereitet. So entsteht die seltene Konstellation, daß Philon etwas im Bibeltext metaphorisch Gemeintes („verzehrendes Feuer") in einem materiell-konkreten Sinne nimmt; er entfernt sogar den Bezugspunkt der Metapher ganz aus dem Text.

Natürlich gilt diese Konkretion nur von den „Kräften", und sie meint die sublime Feuer-Energie der Stoiker, wie gesagt. Genaugenommen müßte für Philon Κύριος καὶ Θεός dastehen; aber sein „Orakel" (vgl. Z. 51) ändern darf er nicht. *Mut.* 12 erklärt er uns, Κύριος ὁ θεός sei eine uneigentliche Redeweise, eine „Katachrese", wie übrigens auch ὁ Ὤν (vgl. oben Z. 45 f.). Das gibt ihm die Freiheit, zu interpretieren, wie es zu seinen Voraussetzungen paßt.

Z. 90 f. οὐ φθοροποιῶς, ἀλλὰ σωτηρίως] Gegenstück des „schöpferischen" Feuers ist das „zerstörerische", φθοροποιόν (*Deus* 60 f.): solches, nämlich den Blitz, sich in Gottes Hand vorzustellen, wird von Philon zum bloßen Anthropomorphismus herabgestuft, geeignet, die ungebildete Menge zu beeindrucken – ebenso wie die Rede von einem „Zorn" Gottes usw. nur pädagogischen Wert habe.

Wir sind jetzt bei dem von der Überschrift (des Exzerptors) angedeuteten Thema. Es findet eine Parallele in der geistreichen Etymologie *QE* II 98: „Warum nennt er (Mose) den Altar θυσιαστήριον? – Nur dieser Altar verzehrt (*caxē* = ἀναλίσκει) nicht die Opfertiere, sondern bewahrt (*pahē* = διατηρεῖ) sie. Das Fleisch wird vom Feuer verzehrt; die Heiligkeit der Opfergabe aber bleibt bestehen. Denn Opfergabe ist nicht das Fleisch[10], sondern das reine, unbefleckte Leben des Heiligen."[11] Dieser Gedanke geht, wie Ralph Marcus z. St. bemerkt, auf die Worttrennung θυσιας/τηριον zurück. Parallelen: *Spec.* I 290; *Mos.* II 106. – Vgl. Ps.-Philon, *De S.* 18 über das Opferfeuer und 14 (Ende) über den „verzehrenden" Blick der Engel.

Z. 91 σῴζειν] ist, ebenso wie σωτήριος und später σωτηρία (Z. 107)[12], rein kosmologisch gedacht und hat nichts zu tun mit einer

---

[10] Vgl. Joh 6,63.
[11] *sc.* welcher opfert. – Vgl. Röm 12,1 und seine Parallelen.
[12] Den Philon-Indices *s. v.* σῴζειν und σωτηρία lassen sich als weitere (meist indirekte) Belege hinzufügen QG S. 43.65.83.101.119.124.139.212.300.302.320.322.325.330.335. 368.533; QE S. 111; zu σωτήρ QG S. 103.148.194.199.239.373.413; QE S. 98. Bréhier,

ψυχῶν σωτηρία wie 1.Pt 1,9. Nichts Geschichtliches oder gar Eschato-
logisches ist gemeint, sondern die Selbsterhaltungs- und Regenerations-
kraft der Natur. So wird auch in *De mundo* 397 b 16, 398 a 4, b 10 u. ö.
Gott bzw. seine „Kraft" als αἴτιος σωτηρίας alles Seienden betrachtet.
Vgl. unten Z. 106 f.: Ἔστι δὲ τοῖς πᾶσι σωτηρίας αἴτιον und Z. 148.

Z. 91 f. ἴδιόν ἐστι Θεοῦ] So hatte nämlich Philon θεός etymologisiert:
„setzend, schaffend" (s. o. zu Z. 61). Was er an unserer Stelle unter-
schlägt, ist die „strafende" Tätigkeit des Κύριος, von dem doch der Text
der Bibelstelle spricht. Sie paßt nicht in das momentan als Vorlage
dienende stoische System[13]. Standen Stellen wie Jes 24,3 f. oder 45,7,
standen die Geschichten von der Sintflut und von den ägyptischen
Plagen nicht in Philons Bibel?

Hier teilen sich zwei Auffassungen im griechischsprachigen Judentum. Die philonische, die jede zerstörende Tätigkeit Gottes leugnet,
war vorbereitet durch abschwächende Tendenzen in der Septuaginta:
Jes 54,16 ist dort durch Einfügen einer Verneinung ins Gegenteil verwandelt; und Hab 3,5 übersetzt sie statt *deber* ‚Pest' *dābār* ‚Wort'
(Gottes). – Daneben steht die andere Linie, die Gott ganz entschieden
auch Urheber von Bösem (für menschliches Empfinden) sein läßt: Sie
reicht von dem aus jüdisch-christlicher Überlieferung stammenden
orphischen Fragment 245 (Kern), Z. 11 f., über entsprechende Aussagen der III. Sibylle[14] bis zu den christlichen Kirchenvätern (s. o. im
Exkurs zu Z. 82). Philon widerspricht dieser Haltung ausdrücklich in
Agr. 128–130: Wenn alles, auch das Nicht-Gute, durch Gott geschähe,
wieso sollten dann Priester und Opfertiere makellos sein, wie das Mose-
gesetz vorschreibt?

Philons Grundsatz lautet: „Gott ist nur von Gutem die Ursache, nicht
von Schlechtem" (*Conf.* 180; ebenso *Opif.* 75, *QG* I 68 und – vom
„Seienden" – *Abr.* 143; vgl. *Decal.* 176 ff., unten zu Z. 134). Zu sagen,

---

Philon 235: Philon nimmt dieses (für Götter damals weithin gebräuchliche) Wort in rein
stoischem Sinn. – Das Wort εὐεργεσία im Titel des Exzerptors (im Text selbst kommt es
nicht vor) ist offenbar als Synonym hierzu gemeint.

[13] Die Frage, ob die Götter auch Böses verursachten, hat Chrysippos verneint und
entsprechenden Aussagen griechischer Theologie oder Mythologie nur pädagogischen
Wert beigemessen: SVF II 1168–1186, insbesondere 1175 (gegen Hesiod). Der Zeus-
Hymnus des Kleanthes läßt Zeus den Urheber aller Dinge sein „außer dem, was die Bösen
in ihrer eigenen Torheit begehen": SVF I 537 Z. 16 f. (= Z. 11 f. der Seite in SVF). Ebenso
Philon *Conf.* 178.

[14] Stellen bei Kern, Orphicorum fragmenta S. 258 im Kommentar.

Gott „strafe", wäre ἀπρεπές; vielmehr läßt er dies durch untergeordnete Chargen besorgen: *Fug.* 66¹⁵; 69 f. steht dieselbe Aussage über den
„Vater des Alls". In diesem Sinne findet Philon es bezeichnend, daß zur
Vernichtung Sodoms Gen 19,1 ff. nur noch zwei der drei Männer mitge-
hen (*Abr.* 142).

Der Unterschied ist zunächst nur einer des eingenommenen Blickwin-
kels. Auch beim Strafen hat Gott ja eine gute Absicht: so erklärt Philon
die Sintflut für eine Tat der Güte Gottes (*Deus* 73). Bemerkenswert ist,
daß er den an solchen Stellen vorkommenden Gottesnamen Θεός, der ja
bei ihm die schaffende und nicht die zerstörende Kraft meint, stehen läßt
(lassen muß) und lieber den ganzen Vorgang als etwas Wohltätiges
interpretiert. So auch Gen 38,7, wo Gott (Θεός) Er, Onans Bruder,
tötet: Philon erklärt *LA* III 73, auch das sei ein Erweis von Güte (wohl:
gegenüber anderen), weil damit gezeigt werde, daß die gesamte belebte
und unbelebte Schöpfung nicht Schauplatz göttlichen Machtbedürfnis-
ses, sondern eben göttlicher Güte sei¹⁶ *(petitio principii),* wobei das
Bestehen von Übeln in dieser Schöpfung dazu dient, daß das Bessere
sich von ihm abheben kann und somit erkennbar wird. Dies war das
Letztargument der stoischen Theodizee; SVF II 1181. Vgl. noch unten
zu Z. 134.

Der Punkt, wo die theologischen Auffassungen sich trennen, ist da
erreicht, wo gesagt wird, Gott selber schüre das „nicht verlöschende"
(Mk 9,48) Feuer der Gehenna, um die Bösen in Ewigkeit zu peinigen.
(Vgl. Ende des vorigen Exkurses.) Diese Auffassung wird man im
Neuen Testament nicht finden. Einem Philon wäre sie noch fremder.

Z. 94 ff. ζωγράφον und ὑπ᾽ ἀνδριαντοποιοῦ] Dasselbe Paar auch
Jos. 39, *Decal.* 70, *Spec.* I 33, *QG* I 28 und *Prov.* II 48, an den letzten drei
Stellen in gleichem theologischem Zusammenhang wie hier: Gott als der
„Maler" und „Bildhauer", der die Materie formt (in diesem Sinne
„schafft") und zusammenhält (*Prov.* II 49: *pind ownel* = συνέχειν; vgl.
hier Z. 124). Dies ist ein verbreiteter Topos des Platonismus und der
antiken Rhetorik¹⁷. *Opif.* 141 benützt ihn Philon, um den qualitativen

---

¹⁵ κολάζει δὲ δι᾽ ὑπηρετούντων ἑτέρων, οὐ δι᾽ ἑαυτοῦ. – Den Grundsatz *Qui facit per
alium, facit per se* dürfte Philon also nicht anerkennen. Seine Theodizee ist nicht moralisch.
¹⁶ Vgl. in unserem Text Z. 36 δι᾽ ἔλεον.
¹⁷ Lit. und Belege in C. H. Bd. II S. 250 Anm. 9 (zu XVIII 4). Bereits in Platons *Tim.*
55 C wird Gott als διαζωγραφῶν vorgestellt.

Abstand der Geschöpfe von den ursprünglichen Ideen des Schöpfers plausibel zu machen.

Spuren vom Fortleben dieses Topos in christlicher Theologie finden sich bei Lampe, Lexicon *s. v.* ζωγράφος, nicht jedoch *s. v.* ἀνδριαντοποιός: ob hier wohl der Übergang zur flachen Ikone angedeutet ist? Was die Tätigkeit irdischer Künstler betrifft, so war Philon ihnen gegenüber eher kritisch (z. B. *Decal.* 66); er erinnert an das Bilderverbot (*Gig.* 59).

Z. 97 f. ὑπὸ τεχνίτου] eine bei Philon beliebte metaphorische Bezeichnung des „Berufes" Gottes; vgl. Leisegang, Index *s. v.* (Ende des Artikels). In unserem Text ergibt sie sich zwanglos aus ὁ Ποιητής (Z. 74) und dem τεχνικὸν πῦρ (Z. 82.87). Aus der Septuaginta vgl. Weish 13,1, aus dem Neuen Testament Hebr 11,10. Ebenso spricht Plutarch, *Mor.* 957 B von τέτταρα ... στοιχεῖα Θεῷ καθάπερ τεχνίτῃ πρὸς τὴν τῶν ὅλων ἐργασίαν ὑποκείμενα. Patristisches bei Lampe *s. v.* τεχνίτης 2 ff. Interessant ist dort unter Punkt 3 die Unterscheidung eines Schöpfers (ποιητής) *ex nihilo* von einem τεχνίτης, der aus Vorhandenem schafft. So soll – nach einer bei Plutarch erhaltenen Doxographie – schon Anaxagoras einem weltschaffenden τεχνίτης die ὕλη gegenübergestellt haben: Diels, Dox. S. 280 a Z. 7 f.

Z. 102 ἐν κρείττονί τινι ἕξει] Ebenso spricht Philon z. B. *Spec.* IV 187 von einer Verwandlung der χείρων οὐσία (der Materie) bei der Schöpfung in etwas Besseres, in τάξις, ποιότητες usw., wie oben Z. 77–79.

Z. 103 f. κατὰ Μωυσῆν καὶ κατὰ πάντας τοὺς ἀπ' αὐτοῦ φυσιολόγους γενομένους] Zu Mose und seiner Würdigung als „Philosoph" s. o. bei Z. 89. Insbesondere von den Naturphilosophen[18] behauptet Philon *QG* II 14, die Tora sei ihr Lehrbuch gewesen.

Zwei namhafte Autoren der Antike haben Mose ihrerseits als Naturkundler gelten lassen: Galenos, *De usu partium* XI 14 (Stern, Authors II Nr. 376, Z. 4 f.: Μωσῆς μὲν οὕτως ἐφυσιολόγει, mit dem relativen Lob, sein theologischer Monismus sei besser als Epikurs Materialismus);

---

[18] Zu φυσιολόγος, was in abwertendem Sinn auch ‚Astrologe' heißen kann, und zu φυσιολογία vgl. die Anm. 95 zum griech. Text, ferner Harl, Cosmologie 191 mit Anm. 1, Leisegangs Index *s. v.* φυσιολογεῖν und unten den Kommentar zu Z. 117. Ein ungefähres Synonym ist ὁ τῶν φύσεως ἑρμηνεὺς πραγμάτων *Her.* 213 (vom ἱερὸς λόγος, also der Tora).

stärker noch der pseudo-galenische, wohl dem Porphyrios zuzuschreibende Traktat *Ad Gaurum* 11,1 (Stern, Authors II Nr. 466), der den „Theologen der Hebräer" in zustimmender Weise zitiert (Gen 2,7) zu der Frage, „wie die Embryonen beseelt werden" (Thema des Traktats). Yehoshua Amir (Philon 69 f., 72 f., 77–106) betont, wie sehr für Philon Mose der Verfasser (und nicht nur, wie bei den Rabbinen, der Empfänger) der Tora ist. Er muß eben als Weiser der Vorzeit, als Gesetzgeber, als „eine Figur von der Art Platons" (Amir, Philon 70) gegen harte Konkurrenz antreten.

Ein philonisches Synonym zu φυσιολόγοι ist φυσικοὶ ἄνδρες *Opif.* 132 und *Mos.* II 103. Solche Leute gibt es nach Philon auch im Judentum (*Post.* 7; *Spec.* III 117). *Abr.* 99 erwähnt er sie ausdrücklich als seine Lehrer[19], und zwar im Allegorisieren. Von ihnen spricht also unser Text in erster Linie.

Z. 104 f. ἀναλίσκοι ἄν] Das klingt fast wie bei Chrysippos, SVF II 604, wobei dieser jedoch die Ekpyrose meint, die Rückkehr aller Dinge in die schöpferische Ur-energie des Feuers, woraus dann jeweils wieder eine neue Welt entsteht. Philon kennt und referiert diese Lehre (*Aet.* 85 u. ö.), lehnt sie im übrigen aber heftig ab (z. B. *Her.* 228; *Aet.* 107). Das ist typisch für seinen Eklektizismus, der von manchen philosophischen Lehren fast nur noch die Worte behält (hierüber Festugière, Révél. II 353.357). In unserem Fall meint Philon keineswegs die Wiedergeburt aller Dinge aus dem Feuer[20], sondern nur die ursprüngliche Schöpfung mit ihren physikalischen und animalischen Kräften.

Eine aufschlußreiche sprachliche Parallele ist Justin, *Dial.* 57,1 f., wo das Essen der Gäste Abrahams (von ihm als Logos mit zwei Engeln aufgefaßt) als ein ‚Essen' im übertragenen Sinne (Stichwort τροπολογία), im Sinne eines ‚verzehrenden' Feuers aufgefaßt wird. Vgl. *De S.* 14 Ende. Jeweils ist wohl an eine Verfeinerung von Materie gedacht.

---

[19] Mehr bei Hamerton-Kelly, Sources (mit weiterer Lit.): er vermutet hier eine Gruppe von jüdischen Exegeten, die stoische Ansichten übernahmen, ohne Materialisten sein zu wollen. – Zu literarischen Vorstufen der philonischen Schriftstellerei s. Mansfeld, Middle Platonist Cento (behandelt hauptsächlich anthropologische Aussagen).

[20] Der Auffassung, daß die Masse eines geschlossenen Systems sich insgesamt in Energie zurückverwandeln könne, stünde heute der 2. Hauptsatz der Thermodynamik entgegen. – Philons Einwand *Aet.* 86–88 ist dieser: Jedes Feuer erlischt, sobald es seinen Brennstoff verbraucht hat.

Z. 106 ἐκ μὴ ὄντος εἰς τὸ εἶναι παραγωγή] Parallelen zu dieser Aussage, die aus 2.Makk 7,28 und Röm 4,17 bekannt ist, bieten *Opif.* 81, *Mos.* II 100, *Spec.* II 225, IV 187 und *QG* II 13 (S. 89); vgl. May, Schöpfung 16 mit Anm. 65. Platon hatte *Tim.* 30 A davon gesprochen, daß der Demiurg das Ungeordnete zur Ordnung führe (ἄγειν); vgl. Runia, Timaeus 113. May weist mit Recht darauf hin, daß die Parallelen zunächst nur verbal sind: ihr Sinn hängt davon ab, was jeweils als ‚seiend‘ oder ‚nichtseiend‘ definiert wird. Im Kommentar zu Z. 37f. οὐσία (für die Materie!) und im zugehörigen Exkurs wurde auf Philons interne Widersprüchlichkeit in diesem Punkt hingewiesen. Die innerhalb seiner Voraussetzungen treffendere Formulierung ist die der Z. 101–103 und unten 107ff.: Das Schaffen des Künstlers ist eine „Verbesserung" und „Ordnung" der unförmigen Materie.

Als hellenistische Parallele vgl. Plut., *Mor.* 957 C über das Feuer: συνέχει γὰρ ἡ θερμότης ἕκαστον ἐν τῷ εἶναι καὶ ἐπὶ τῆς ἰδίας οὐσίας φυλάττει. Für ihn ist übrigens klar, daß Gott aus bereits vorhandener Materie schafft: *Mor.* 1014 A–1016 B (Platon-Exegese; vgl. Möller, Kosmologie 39–41).

Theodoret, der *Curatio* IV 68 unsere Formel gebraucht, schließt darin die Erschaffung der Materie mit ein. Ebenso wie Origenes (bei Eusebius, *Pr. ev.* VII 20) lehnt er darum den Künstler-Topos ab. Vgl. oben zu Z. 97f.

συντηρητική] Vgl. die Verben συνέχειν und φυλάττειν in der eben beigebrachten Plutarch-Parallele und die philonischen Stichworte σωτηρίως, σῴζειν usw. (Z. 91 u. ö.) und überhaupt die Lehre vom „Zusammenhalten" des Kosmos durch die „Kräfte" Z. 120–124 und 145–149.

Weitere Philon-Parallelen zu συντηρητικός hat der Apparat schon angegeben. Das Wort ist vor Philon nicht belegt. Nach ihm haben es am ehesten die Mediziner (z. B. Galenos) gebraucht; s. den Thesaurus[21].

Z. 107 σωτηρίας αἴτιον] Vgl. das zu Z. 91 Gesagte.

c. 8, Z. 107f. παχυτέρας ..., λεπτοτέραν] Die Unterscheidung von Stoffen (oder richtiger: Stoff-Zuständen) nach Dichte und Feinheit, für

---

[21] Selbst der dort mitgeteilte Beleg aus Porphyrios, *De antro nympharum* 15 ist nicht aus kosmologischem, sondern aus medizinischem Kontext.

die Philon *Prov.* II 60 Empedokles namhaft macht, geht bereits auf Anaximenes zurück: Kirk/Raven Nr. 143 f. (= Diels/Kranz Nr. 13 A 5; Ritter/Preller Nr. 26.28), Nr. 146 (= Diels/Kranz Nr. 13 B 1; Ritter/Preller Nr. 27) und Nr. 151 (= Diels/Kranz Nr. 13 A 6; Ritter/Preller Nr. 25). Auch Heraklit haben wir in diesem Zusammenhang schon erwähnt (zu Z. 82). Philonstellen wie *Her.* 146, *Aet.* 115, *QG* I 64 oder *Prov.* II 62 erläutern die zugrunde liegende Vorstellung: Das „Dickere und Schwerere" sammelt sich in der Mitte der kosmischen Kugel (geozentrisches Weltbild), wie überhaupt die Erde *QG* I 51 „das dichtere und schwerere Element" genannt wird; das Leichtere bildet das Himmelsgewölbe. Gottes Tätigkeit hierbei wird als ein Ordnen dargestellt, wobei nicht selten der „unterscheidende Logos" (Λόγος τομεύς) das ausführende Organ ist (bes. *Her.* 133–145). Im Hinblick auf diese Ordnung hießen die Geschöpfe oben Z. 59 λογικά. *Plant.* 1–10 schildert die Tätigkeit des κοσμοπλάστης ausführlicher. Verglichen mit dem Traktat *Opif.*, wo am ersten Schöpfungstag vorerst nur die intelligible Welt und am zweiten der Raum[22] für die sinnliche Welt geschaffen werden, sind dort die Werke ab dem dritten Schöpfungstag gemeint, entsprechend *Opif.* 38 ff.

Z. 108 ff. γῆς … πυρὸς … ὕδατος … τὴν ἀερώδη] die bekannten vier Elemente, hier in der Reihenfolge 1 – 4 – 2 – 3 genannt. Diese Lehre geht, wie Philon weiß (*Prov.* I 22; II 60; letzteres = Diels/Kranz Nr. 31 A 49), auf Empedokles zurück; vgl. Kirk/Raven Nr. 424.426 = Diels/Kranz Nr. 31 B 17, Z. 16–18 und 31 A 28 sowie Ritter/Preller Nr. 164. Platon erwähnt sie z. B. *Tim.* 32 C (von Philon *Aet.* 25 f. weiterzitiert), ohne noch für unser ‚Element' einen Begriff zu haben[23]. Empedokles hatte metaphorisch von ῥιζώματα, „Verwurzelungen" gesprochen. Philon nennt die vier Materie-Arten Z. 112 mit einem unübersetzbaren Ausdruck die ἀρχαί des Alls, später (Z. 128) auch στοιχεῖα. Beide Ausdrücke hatte schon Zenon, der Vater der Stoa, bei seiner (zustimmenden) Wiedergabe dieser Lehre von den Materiezuständen verwendet: SVF I 85.98.102 u. ö. Zu Philons Übernahmen von den Stoikern s. Turowski, Widerspiegelung 14–21. Unter Philons Verwendungen dieser

---

[22] σῶμα im abstrakten Sinne für ‚Körperlichkeit, Dreidimensionalität', § 36.
[23] Seine Reserven gegen den Ausdruck στοιχεῖα s. *Tim.* 48 B; vgl. ThW VII 673 (G. Delling). Nichtsdestoweniger hat spätere Tradition den Ausdruck auf ihn zurückgeführt: Ritter/Preller Nr. 164 a.

Lehre mag *Somn.* I 15–24 durch Ausführlichkeit besonders interessieren.

Z. 111 οὐδὲν γὰρ ὑπολέλειπται ἔξω] Ebenso betont Platon, *Tim.* 32 C, daß der Schöpfer „keinen Teil und keine Kraft/Möglichkeit (δύναμις) außerhalb gelassen" habe, was Philon *Plant.* 6 fast wörtlich zitiert (Bréhier, Philon 80). Es folgt dann § 7 eine kurze Diskussion des Schulthemas[24], ob es außerhalb der Welt einen Leerraum oder gar nichts gebe. Ersteres hatten die Stoiker gelehrt (SVF I 95 f., II 535 ff.), die ja keinen außer- oder überweltlichen Gott kannten; letzteres wird von Philon behauptet, für den der Kosmos innerhalb des „Seienden" und seiner „Kräfte" eingeschlossen ist – Thema von c. 9 unseres Textes; vgl. *Her.* 227–229 u. ö. Gott, der den Raum geschaffen hat (2. Schöpfungstag, s. o.), umfaßt diesen auch[25].

Natürlich darf auch kein Stückchen Materie außerhalb des geschaffenen Kosmos als ungeschaffener oder potentieller Rest übrigbleiben, denn dann wäre der Kosmos nicht vollkommen: so Platons und Philons Gedanke. Ebenso ist auch *Prov.* II 48.50 zu verstehen, wonach der Schöpfer die Materie „abgemessen" (vgl. Ps 32/33,6 f.) und „zu seinem Gebrauch genommen" habe. In diesem (bei Eusebius, *Pr. ev.* VII 21,1–4 auch griechisch erhaltenen) Text wird gleichfalls betont, Gott habe die Materie in der nötigen Menge vorgefunden und nichts von ihr bei der Erschaffung der Welt übriggelassen[26]. Daher auch hier Z. 94 und 112 ἀναλωκέναι. Vgl. in Chrysippos' Ekpyrose-Theorie καταναλίσκειν (SVF II 604).

Z. 111 f. τέτταρας ... ἀρχάς] Siehe zu Z. 107 ff. Daß es vier seien, wird von Philon nicht überall gesagt: manchmal läßt er als fünftes Element auch den Aether gelten (*Her.* 283; *QG* III 6 u. ö.; vgl. unten zu Z. 120 und Festugière, Révél. II 531–533).

---

[24] Vgl. Diels, Dox. 315–317; Festugière, Révél. II 529; Bréhier, Philon 86 (jeweils mit hermetischen Parallelen zu Philons Antwort); Runia, Timaeus I 150 f.; Mansfeld, Middle Platonist cento 138.

[25] Noch in Giordano Brunos römischem Prozeß i. J. 1600 n. Chr. ging es darum, ob man einen unendlichen Weltraum annehmen dürfe: Bruno wurde für diese Meinung verbrannt. Der Kosmos mußte endlich sein, damit Gott unendlich sei. Urheberschaft schließt für solches Denken größere räumliche Ausdehnung ein.

[26] Es ist ein wohlwollender Irrtum des Eusebius, diese Philon-Passage von einer Erschaffung der Materie sprechen zu lassen (wie vorher c. 20 den Origenes). S. May, Schöpfung 14 mit Anm. 53.

Z. 113 βουλόμενον . . .] nicht im Sinne der ‚Absicht' (als ob sie von der
Ausführung unterschieden wäre) gemeint, sondern im Sinne von Pla-
tons *Tim.* 29 E, wonach allein Freiheit und Freigebigkeit die Motive des
Schöpfers bei seiner Schöpfung waren. S. Bréhier, Philon 80/81; Runia,
Timaeus I 109. In unserem Text vgl. Z. 36 δι' ἔλεον.

c. 9, Z. 114 Περὶ μὲν τῆς τοῦ παντὸς γενέσεως] Dies ist die einzige von
Philon stammende Themenangabe in unserem Text; sie bezieht sich, wie
das Tempus des folgenden Verbs zeigt, strenggenommen nur auf den
unteren Kontext. Das Hauptthema des Traktats bleibt zu erraten.

Z. 115 ὥσπερ ἠκούσαμεν] Rückgriff auf das Jesaja-Zitat in Z. 66–72.
Zur stilisierten Mündlichkeit der Philon-Traktate s. Einleitung, Punkt 1
mit Anm. 12.

Z. 117 Φυσικώτατον] Die dem Philon wohlbekannte stoische Einteilung der Philosophie in Logik, Physik und Ethik (*Ebr.* 202; *Mut.* 74f.;
Virt. 8; *Prob.* 80) läßt – nachdem die Heilige Schrift niemals als Logik-
Lehrbuch gegolten hat – zwei Auslegungs- und Allegorisierungsrichtun-
gen zu, die physikalische[27] und die ethische. Beide nebeneinander
erscheinen *Mut.* 220 (dort Mose als ihr Lehrer), *Plant.* 120 und *Mos.* II
96; in Adverbien, wie hier, *LA* I 39 und II 12. Ähnlich hatte schon der
Aristeasbrief 143.171 von einem φυσικὸς λόγος bzw. einer φυσικὴ
διάνοια der Tora gesprochen (vgl. Walter, Aristobulos 59 mit Anm. 3
und 135 mit Anm. 5). Voraus gingen die Stoiker mit ihrem φυσικὸς
λόγος, dem „naturphilosophischen Sinn" überlieferter Mythen: Walter,
Aristobulos 124 ff.; Zeller, Philosophie III/1 S. 330 ff. (mit Verweis auf
einige in SVF I 166 und II 1069 zu findende Cicero-Stellen). – Christliche
Nachfolger hat Philon, soviel sich feststellen läßt, mit diesem Sprachgebrauch nicht gehabt.

Z. 117 ff. πόδες – πρόσωπον] Was nun folgt, ist die Analogie des
beseelten Weltkörpers (s. o. zu Z. 87) mit dem Menschen, das bekannte
Makrokosmos-Mikrokosmos-Motiv[28]. Schon Platon hatte *Tim.* 90 A

---

[27] Belege für φυσικός bei Philon liefern, außer den Indices, QG S. 69.74.77.
81.87.224.232.270.279.324.347.350.361.368.389.401.427.436.453.543 und QE S. 70.
[28] Hierzu Helmut Schmidt, Anthropologie 11 mit Anm.; Festugière, Révél. II 540;
Mahé, Hermès II 350.361. *Non vidi:* R. Allers: Microcosmus from Anaximander to
Paracelsus, in: Traditio 2, New York 1944, 319–407; H. Hommel: Mikrokosmos, in:

dem Menschen eine Mittelstellung zwischen Gottheit und Kosmos zugeschrieben, ein Rang, der ihm auch bei Philon, *Mos.* II 135 die Bezeichnung βραχὺς κόσμος einträgt. Der Gedanke ist in den hermetischen
Schriften weiter ausgebaut worden (s. Festugière, Révél. II 540).

Auf der anderen Seite dürfte die biblische Rede von „Händen",
„Füßen" und anderen Körperteilen Gottes (Anthropomorphismus) zu
der hier vorgenommenen Übertragung ins Kosmische eingeladen
haben. So z. B. Jes 66,1 (vgl. Mt 5,35): „Der Himmel ist mein Thron und
die Erde der Schemel meiner Füße." (Es folgt V. 2 eine Schöpfungsaus-
sage.) Ps 98/99,5.9 und Klgl 2,1 wird – genauer – der Tempelberg als
Gottes Fußschemel bezeichnet; und wenn man bedenkt, daß der Kontext bei Jesaja vom Tempel spricht, mag eine Assoziation an den Altar
im Allerheiligsten, der von den beiden Cherubim flankiert war, naheliе-
gen. Der gesamte Tempelkult hatte ja für Philon – und überhaupt für
antikes Verständnis[29] – kosmische Bedeutung. Auch die Jesaja-Vision
c. 6, die in der Szenerie des Gottesdienstes im Tempelgebäude spielt
(V. 4: „das Haus wurde voll Rauch"; ferner der Gesang), sieht den
Herrn „auf einem hoch erhabenen Thron" offenbar *oberhalb* des Altars,
der nur dessen Symbol ist.

Ex 24,10 sehen Mose, die Priester und die Ältesten „den Ort, wo der
Gott Israels stand" (so die Septuaginta, die τὸν τόπον, οὗ εἰστήκει in
den Text einfügt, wohl zur Unterstreichung der Transzendenz); „und
das unter seinen Füßen (τὸ ὑπὸ τοὺς πόδας αὐτοῦ) war wie ein aus

---

RheinMus 92, 1944, 56–89. – Der früheste Beleg für den Ausdruck μικρὸς (oder βραχὺς)
κόσμος – das Compositum μικρόκοσμος ist, wie man aus Lampe, Lexicon *s. v.* ersehen
kann, erst byzantinisch – wäre, einem Hinweis von Shmuel Sambursky (1981, mündlich)
zufolge, ein Zitat Demokrits bei David dem Unschlagbaren, dem armenischen National-
philosophen. S. 38, Z. 14 ff. (Busse) = S. 79/80 der Venediger Ausgabe entwickelt er den
Gedanken, im All gebe es etwas, was nur herrscht: das Göttliche; etwas, was sowohl
herrsche als auch beherrscht werde: die Menschen; und etwas, was nur beherrscht werde:
die Tiere. David: „Ebenso läßt sich auch im Menschen als einem kleinen Kosmos – nach
Demokrit – dies beobachten: einiges herrscht nur, wie die Vernunft (λόγος); einiges
herrscht und wird beherrscht, wie der Mut (θυμός), denn der Mut wird beherrscht von der
Vernunft, und er herrscht über die Begierde; und einiges wird nur beherrscht, wie eben die
Begierde." Der Mensch hat also eine Mittelstellung im Aufbau des Kosmos; und er ist
zugleich dessen Abbild insgesamt, sein verkleinertes Modell. – Was das mit dem Atomi-
sten Demokrit zu tun hat, bleibe dahingestellt. Grundlage des Gedankens ist die dreitei-
lige platonische Anthropologie (*Tim.* 70 B; Ritter/Preller Nr. 336).

[29] Amir, Allegories 20 f.: *In view of the fact that according to a primeval concept common
throughout the whole ancient East, a temple as the earthly residence of the deity was to be
copied after his heavenly abode, it is understandable that the Temple building and its vessels
were to be explained cosmologically. The „physical" school of Greek mythological allegory
provided rich material for such interpretation.*

Saphir gearbeiteter Untersatz und an Klarheit wie das Aussehen des Himmelsgewölbes" (wobei στερέωμα für das viel weniger kosmologische ῾εṣem eingefügt wird). Philon erklärt hierzu *Conf.* 98, Mose bezeichne als „Schemel (ὑποπόδιον) Gottes" die wahrnehmbare Welt und wolle sagen, daß diese sich keineswegs in freier Bewegung befinde[30]; „sondern auf ihr steht (ἐπιβέβηκεν) Gott, der Steuermann des Alls, und bedient heilsam (σωτηρίως) die Ruder und das Steuer des Ganzen".

Solches „Stehen" wird uns nun hier deutlicher und bildlicher ausgeführt. Wie der jüdische Pseudo-Orpheus (Frg. 245, S. 257 Z. 17–20 in Kern, Orphicorum fragmenta) „Zeus" auf goldenem Thron im eisernen Himmel „befestigt sein" läßt (ἐστήρικται), so daß er seine Füße auf die Erde setzt (βέβηκε) „und die rechte Hand an die Ränder des Ozeans überallhin ausstreckt (ἐκτέτακεν)", so werden auch bei Philon die von den einander zugekehrten[31] Cherubim symbolisierten beiden Hemisphären des Himmelsgewölbes (*Cher.* 25) als Verbindung von Himmel und Erde gesehen. Nach unserem Text befinden sich die metaphorisch so genannten „Köpfe" der „Kräfte" an den Himmelspolen (unter denen es, wie zu Z. 54 bemerkt, kein Oben oder Unten gibt, sondern beides ist außen); die „Füße" hingegen stehen auf dem Rand der Erdscheibe, welcher offenbar nicht weit vom Himmelsäquator entfernt gedacht wird. Und natürlich sind die „Füße" nicht die „Basis" im Sinne unseres Wortes, sondern umgekehrt: der Kosmos wird durch die „Kräfte" von außen her (ἔξωθεν, Z. 148) gehalten. Vgl. oben zu Z. 56 f.

Exkurs: Die beiden Hemisphären und die Menschengestalt des Kosmos

Die Anschauung von zwei „Hemisphären" (ἡμισφαίρια) des Himmelsgewölbes findet sich bereits in einigen Prosa-Wiedergaben des

---

[30] Dies wäre die Auffassung des (später so genannten) Deismus, demzufolge Gott die Weltmaschine einst gebaut und in Gang gesetzt hat, sie aber nicht weiter bedient. Frühe Vorläufer dieser Meinung s. Zeph 1,12; Plin. maj., *Nat. hist.* II 5 § 23; vgl. G. Mensching in RGG II 58.

[31] Ein merkwürdiges Echo hiervon (?) findet sich N. H. III 75,1 ff., wo der „Vorvater" sich selbst sieht als „Selbstvater" und „Selbsterzeuger" und „eine Menge von sich anblickenden (ἀντωπός zu lesen) Selbstentstandenen" usw. aus sich heraussetzt. (Um Logik darf man hier nicht besorgt sein.) Typisch gnostisch ist hier die Verlagerung des Ganzen ins Überkosmische.

Empedokles (Diels, Dox. S. 582 Z. 8 = Kirk/Raven Nr. 434 = Diels/ Kranz Nr. 31 A 30; ferner Diels, Dox. S. 339 Z. 20 bzw. 27; beides in Ritter/Preller Nr. 170a und c): das eine ist die klare Tag-Hälfte, das andere die dunklere Nacht-Hälfte der sich drehenden Himmelskugel. Daß die Erde im Mittelpunkt der beiden Hemisphären liege, deren eine des Zeus, die andere Plutons Palast sei, sagt auch der pseudo-platonische Dialog *Axiochus* (371 A/B). Festugière, Révél. II 533 verweist auf babylonische Ursprünge dieser Theorie, die später vor allem von den Neupythagoreern popularisiert worden sei.

Philon gibt *Mos.* II 98 die Beziehung der beiden Cherubim auf die Hemisphären des Himmels bereits als traditionell an: τινές lehren sie. Griechische Mythologie hatte ihrerseits die Hemisphären mit den Dioskuren assoziiert, wie Philon selbst erwähnt (*Decal.* 56; s. o. zu Z. 54). Marguerite Harl (Cosmologie 194 Anm. 1) zitiert Nachwirkungen der philonischen Allegorie bei Clemens v. Alexandrien und Basilius.

Nun kann der Anthropomorphismus bei Philon so weit gehen, daß er in einer Art Rückprojektion des Makrokosmos-Mikrokosmos-Gedankens dem Kosmos – metaphorisch – menschliche Körperteile gibt. Was Ps.-Orpheus von „Zeus" dichtet, findet sich an mehreren Philon-Stellen vom Kosmos gesagt: daß er einen „Kopf" bzw. ein „Gesicht" und „Füße" bzw. „Fußsohlen" habe. (Von den Händen scheint nicht die Rede zu sein.) So *Somn.* I 134.144 und *Plant.* 5, dessen Kontext (§ 3–10) zu unserem c. 9 überhaupt der nächste Kommentar ist. Philon präzisiert dort (§ 8), keine der Materien sei stark genug, um den Kosmos zu tragen – das wohl gegen ein mögliches Mißverständnis des Wortes βάσις –; vielmehr sei „der ewige Logos des ewigen Gottes die festeste und sicherste Stütze (ἔρεισμα) des Alls". (So haben wir zu ἔρεισμα Z. 56 festgestellt, daß das philonische Weltgebäude nicht steht, sondern hängt.) Ebenso ist der jüdisch-orphische „Zeus" mit einem seltsamen Ausdruck „im ehernen Himmel befestigt" (Kern, Orphicorum Fragmenta Nr. 245 – S. 257 – Z. 17).

Der Anthropomorphismus paßt also nicht einmal. Es muß als eine bereits traditionelle Populärvorstellung erklärt werden, wenn Philon den Kosmos „wie eine Menschengestalt" (ὥσπερ ἀνδριάς)[1] aufgerichtet sein läßt (*Plant.* 5). In *Plant.* 5ff. wird aber, wie auch in unserem

---

[1] Zu ἀνδριάς = ‚Menschengestalt' vgl. *QG* II 56 (S. 141 unten) und Lampe, Lexicon *s. v.* Auch N. H. II 14,23 hat der überkosmische Aeon des Urmenschen eine Menschengestalt (ἀνδριάς), ebenso N. H. VIII 30,6f. der inkarnierte Erlöser (kopt. Synonym *twōt*).

Text, diese Analogie im Sinne des Transzendenz-Denkens eingeschränkt: Die Erde ist nicht einfach der „Fuß" des Kosmos – zumal Philon ja selbst weiß, daß die Erde nicht „unten" ist, sondern innen (*Decal.* 56f., vgl. Arist., *De caelo* 308 a 14–24) –, sondern alle Elemente insgesamt werden in ihrer Stellung gehalten durch den Logos (so in *Plant.*) bzw. die „Kräfte" (so hier).

Zurückgeholt in den Mikrokosmos des Menschen, erweist diese Analogie sich von erkenntnistheoretischem Interesse. *Somn.* I 146 benennt Philon den menschlichen Verstand als das „Himmlische", den „Kopf" der Seele, die Tätigkeit der Sinne aber als das „Erdhafte", ihren „Fuß" (βάσις). Die wahren Naturforscher und Kosmopoliten, auch bei den Heiden, befinden sich laut *Spec.* II 45 τὰ μὲν σώματα κάτω πρὸς χέρσον ἱδρυμένοι, τὰς δὲ ψυχὰς ὑποπτέρους κατασκευάζοντες, ὅπως αἰθεροβατοῦντες τὰς ἐκεῖ δυνάμεις περιαθρῶσιν (ringsum betrachten). Das ist also eine förmliche Himmelsreise der Seele[2] (in „nüchterner Ekstase", s. o. zu Z. 65) aufgrund ihrer Ähnlichkeit, ja stofflichen Identität mit dem Höheren im Kosmos.

———

Z. 117f. κατώτερον – ἀνώτερον) ist im kosmologischen Sinne zu nehmen vom Mittelpunkt und der Peripherie einer Kugel. Vgl. vorigen Exkurs.

Z. 120 οὐρανός] hier als Bezeichnung des leichtesten der vier Elemente, wofür Leisegang, Index *s. v.* ἀήρ Nr. 1 und γῆ Nr. 1 a die Parallelen bietet[1].

Philon setzt als bekannt und anerkannt voraus, daß der Himmel aus Feuer besteht, wobei unsere Betrachtungen zu Z. 79f. und 82 ergeben haben, daß für die äußere Peripherie nur das feinste Feuer gemeint sein kann. *De mundo* hatte es für wichtig erklärt, den Himmelsstoff, dort ‚Aether' genannt[2], vom Feuerelement zu unterscheiden (392 a 5–9).

———

[2] Vgl. Festugière, Révél. I 316 und Kontext. – Hermias' *Irrisio gentilium philosophorum* 17 hat sich aus diesem Gedanken einen Spaß gemacht.

[1] Verbeke, Pneuma 238 weist auf Fälle hin, wo die 4 Elemente als ‚Erde', ‚Wasser', ‚Pneuma' (statt ‚Luft') und ‚Himmel' (statt ‚Feuer') bezeichnet werden, z. B. *Ebr.* 106. Hier ist mit Beeinflussung durch atl. Sprachgebrauch zu rechnen.

[2] Das Theorem ist von Aristoteles: *De caelo* 270 b 22ff.; vgl. Ritter/Preller Nr. 408. Weiteres bei Harl (ed.), Heres S. 91 Anm. 1. Vgl. oben zu Z. 111 f.

Philon jedoch ist durch seine Bibelstelle (Dtn 4,24) daran gebunden, das Himmelselement ‚Feuer' zu nennen. Auch sonst verfährt er oft so, daß er dem Himmel als „reinstem Feuer" und „reinster οὐσία (Materie)"[3] die Qualitäten des Aethers zuschreibt, ihn aber doch, in der Weise der Stoiker, mit dem Feuer zusammennimmt. (*Praem.* 36 nennt er als die vier Elemente „Erde, Wasser, Luft und Aether".)[4] Wo er von einem fünften Element redet, unterscheidet er es von den übrigen vier insofern, als es allein von allen unvermischt zu denken sei: *QG* III 6; *Her.* 283.

Aus diesem Stoff sind die Seelen der Vollkommenen (*Her.* a.a.O.) – ein Hinweis darauf, wie Philon sich die Wirkungsweise der „Kräfte" und überhaupt die Mikrokosmos-Makrokosmos-Analogie denkt.

Nach Platons *Tim.* 40 A schuf der Demiurg die Himmelskörper aus *fast* reinem Feuer. Die nachplatonische *Epinomis*[5] (981 D–E) läßt deutlicher erkennen, was gemeint ist: die Himmelskörper mußten ja eine gewisse Dichte und Undurchdringlichkeit behalten, die reinem Feuer nicht eigen gewesen wäre. Entsprechend sind Philons kosmische Cherubim selbst keine Himmelskörper, sondern die diese tragenden und einschließenden Hemisphären.

Z. 120f. ἀπὸ τῶν περάτων τῆς οἰκουμένης ἐπὶ τὰ πέρατα] Belege für diese Redeweise gibt W. Bauer *s. v.* πέρας. *Migr.* 181: „Dieses All wird zusammengehalten von unsichtbaren Kräften, welche vom Äußersten der Erde (ἀπὸ γῆς ἐσχάτων) bis zu den Grenzen (περάτων) des Himmels der Schöpfer ausgespannt hat (ἀπέτεινε) ... Denn die Kräfte sind unzerreißbare Bänder (δεσμοί) des Alls." Das gleiche vom Logos *Plant.* 9: οὗτος ἀπὸ τῶν μέσων ἐπὶ τὰ πέρατα καὶ ἀπὸ τῶν ἄκρων ἐπὶ τὰ μέσα ταθεὶς δολιχεύει (durchläuft) τὸν τῆς φύσεως δρόμον; im Kontext erscheinen dort auch die Worte ἔρεισμα und δεσμὸς ἄρρηκτος. Vgl. *QG* II 4 und Harl (ed.), Heres S. 89f., auch zum stoischen Hintergrund. Festugière, Révél. IV 187 Anm. 6 und 280 mit Anm. 1 bringt Parallelen aus Magie und Neuplatonismus, wobei letzterer den ihm fremden ʽPneuma'-Begriff durch andere ersetzt, etwa durch den der ʽWeltseele'.

Recht einfach hält Philon die Grenzen der bewohnten Welt auch

---

[3] Belege bei Leisegang, Index *s. v.* οὐρανός 2.
[4] Auf Unebenheiten in Philons Sprachgebrauch ist zu Z. 111f. schon hingewiesen worden. Gleiches beobachtet Kirk/Raven S. 333 (zu Nr. 434) bereits an Empedokles.
[5] Zu diesem Text vgl. Festugière, Révél. II 196–218.

schon für die Grenzen des Kosmos. Andersartige Vermutungen sind angedeutet in Ps.-Philon, *De J.* 173.

Z. 121 τέτανται] Hinter diesem Terminus verbirgt sich eine ganze Kosmologie. Laut Platon, *Tim.* 34 B[6], hat der Demiurg die Weltseele durch alles hindurch (διὰ παντός) ausgedehnt (ἔτεινε). Zenon seiner-seits, der Vater der Stoa, baut die kosmologische Vorstellung von der Erde als inmitten des Kosmos schwebender Ansammlung gröberer Stoffe folgendermaßen aus: „Nicht unbedingt hat ein Körper Schwere, sondern Luft und Feuer sind ohne Schwere. Es erstrecken (τείνεσθαι) sich jedoch auch diese irgendwie (πως) zur Mitte der gesamten Kugel des Kosmos und stellen die Verbindung (σύστασις) zu seiner Peripherie her" (SVF I 99). Chrysippos hat eine förmliche τόνος-Theorie entwik-kelt (SVF II 439–462; vgl. Sambursky, Physical world 132–142), wonach die Fähigkeit der leichteren Elemente, die dichteren zu durchdringen und in Bewegung zu bringen, τόνος oder εὐτονία hieß; Feuer und Luft, λεπτομερῆ τε καὶ κοῦφα (vgl. unseren Text Z. 108 f.), sind darum auch εὔτονα, ‚von hohem Spannungsgrad' (SVF II 473, S. 155 Z. 32 ff.)[7].

Vater des Gedankens war hier sicherlich wieder Heraklit mit seinem Wort von der παλίντονος ἁρμονίη[8], wie überhaupt in diesen Zusam-menhängen bei den Stoikern oft Vergleiche und Metaphern aus der Musik erscheinen. Eine Doxographie (Aëtios; Diels, Dox. S. 323 a Z. 2 ff.) traut Heraklit sogar zu, das Wesen des Schicksals (οὐσίαν εἱμαρμένης) als λόγον τὸν διὰ τῆς οὐσίας τοῦ παντὸς διήκοντα bestimmt zu haben, mit dem Zusatz: αὕτη δέ ἐστι τὸ αἰθέριον σῶμα, σπέρμα τῆς τοῦ παντὸς γενέσεως. – Einen späten Beleg für unser Wort bietet Salustios 15,2: ἡ μὲν πρόνοια τῶν θεῶν διατείνει πανταχῇ.

Ähnlich sagt nun die *Sapientia Salomonis* (7,24), daß die Weisheit „durch ihre Reinheit" überall „hinreiche" (διήκει); πάσης γὰρ κινή-σεως κινητικώτερον Σοφία. Unser Terminus erscheint dort 8,1: δια-τείνει δὲ (ἡ Σοφία) ἀπὸ πέρατος ἐπὶ πέρας εὐρώστως; Parallelismus: καὶ διοικεῖ τὰ πάντα χρηστῶς[9].

---

[6] Zu Philons Gebrauch dieser Stelle s. Harl (ed.), Heres S. 72 Anm. 1; S. 80 Anm. 2 und Runia, Timaeus I 171.

[7] Vgl. SVF II 444: Feuer und Luft seien δι' εὐτονίαν ἐκτατικά. So der Plutarch-Text. Ohne Not konjiziert v. Arnim ἑκτικά anstelle von ἐκτατικά.

[8] Diels/Kranz Nr. 22 A 51; Kirk/Raven Nr. 212; Ritter/Preller Nr. 34. Zur Nachwir-kung dieses Gedankens bei griech. Kirchenvätern s. Gronau, Poseidonios 142 ff.

[9] Vgl. Runia, Timaeus I 173 zu den griechisch-jüdischen Traditionszusammenhängen.

In eben diesem Sinne verwendet nun Philon τείνειν und seine Derivate vom Logos (*Sacr.* 67f.; *Plant.* 9), vom Pneuma (*Deus* 35), von den „Kräften" (*Conf.* 136; *Post.* 14; *Migr.* 181; *Mut.* 27 [dort auch ἐπ᾽ εὐεργεσίᾳ]; *Ebr.* 106 Ende) und überhaupt vom Göttlichen: τέμνεται γὰρ οὐδὲν τοῦ θείου κατ᾽ ἀπάρτησιν („Abtrennen"), ἀλλὰ μόνον ἐκτείνεται (*Det.* 90)[10].

Von der Gerechtigkeit (ἰσότης; vgl. unseren Text Z. 12) sagt Philon, sie erstrecke sich (τέταται) wie Sonnenlicht „vom Oberen, Himmlischen bis aufs Irdische" (*Spec.* IV 236; über die Sonne, die ihre Strahlen „ausstreckt", s. *Deus* 79). – In sinnesphysiologischem Kontext wird dem menschlichen νοῦς eine τονικὴ δύναμις zugeschrieben (*LA* I 29f.); und vom Vorgang der Inspiration heißt es *LA* I 37, Gott spanne (τείνειν) die von ihm kommende Kraft durch das Mittel (μέσον) des Pneumas.

Für das christliche Fortleben solcher Vorstellungen ist wieder einmal der Alexandriner Clemens Zeuge. Im *Protrepticus* 1,5,2 (S. 6 Z. 6ff. Stählin) sagt er über die kosmische Harmonie u. a., sie sei τὸ ᾆσμα τὸ ἀκήρατον (rein), ἔρεισμα τῶν ὅλων καὶ ἁρμονία τῶν πάντων, ἀπὸ τῶν μέσων ἐπὶ τὰ πέρατα καὶ ἀπὸ τῶν ἄκρων ἐπὶ τὰ μέσα διαταθέν.

Exkurs: *„Spannung" und Phallos*

QE II 68 (S. 116) nennt Philon den Logos des „Seienden" die σπερματικὴ τῶν ὄντων οὐσία, die „zeugende Substanz in allem Seienden". Das führt uns nicht nur auf das kosmische σπέρμα von Z. 82 zurück, sondern auch auf eine merkwürdige Repräsentation dieser kosmischen Zeugungskraft bei Griechen und Ägyptern: auf die Hermen und überhaupt auf plastische Darstellungen männlicher Geschlechtsteile im Zustande der Spannung[1]. Der große Porphyrios war sich nicht zu schade, diesen

---

10 SVF II 454 heißt es vom Göttlichen: ἀπὸ τῶν μέσων ἐπὶ τὰ πέρατα καὶ ἀπὸ τῶν περάτων ἐπὶ τὰ μέσα . . . συνέχεται. Das Göttliche ist allgegenwärtig als räumliches, ja stoffliches Continuum.

1 Hermes konnte mitunter aus nichts als seinen Geschlechtsteilen bestehen. Möller, Kosmol. 195 verweist auf den Phallos (bei Lukian und sonst heißt er gelegentlich auch Φάλης), der am Berg Kyllene in Arkadien, Hermes' mythischem Geburtsort, verehrt wurde (er ist heute gänzlich verschwunden). Hauptquelle ist die Naassenerpredigt bei Hippolyt, *Ref.* V 7f. Ergänzend erwähnen kann man die merkwürdigen Phallos-Monumente, die noch heute auf der Insel Delos zu sehen sind: Arendt, Säule Abb. 64 (Datierung: 1. Hälfte des 3. Jh.s v. Chr.).

schon für damalige Augen anstößigen[2] Monumenten philosophische Worte zu widmen: „Des Logos, des alles schaffenden sowohl wie auch des (alles) deutenden (τοῦ δὲ λόγου τοῦ πάντων ποιητικοῦ τε καὶ ἑρμηνευτικοῦ) Darstellung ist Hermes. Der erigierte (ἐντεταμένος) Hermes aber verdeutlicht die Spannung (εὐτονίαν); er zeigt ferner τὸν σπερματικὸν λόγον τὸν διήκοντα διὰ πάντων (bei Eusebius, *Pr. ev.* III 11; MPG 21, 205 A)[3]. Schon Aristoteles hatte den Vorgang der Ejakulation durch eine βία πνευματική zu erklären versucht und von einer πνεύματος ἔξοδος gesprochen (586 a 15–18; 880 a 31; Bonitz' Index verweist hierzu ferner auf Galenos, Bd. XVII b S. 29 Kühn).

Keine Frage, daß Philon bildliche Darstellungen dieses Vorgangs abgelehnt hätte, schon des Bilderverbots wegen. Um so offener aber vertritt er den Mythos von der „Männlichkeit" der Schöpferkraft, ja des „Seienden", auf der metaphysisch-intellektuellen Ebene.

———

Z. 124 ἐγκεκολπισμέναι] Zu dieser Metapher vgl. *Plant.* 7, *Conf.* 137 und Harl, Cosmologie 196 Anm. 2. Christliche Nachklänge, v. a. bei Clemens von Alexandrien, s. Lampe, Lexicon *s. v.*, Heinisch, Einfluß Philos 131 und Harl, Cosmologie 202 Anm. 2.

Im Neuen Testament ist Christus, der Logos, „im Schoße des Vaters", Joh 1,18. Gottes Immanenz in seiner Schöpfung wird in Christus konzentriert. – Im Eugnostosbrief, N. H. III 75,7.13 und Parallelen, sind es der „Vorvater" und der „Vorseiende, Ungezeugte", die sich gegenseitig anblicken, ἀντωποί sind, ähnlich den philonischen Cherubim. Nur befindet sich zwischen ihnen natürlich nicht der Kosmos, sondern das Pleroma. Vgl. zu Z. 117ff., Anm. 31.

Z. 124f. οὐδ' ἀφίσταται] das – auch den Stoikern wichtige – materielle Continuum des Kosmos (bei Epikur hatte er Löcher). Vgl. zu Z. 121.

———

[2] Philostratos, *Vita Apollonii* VI 20 sagt entschuldigend, man dürfe nicht fragen nach einer Begründung dieser oder jener religiösen Bräuche καὶ Διονυσίων καὶ φαλλοῦ καὶ τοῦ ἐν Κυλλήνῃ εἴδους.

[3] Vgl. noch Plutarch, *Mor.* 797 F: die Ἑρμαῖ . . . ἐντεταμένοι als Symbol des λόγος ἐνεργὸς . . . καὶ γόνιμος. Ähnliches aus Iamblichos, *De mysteriis* I 11 zitiert H. Herter in PW, 1. Reihe, 38. Halbband, Sp. 1683 im Art. Phallos. – Sp. 1706 der Nachweis, daß die seit Herodot bekannten Phallos-Umzüge in Ägypten bis in die Zeit der chr. Bischöfe anhielten.

Z. 125 κτήματος] ‚Besitz' als Metapher für den Kosmos, von seinem Schöpfer aus gesehen; philonische Parallelen s. Apparat z. St. Θεοῦ γὰϱ τὰ πάντα κτήματα, „das All ist Gottes Besitz", erklärt *LA* III 33.

Der Ausdruck blieb selten. In W. Bauers und Lampes Wörterbüchern findet man unter κτῆμα nichts Entsprechendes. Unter κτῆσις 2. bringt Lampe immerhin die Möglichkeit einer itazistischen Verwechslung mit κτίσις[1]. Interessant ist die ebd. aus Eusebius zitierte Definition des Unterschieds von κτίσις und κτῆσις: ersteres meint eine ἐκ τοῦ μὴ ὄντος εἰς τὸ εἶναι πάϱοδος, das andere hingegen „die private Zugehörigkeit (οἰκειότητα) des schon vorher Bestehenden (τοῦ προϋπάϱχοντος) zu seinem Eigentümer". Ersteres findet sich, verbal zumindest, bei Philon Z. 105 f.; hier aber verfällt er auf den Ausdruck κτῆμα (oder κτῆσις).

Wenn das Johannesevangelium sagt: „Er kam in sein Eigentum (τὰ ἴδια), aber die Eigenen (οἱ ἴδιοι) nahmen ihn nicht auf" (1,11), so hat später der Gnostizismus den ersten Ausdruck mit dem zweiten gleichgesetzt (vgl. Siegert, Nag-Hammadi-Register S. 67) und ihn inhaltlich von der Schöpfung, jenem Abfallprodukt eines innerpleromatischen Betriebsunfalls, radikal unterschieden.

ἄνω μετέωϱα αἰϱόμενα] vgl. Z. 56: alles „hängt" am Vater; Z. 146 f.: der Schöpfer hat die Elemente „an sich hängen", er „hält den Kosmos hoch". Da ‚oben' für Philon soviel wie ‚außen' bedeutet (vgl. zu Z. 54 und 117 f.), ist damit das Ausdehnen der kosmischen Kugel durch das Wirken des Logos bzw. der „Kräfte" gemeint: mit den Füßen auf der bewohnten Welt stehend, „strecken" sie sich nach oben und sind damit zugleich die Verbindung des Grobstofflichen zum außerweltlichen Schöpfer und Vater.

QE II 65 (griech. S. 254 Marcus): „Warum heißt es: ‚Die Cherubim strecken (ἐκτείνει) die Flügel, um Schatten zu werfen?' (Ex 25,19 LXX) – Alle Kräfte Gottes treiben Flügel, da sie sich nach dem Aufstieg zum Vater sehnen (γλιχόμεναί τε καὶ ἐφιέμεναι); (dabei) beschatten sie wie mit Flügeln die Teile des Alls. (Das) deutet an (αἰνίττεται), wie der Kosmos mit Schutzdächern (σκέπαις) und Wachtposten (φυλακ-

---

[1] Mit Recht sieht hingegen Mahé, Hermès II 374 f. im Kommentar zu den „Hermetischen Definitionen" 6,1 davon ab, ein dem armen. Text zugrunde liegendes κτῆσις in κτίσις zu ändern. Der Spruch heißt: „Wie die Götter Besitz Gottes, so ist auch der Mensch (sein eigener Besitz). Besitz des Menschen ist die Welt."

τηρίοις)² bewacht wird, (nämlich) den zwei genannten Kräften, der schöpferischen und der königlichen."³

Z. 126 Ἡγεμόνα καὶ Πατέρα vgl. zu Z. 43 und 55.

κύκλῳ περιέσχηκεν] Dies scheint ein krasser Widerspruch zu sein zu Philons sonst oft bezeugter Auffassung, der „Seiende" werde von nichts umfangen, sondern umfange selbst alles⁴. Scheidet man jedoch die zahlreichen περιέχειν-Stellen danach, ob das „Umgeben" auf einer Ebene oder auf einer Kugel gedacht ist, so zeigt sich: wo der „Seiende" von „Speerträgern" umgeben wird, stehen sie bestenfalls auf einer Ebene mit ihm (*Sacr.* 59 und *Abr.* 121 in Erklärung von Gen 18,2; *Spec.* I 45), ebenso wie die ἀρετή, der Inbegriff der Tugenden, von den Einzeltugenden, ihren „Speerträgern", umstanden wird (*Sacr.* 28 – vgl. 22 –; *Congr.* 8). Das ist die zu Z. 48f. schon dargestellte Szenerie des persischen Hofstaats, die noch im Pleroma der Gnostiker als παράστασις weiterexistiert⁵.

In welchem Sinne ist der „Seiende" dann der Höchste? *QE* II 68 (griech. S. 255f. Marcus) exegesiert Philon die bei uns Z. 52f. zitierte Bibelstelle Ex 25,21 folgendermaßen: „Was heißt: ‚Ich werde (zu dir) sprechen *über* dem Sühnedeckel, *zwischen* den beiden Cherubim'? – Damit zeigt er zunächst, daß die Gottheit oberhalb der versöhnenden, der schöpferischen und (überhaupt) jeder Kraft ist; sodann aber, daß sie mitten zwischen der schöpferischen und der königlichen (Kraft) spricht. Dies faßt (der) Verstand folgendermaßen auf: Gottes Logos ist in der Mitte befindlich, (d. h., er) läßt nichts in der Natur leer. Indem er alles füllt, ist er sowohl Mittler (μεσιτεύει) als auch Schiedsrichter." (Hier erkennt man wieder die beiden Funktionen oder „Kräfte".) Anschließend, unter Verweis auf das Erscheinungsbild der Bundeslade, gibt Philon die Kompromißformel: „Über dem Cherubim ist in der Mitte Stimme und Logos, und darüber der Sprechende." – So weit Philons Bemühungen, Gott räumlich vorstellbar zu machen. Es bleibt das Problem, wo auf der Peripherie einer Kugel die „Mitte" sein soll. Nimmt

---

² Zu diesem Ausdruck, der bei Philon noch nicht die ab Mt 23,5 belegte Bedeutung ‚Gebetsriemen' hat, vgl. *Plant.* 3: der Himmel (οὐρανός) als ὄρος und φυλακτήριον.

³ Auf diese Stelle und auf ihren platonischen Hintergrund verweist Harl, Cosmologie 196 Anm. 3.

⁴ *LA* III 6; *Post.* 14; *Conf.* 136; *Migr.* 182; *Fug.* 75; *Somn.* I 63; QE S. 256 Frg. 6; vgl. in unserem Text Z. 55–57.

⁵ S. Siegert, Nag-Hammadi-Register *s. v.* παράστασις, παρίστασθαι.

man den Scheitelpunkt einer Achse, so hat man deren zwei, nämlich auch einen Gegenpunkt. Philon scheint die untere Hälfte seiner Weltkugel nicht bedacht zu haben.

c. 10, Z. 127 ἀπὸ τῶν φυσικῶν...] Empedokles (vgl. zu Z. 107f. und zu Z. 128), ferner Heraklit, der Philosoph der Gegensätze, von dem Philon *Her.* 214 sagt, er wiederhole nur ein παλαιὸν εὕρεμα Μωυσέως (vgl. zu Z. 89). Philon referiert nun, ergänzend zu der Lehre von den vier Elementen, diejenige von den beiden Gegensätzen, die auch bei Empedokles in diesem Zusammenhang gefolgt war.

... τινὲς ἐλθόντες] Hinweis auf jüdische (?) Lehrer Philons, die sich in Philosophie auskannten. Vgl. zu Z. 103f.

Z. 128 στοιχεῖα] Wie bei ὕλη (Z. 40), so ist auch hier der Terminus jüngeren Ursprungs als die damit verbundene philosophische Lehre; er entspringt der nachplatonischen Akademie. S. o. zu Z. 108ff., bes. Anm. 23, und Diels, Elementum, bes. S. 14–23. Empedokles (s. u.) spricht metaphorisch von ῥιζώματα, „Verwurzelungen"; Platon in seiner Spätphilosophie zog es vor, das Wort für Zahlen und nicht für Materielles zu verwenden (s. Diels, ferner oben zu Z. 108ff.). Philon verwendet das Wort sehr häufig (s. Leisegang, Index *s. v.*). Den zeitgenössischen und auch den christlichen Gebrauch des Ausdrucks, der teilweise auch positive oder negative Anspielungen an Astrologie einschließt, untersucht Gerhard Delling im ThW VII 670–687.

φιλίαν καὶ νεῖκος] So das dritte Begriffspaar des Empedokles, wie es in den Prosawiedergaben zu erscheinen pflegt[6]. (In seinen Versen bevorzugt er φιλότης.) Ein Problem für die Ausleger ist der Status dieser beiden Faktoren im Vergleich zu den vier materiellen Elementen. Empedokles belegt in Fragm. 6 Diels/Kranz (= Kirk/Raven Nr. 417; Ritter/Preller Nr. 164) nur diese vier mit dem Ausdruck ῥιζώματα; über den Charakter der beiden andern hingegen scheint er sich nicht deutlich geäußert zu haben (s. Kirk/Raven S. 330). Aristoteles (314 a 16 f; Ritter/Preller Nr. 166 c) spricht von σωματικὰ τέσσαρα, die die μετὰ τῶν κινούντων sechs an der Zahl ergäben. Aëtios unterscheidet vier στοι-

---

6 Diels/Kranz Nr. 31 A 30–33; 37–40; 52; vgl. 41; Ritter/Preller Nr. 164.166 b; Kirk/ Raven Nr. 426f., 451. Das Wort νεῖκος war bisher bei Philon nicht belegt.

χεῖα von zwei ἀρχαί (Diels, Dox. S. 275 a Z. 26 f./b Z. 10 f.)[7], ebenso noch Simplikios (ebd. S. 478 Z. 1 ff., aus Theophrast).

Die Funktion von „Liebe" und „Haß" in der Kosmologie des Empedokles ist jedenfalls die, daß sie vereinen bzw. scheiden (Fragm. 17, Z. 7 f. – Kirk/Raven Nr. 423 –; Fragm. 26 Z. 5 f. – Kirk/Raven Nr. 460). In diesem dualistischen Theorem unterschied sich Empedokles von seinem Lehrer Parmenides (so Kirk/Raven S. 329). Das machte ihn geeignet zur wirkungsgeschichtlichen Fusion mit dem berühmteren (und von den Stoikern ja besonders gepflegten) Heraklit, der in Gegensätzen wie πόλεμος und εἰρήνη, δίκη und ἔρις gedacht hatte (22 A 67.80 Diels/Kranz; Kirk/Raven Nr. 207.214; vgl. Ritter/Preller Nr. 34.36). Der Traktat *De mundo* widmet der Weltharmonie aus Gegensätzen ein eigenes Kapitel (5, 396 a 33–397 b 8), unter ausdrücklicher Zitierung Heraklits. Philon tut desgleichen *QG* III 5[8] (mit der Behauptung, Heraklit habe das von Mose gelernt) und in der Theorie vom Λόγος τομεύς *Her.* 133 ff.[9] (wo § 214 ebenfalls die Abhängigkeit Heraklits von Mose postuliert wird). Jesus Sirach mochte ihm vorgearbeitet haben, der 33,15 sagt: „Blicke auf die Werke des Höchsten! Zwei und zwei – eins gegenüber dem andern (δύο δύο, ἓν κατέναντι τοῦ ἑνός)." Sirach polarisiert ausdrücklich im Sinne von ‚gut' und ‚böse' (V. 14). Vom philonischen Logos hingegen bemerkt Bréhier (Philon 99), daß er im Rahmen des Lehrstücks von den kosmischen Gegensätzen ambivalent wird: er bewirkt Gutes wie Böses, τό τε εὖ καὶ τὸ μή (*Cher.* 35). So ist es ja ganz im Sinne Heraklits, der seine Feststellungen wertfrei getroffen hatte. Man vergleiche den jüdischen Ps.-Orpheus (Kern, Orphicorum Fragmenta Nr. 247), der vom Schöpfer aller Dinge und Wohltäter der Menschen weiterhin sagt: αὐτῷ δὲ χάρις καὶ μῖσος ὀπηδεῖ (Z. 14 in der bei Eusebius überlieferten Fassung, aus Aristobulos). Heraklits Beobachtung, ins religiöse Gebiet gezogen, wird zum Theodizee-Argument[10].

---

[7] Beim selben Autor finden wir – unter dem Namen des Melissos und des Eleaten Zenon – die Unterscheidung von 4 στοιχεῖα der ὕλη und den beiden εἴδη „Haß" und „Liebe": Diels, Dox. S. 303 Z. 22 f.

[8] Vgl. Früchtel, Kosmolog. Vorstellungen 46–48, auch zum folgenden.

[9] Der bei Früchtel S. 48 Anm. 6 gegebene Verweis auf den Logos τομώτερος ὑπὲρ πᾶσαν μάχαιραν δίστομον Hebr 4,12 führt auf anderes Gebiet, auf das des Weltgerichts und nicht das der – in ihren Gegensätzen – guten Weltordnung.

[10] Leibniz und Zeitgenossen haben ebenso mit stoischen Mitteln, also ohne Rückgriff auf einen von Menschen verschuldeten Sündenfall, versucht, das Böse in der Welt theoretisch in den Griff zu bekommen.

Die Nachklänge dieses Lehrstücks in christlicher Literatur sind erwartungsgemäß schwach – man nahm die Frage moralisch und beantwortete sie aus Gen 3 – und verhallen rasch: S. Lampe, Lexicon unter νεῖκος (Clemens v. Alexandrien, Markion). – Eine Lehre von den kosmischen Gegensätzen bei den Rabbinen erwähnen Dahl/Segal, JSJ 1978, 28 Anm. 77.

Z. 129 ὁ προφήτης] Jesaja, wie *Praem.* 158. Sonst ist ὁ προφήτης bei Philon Mose[11]. Hier aber wird eindeutig auf Jes 6 Bezug genommen: Die sechs Flügel der Seraphim, deren vier zum Bedecken, zwei zum Fliegen dienen, passen auf die drei empedokleischen Begriffspaare, deren letztes ja auch von anderer Art war, indem es die in den vier Elementen wirkenden Grundkräfte darstellte. So wird denn hier Jesaja als Naturphilosoph (Z. 127) bemüht.

τὰς τῶν τεττάρων στοιχείων ἀποκρύφους δυνάμεις] Beispiele für den Gebrauch von δύναμις für den Elementen innewohnende Kräfte (gelegentlich auch für die Elemente selber) gibt Leisegang, Index *s. v.* δύναμις 11. Die Rede von „verborgenen" Kräften ist dort allerdings nicht nachgewiesen; ἀπόκρυφος begegnet bei Philon sonst in anderen Syntagmata als in diesem. Gemeint dürfte sein: die Schwere bzw. Leichtigkeit und das damit verbundene Bestreben (φορά), zu sinken oder aufzusteigen.

Z. 131 περιῳκοδόμηνται] Dieses bei Philon nur noch einmal (*Spec.* III 147) in gewöhnlichem Sinne belegte Wort dient hier als alternative Metapher zu dem Z. 124 benannten ἐγκολπίζειν und σκεπάζειν. Die Kräfte in den Elementen halten die Elemente zusammen, sowohl die „Füße" (den unteren = inneren Teil) des Kosmos wie auch sein „Gesicht" (den oberen = äußeren). Als Kräfte des Schwebens und Hebens werden nun noch eigens φιλία und νεῖκος gewürdigt, deren Symbole die zwei zum Fliegen dienenden Flügel der Seraphim seien.

---

[11] Zu den über Leisegangs Index auffindbaren Parallelen vgl. noch *QG* IV 27 (S. 301), *QE* I 11, II 44.52. *QG* I 86 heißt Mose sogar *naxamargarēn* = ὁ πρωτοπροφήτης. Ὁ προφήτης für Mose findet sonst noch bei Clemens v. Alexandrien (*Protrepticus* 4, vor Zitat aus Ex 20,4 bzw. Dtn 5,8) – obwohl nach chr. Auffassung Mose nicht mehr der herausragende Prophet ist – und beim platonisch-pythagoreischen Religionsphilosophen Numenios (Stern, Authors II Nr. 368). Vielleicht ist auch die Anspielung Joh 1,21, 6,14 und 7,40 so gemeint.

Z. 131 f. τὰς μετεωριζομένας καὶ ἀναπετομένας (δυνάμεις)] meint hier also nicht die beiden Grundkräfte, die schöpferische und die königliche (wofür die Cherubim = Seraphim ja insgesamt als Symbol stehen), sondern nur Teile oder bestimmte Wirkungen von ihnen; vgl. zu Z. 134.

Z. 132 Πρῶτον Ἡγεμόνα] s. Z. 43.

Z. 132 f. πολέμου ... καὶ εἰρήνης] Worte Heraklits; s. zu Z. 128. Die Fusion mit Empedokles wird im unteren Kontext deutlich; Philon scheint sie bewußt zu vollziehen: ἑτέροις ὀνόμασι.

Z. 134 αὐτὸς μόνος μεσιτεύει] *miayn sa ē aṙitʻn:* Mit der Vieldeutigkeit des armenischen *aṙitʻ* (vgl. Bd. I Anm. 1011) hatte an anderen Stellen auch Ralph Marcus Schwierigkeiten[12]. Wir übersetzen nach *Plant.* 10, einem schon öfters zitierten Text, wobei dort, wie meistens[13], dem Logos solches „Vermitteln" zugeschrieben wird. In unserem Text wurde jedoch Z. 126 der Ἡγεμὼν καὶ Πατήρ selbst als μέσος bezeichnet; so auch hier. Die räumliche Vorstellung verbietet es uns, an ein Vermitteln nach unten zu denken: dafür hat der Oberste Herrscher ja seine „Kräfte". Sondern es ist ein Vermitteln zwischen rechts und links, und zwar auf allerhöchster Ebene. Im „Seienden" liegt die Garantie dafür, daß die Wirkungen der „königlichen" und die der „wohltätigen Kraft" bei allem auf tieferen Ebenen erscheinendem Widerstreit doch den Kosmos erhalten (σῴζειν, Z. 91).

Übel aller Art und Kriege erklären sich also bei Philon als Vorkommnisse auf niederer Ebene, die von den auf höherer Ebene befindlichen Instanzen in Balance gehalten werden. *Decal.* 176 ff.: θεός bzw. κύριος sei μόνων ἀγαθῶν αἴτιος, κακοῦ δ' οὐδενός; die ὑπηρέται und ὕπαρχοι θεοῦ jedoch fungierten als πολέμου στρατηγοί. Schlußsatz des Traktats: τῷ γὰρ ὄντι ὁ μὲν Θεὸς πρύτανις εἰρήνης, οἱ δ' ὑποδιάκονοι πολέμων ἡγεμόνες εἰσίν (178). *Somn.* II 253: Gott ist reinster Friede, die entstandene und vergängliche Substanz hingegen συνεχὴς πόλεμος. *QE* II 64 sieht die Funktion der von den beiden Cherubim symbolisierten Kräfte (die hier „Wächter" heißen – vgl. unten Z. 147), das „Befesti-

---

[12] QE S. 88 Anm. a; QG S. 157 Anm. a.
[13] Stellen gesammelt bei Harl (ed.), Heres S. 72 Anm. 1; Bréhier, Philon 88 mit Anm. 2. – Vgl. die oben zu Z. 126 zitierte Stelle aus *QE* II 68. Abweichend ist *QG* IV 23, wo „Gott" als „Mittler *(aṙitʻ)* und Beistand aller" gilt. Der Text enthält leider eine Korruptele (Marcus' Anm. i).

gen" der Bande des Kosmos, in folgendem: die schöpferische Kraft sieht
darauf, daß ihre Geschöpfe nicht zerstört werden (das kann aber nur
eingeschränkt gelten!); die herrscherliche Kraft hindert (oder eher:
dämpft) das gegenseitige Übervorteilen, indem sie – durch das (Mose-)
Gesetz – ἰσότης vorschreibt. „Denn aus πλεονεξία und Ungleichheit
(kommen) Anlässe zum Krieg, zur Zerstörung des Bestehenden."
Die Weltordnung schließt also (in gewissen Grenzen) den Krieg mit
ein; auf niederer Ebene erlaubt oder bedingt sie ihn sogar. *Congr.* 32
stellt die These auf, es gebe zwei ὠφελείας τρόποι, „entweder im
Genuß der Güter, wie im Frieden, oder in Konfrontation (ἀντίταξις)
und Dämpfung (ὑφαίρεσις) von Übeln, wie im Krieg".
Das ist die Logik des philonischen Theodizee-Gedankens: von einer
gewissen Höhe aus, teleologisch gesehen, ist das Gegenüber von Gut
und Böse nützlich und in Ordnung. Vgl. SVF II 1168–1186, bes. 1171 (=
Philon, *Praem.* 33 f.).
Eduard Schweizer, Kolosser 102 behandelt das philonische Lehrstück
von Gott als „Friedensstifter" des Kosmos mit weiteren Belegen; er
vergleicht dazu Kol 1,20[14].

c. 11, Z. 135 αἰνίττονται] Dieses Verbum ist bei Philon für Bibelzitate
sehr häufig[15] – in der Tat ein Reflex seiner eigenen Hermeneutik – und
steht in ungelöstem Widerspruch zu der anderweitig mit Entschieden-
heit vorgetragenen These, Mose benütze ὀνόματα εὐθύβολα (s. o. zu
Z. 73).

χρησμῶν] vgl. zu Z. 51. – Die syntaktische Eigentümlichkeit einer
rhetorischen Frage als Einleitungsformel begegnet ebenso *Post.* 18.
Die folgenden Zitate aus Ex 19,4 und Dtn 32,10–12 haben mit der
bisher ausgelegten Jesaja-Vision (Jes 6,1 f.) das Stichwort πτέρυγες
„Flügel" gemeinsam. Deutlicher als Jesaja drücken sie die Vorstellung
des Bedeckens und Schützens aus: so die Verben und die beide Male
verwendete Natur-Allegorie vom Adler, der seine Jungen mit den Flügeln schützt.
Z. 136 f. ἐπὶ πτερύγων ἀετῶν und 139 ὡς ἀετός] Der Adler ist Symbol
des Höhenflugs (vgl. LSJ und Lampe, Lexicon *s. v.*). Wie hieraus das

---

[14] Hinweis M. Hengel (so auch zu Z. 145 ff.).
[15] Außer den Stellen bei Mayer, Index vgl. QG S. 117.149.188.196.200.220.230.250.
267.358.440.486.487.526, QE S. 7.26.51.56.103.121.126.132.135.138 (zweimal) .139.
140.146.148.154.168.172.

Symbol des Schutzes wird, erklärt Raschi z. St. (dt. S. 195): „Alle anderen Vögel nehmen ihre Jungen in ihre Füße, weil sie sich vor einem
anderen Vogel fürchten, der über ihnen fliegen könnte; aber der Adler
fürchtet sich nur vor dem Menschen, er könnte ihn mit einem Pfeile
treffen, weil kein Vogel höher fliegt als er; darum nimmt er sie auf seine
Flügel..." Diese Vorstellung wird übersetzt in den abstrakteren
Gedanken, daß die Lebenshilfe der Tora Gottes Schutz für Israel ist; so
die rabbinischen Auslegungen bei Kasher, Encyclopedia IX 56f.[16]

Hesychios v. Jerusalem bezieht Dtn 32,11 auf Christus, der uns selber
zu „hochfliegenden Adlern" verwandelt als τὰ ἄνω φρονοῦντες
(Lampe, Lexicon *s. v.* ἀετός A.3).

Z. 138 ἐν ᾠδῇ τῇ μείζονι] Zur christlichen Übernahme dieses Periko-
pentitels s. Lampe, Lexicon *s. v.* ᾠδή 1.

Z. 142f. Κύριος/144 Θεός] Hierunter versteht Philon sicherlich wieder die beiden „Kräfte".

c. 12, Z. 145 Ὁρᾷς] Typische Applikationsformel. Vgl. *LA* II 52 οὐχ
ὁρᾷς ὅτι..., Röm 11,22 ἴδε οὖν u. a. (oben S. 5 Anm. 12).

Z. 145 ff. γῆν καὶ ὕδωρ καὶ ἀέρα καὶ οὐρανόν...] Die kosmologische Lehre der bisherigen Abschnitte wird eingetragen in die Abraham-
Episode Gen 18,1f. Hermeneutische Brücke waren oben Z. 51 ff. die
beiden Cherubim aus Ex 25,22. – So wird dem Historisch-Kontingenten
Allgemeingültigkeit gegeben. Physik ist die Grundlage der philonischen
Paränese. Schweizer, Kolosser 100–104 (zu Kol 2,8) ist der religiösen
Bedeutung der Weltelemente in ntl. Zeit im Detail nachgegangen und
zeigt, wie der Kol. versucht, diesen Komplex christologisch aufzu-
fangen.

Z. 146 ὁ Δημιουργός] Dies ist nicht der „Handwerker" von niedrigem
göttlichem Rang, den Platon eingeführt hatte (vgl. zu Z. 41), sondern
der eine, überweltliche Gott, der „Seiende" (Z. 45–48). Vgl. Z. 41 ὁ
Κοσμοποιός, Z. 74 ὁ Ποιητής und Z. 55 und 126 ὁ Πατήρ (was bei den
Griechen allenfalls Zeus gewesen war).

---

[16] Im Fragmententargum zu unseren Stellen findet sich die Auffassung, Israel sei auf
seinem Wüstenzug von der Schechina schützend umgeben worden. Den gleichen Gedanken versucht Philon mit seiner „Kräfte"-Lehre deutlicher zu fassen.

Die Septuaginta verwendet den Ausdruck nur einmal (2.Makk 4,1) in politischem Sinne („Anstifter"). Im Neuen Testament begegnet er, nunmehr theologisch, Hebr 11,10. In dieser Bedeutung ist er im christlichen Schrifttum ab den Apostolischen Vätern und den Apologeten üblich geworden (Lampe, Lexicon *s. v.* δημιουργός 2.). Die gnostische Wendung ins Negative ist zu bekannt, als daß sie hier belegt werden müßte.

Z. 147 προνοίᾳ] Schon die Stoiker hatten diesen Begriff physikalisch gefaßt, von der Verläßlichkeit der Weltordnung (vgl. SVF II Nr. 1106–1186; bes. 1141–1150 die Auszüge aus Philons *De providentia*). Die Septuaginta, die πρόνοια nur in späten Schriften benützt (Daniel, Makkabäerbücher, Weisheit Salomos), kennt noch die Urbedeutung ,Vorbedacht, Absicht' (so πρόνοια βασιλέως 2.Makk 4,6), versteht aber unter diesem Wort auch bereits das Eingreifen göttlicher Allmacht (Dan 6,19) und nähert sich schließlich, in beginnender Abstraktion vom Kontingent-Historischen, dem Begriff einer kosmischen πρόνοια: Weish 14,3 ἡ δὲ σή, Πάτερ[17], διακυβερνᾷ πρόνοια – sie öffnet den Menschen (nicht nur Noah) Wege über die See. Weish 17,2 sind die Ägypter in der Nacht des israelitischen Exodus φυγάδες τῆς (= ἀπὸ τῆς) αἰωνίου προνοίας. Vgl. noch Johannes Behm in ThW IV 1009 f.; über den gänzlich unphilosophischen Befund im Neuen Testament ebd. 1005 f.

Die „Adlerfittiche", mit denen der Bibeltext das konkrete Eingreifen Gottes in einer kritischen Situation Israels bildhaft bezeichnet hatte, werden von Philon zu den „Flügeln" der Cherubim und damit zur Weltordnung verallgemeinert. Historie wird zur Physik – wie ja nach *Mos.* II 216 auch der Synagogengottesdienst eine θεωρία τῶν περὶ φύσιν sein soll.

Die christliche Literatur hat sich in nach-neutestamentlicher Zeit sofort des πρόνοια-Begriffs bemächtigt, ihn aber nicht in der stoisch-philonischen Allgemeinheit belassen: es gibt eine Pronoia κατὰ μέρος (Lampe, Lexicon *s. v.* πρόνοια B.3.a.ii, b und d), wie übrigens auch in rabbinischer Theologie Gott sich um Individuen kümmert (ThW IV 1009; Bill. I 582–584 zu Mt 10,29). Philon will möglicherweise an Stellen wie *Spec.* I 308 ff. oder der unseren etwas Ähnliches sagen; doch wirkt

---

[17] Über Πατήρ bei Philon s. o. zu Z. 55.

bei ihm die Vorsehung ausschließlich auf dem Wege der (physikalischen und ethischen) Gültigkeit des (Mose-)Gesetzes.

Über die weitere Verwendungsgeschichte von πρόνοια in der Philosophie, wo Stoizismus und Platonismus nachhaltig in diesem Begriff verschmolzen, informiert Dörrie, Pronoia. Es war damals politisch nötig und ein Kennzeichen positiver Gesinnung, eine Vorsehung anzuerkennen. Diesem Zwang vermochte sich auch der Neuplatonismus, trotz der damit entstehenden Widersprüche im eigenen System, nicht zu entziehen. Jedoch gilt: „Durchweg wird πρόνοια als eine allgemein gültige Regel gesehen, die keine Ausnahme zugunsten eines Einzelnen zuläßt" (Dörrie S. 63).

Einen Kompromiß zwischen Philosophie und heidnischer Religiosität bietet Salustios (9,1f.). Für ihn ist πρόνοια zunächst auch die Zweckmäßigkeit der Einrichtung des Kosmos, sodann aber auch die göttliche Hilfe durch Orakelantworten[18] und Heilungen.

Bei den Gnostikern ist Πρόνοια, in N. H. XIII zu Πρωτέννοια gesteigert und vereindeutigt, der anfängliche, ewige Plan des „Vaters", den im Kosmos zerstreuten Lichtfunken durch Gnosis ihre Herkunft zu offenbaren und damit ihre Rückkehr zu eröffnen. Von der kosmischen Pronoia hingegen wird N. H. III 71,3f. rundweg erklärt, sie sei Unsinn/ Torheit *(mntsoq)*.

φύλαξιν] Zu dieser Bezeichnung der beiden „Kräfte" bzw. ihres Wirkens vgl. oben zu Z. 125 (Ende) und zu Z. 134. Die Septuaginta übersetzt die Rede von Gott als „Fels" *(ṣur)* einmal, nämlich 2.Kön (= 2.Sam) 22,3.47[19], wo David seine Errettung von allen Feinden besingt, personifizierend mit φύλαξ: Ὁ Θεός μου φύλαξ ἔσται μου und: Ζῇ Κύριος ... ὁ φύλαξ μου, ... ὁ Θεός μου, ὁ φύλαξ τῆς σωτηρίας μου. Interessanterweise gibt es hierzu die Variante ὁ Πλάστης bzw. ὁ πλάσας με; das wäre wieder ganz philonisch gedacht.

Der christliche Sprachgebrauch (vom NT abgesehen, das dieses Wort nicht kennt) läßt Gott, Christus, Engel oder auch Heilige φύλακες der Menschen sein, meist im Sinne der Vorsehung für das Einzelne. Ein Paar von kosmischen „Wächtern" ist in der christlichen Literatur unbekannt (Lampe, Lexicon *s. v.*). Es kann aber Engeln, ähnlich wie hier den

---

[18] Diese letzteren wurden schon von den Stoikern mit der πρόνοια in Verbindung gebracht: SVF II 1191.1196.

[19] Nicht in der Parallele Ps. 18(17).

beiden „Kräften", das πϱόνοιαν ποιεῖσθαι für die ganze Schöpfung übertragen sein: s. Lampe, Lexicon *s. v.* ἄγγελος II H.9.a. Nach Athenagoras, *Supplicatio* 10 (Ende) hat Gott durch den Logos der Engelschar aufgetragen, πεϱί τε τὰ στοιχεῖα εἶναι καὶ τοὺς οὐϱανοὺς καὶ τὸν κόσμον καὶ τὰ ἐν αὐτῷ καὶ τὴν τούτων εὐταξίαν.

Auf die schillernde Rolle der „Wächter-Engel" im Judentum, worin Dan 4,10.14.17 (vgl. Theodotion Dan 4,13.17.20) und anderes eingeschmolzen ist, kann hier nicht näher eingegangen werden. Sie sind auch, im Vergleich mit Philons „Kräften", von zu niederem Rang. – N. H. IV 74,1–3 nennt „Aerosiēl und Selmelchel, die Wächter des großen, unverderblichen Geschlechts" (= der Gnostiker) und 400 weitere, nicht namentlich bekannte „Wächter" (73,25 ff.)[20]. Gegenstück ist der kosmische „Wächter", einer von drei als „Zöllner" bezeichneten Aufpassern, an dem Jakobus der Gerechte (Typ des Gnostikers) vorbeikommt mit der Auskunft: „Ich stamme vom präexistenten Vater" usw. (N. H. VI 33)[21].

Z. 148 ὀχυϱώσας] Ein philonischer Lehrsatz lautet *Somn.* I 158: στήϱιγμα καὶ ἔϱεισμα καὶ ὀχυϱότης καὶ βεβαιότης ἁπάντων ὁ ἀσφαλὴς Θεός, in Parallele oder Identität mit dem Κύϱιος von Gen 28,13, der oberhalb von Jakobs Leiter „befestigt ist" oder „feststeht".

εἰς σωτηϱίαν] Als Synonym wird gleich beigegeben: εἰς διαμονήν[22]; vgl. zu Z. 91. Philon kennt weder eine Heilsgeschichte noch eine Eschatologie, sondern die Schöpfung ist für ihn die Erlösung.

Sie ist es jedoch als fortdauernde Schöpfung *(creatio continua)*. Denn ganz so blaß ist Philons Lehre in diesem Punkte nicht wie die These des Alexander v. Aphrodisias, die Götter kümmerten sich nicht um menschliche σωτηϱία, weil sie dann um der Menschen willen da wären, und das sei ein unwürdiger Gedanke (SVF II 1118). Für die Stoiker (denen Alexander hier widerspricht) wie für Philon gehört es zu Gottes Wesen

---

[20] Vgl. 76,26 ff. und die Parallelen in N. H. III; ferner N. H. VIII 47, 1 „Wächter der Seelen der Unsterblichen".

[21] Vgl. N. H. XI 68,22 f. (so ist die letzte Stellenangabe bei Siegert, Nag-Hammadi-Register 169 *s. v. refareh* zu korrigieren).

[22] Dies ist, wie aus Leisegangs Index *s. v.* hervorgeht, ein Schlüsselwort in kosmologisch-soteriologischen Kontexten. In moralischem Sinn kann es ‚Standhaftigkeit, Beständigkeit' bedeuten (so öfter in Marcus' Fußnoten zu QG und QE). Einschlägig in unserem Zusammenhang sind *QG* IV 52 (S. 330) und *QE* II 64 (mit griech. Fragment; διαμονή neben σωτηϱία).

(οὐσία), daß er für alles sorgt, in der hier beschriebenen Weise. 4.Makk 5,25: οἴδαμεν ὅτι κατὰ φύσιν ἡμῖν συμπαθεῖ νομοθετῶν ὁ τοῦ κόσμου κτίστης. Vgl. oben Z. 36 das ἔλεος des Schöpfers.

In *De mundo* 397 b 20–24 ist Gott σωτήρ aller Dinge, allerdings nicht so, daß er sich wie ein Lebewesen beim Arbeiten ermüdete, ἀλλὰ δυνάμει χρώμενος ἀτρύτῳ (unermüdlich), δι᾽ ἧς καὶ τῶν πόρρω δοκούντων εἶναι περιγίνεται. Es folgt auch hier eine Schilderung des Weltaufbaus mit seiner innewohnenden Dynamik.

Z. 149 παντελῶν ποιημάτων] Wenn schon Philons Begriff eines ‚Heils‘ recht blaß ist, so engt er ihn doch nicht, wie die christliche σωτηρία ψυχῶν (1.Pt 1,9), auf die Menschen ein.

Παντελής[23] ist für Geschöpfe, die immerhin vergänglich sind, etwas hoch gegriffen; aber Philon verwendet dieses Adjektiv für den Kosmos doch öfters (*Ebr.* 118; *Abr.* 44). Das an der letztgenannten Stelle beigefügte ὁλόκληρος legt den Akzent auf die ‚Vollständigkeit‘, also auf Gen 2,1f.

Z. 149f. τὸν δὲ φθόνον . . . ἀπελάσας] Gegen die griechische Auffassung vom Götterneid hatte schon Platon Einspruch erhoben: *Phaedr.* 247 A und *Tim.* 29 E[24]. Beide Stellen werden von Philon zitiert und reichlich verwendet (Runia, Timaeus I 109). Für ihn ist Gott, ganz im Sinne vieler Psalmen (86/85,5 u. ö.) χρηστὸς καὶ φιλάνθρωπος, φθόνον ἐληλακὼς ἀφ᾽ ἑαυτοῦ (*Abr.* 203). Das zeigt sich in der Schöpfung, einem fortgesetzten Wirken des Schöpfers zugunsten seiner Geschöpfe[25] – so der Tenor unseres ganzen Fragments –; es zeigt sich außerdem, wie wir hier sehen, in der Gnade der Selbstmitteilung, im „Senden“ von „Abbildern“ (Z. 151f.).

ὥσπερ δὴ ἔλεγον πολλάκις] C. G. L. Großmann[26] nimmt dies als Verweis auf *Migr., Abr., Spec.* II 224–262, *Prob.* und *QG* I.

---

[23] Zu diesem Wort s. Gerhard Delling in ThW VIII 67f. und Festugière, Révél. IV 97 mit Anm. 3 (Stellen aus der Gotteslehre Platons und aus der des Albinos).
[24] Ebenso Aristoteles, Met. A 2, 983 a 2.
[25] Runia a.a.O.: Was bei Platon abstrakt gesagt war (das Göttliche ist das Gute an sich), wird bei Philon konkretisiert als Formung (usw.) der Materie.
[26] De Philonis . . . serie II 16. Vgl. oben die Einleitung, 1.: *De Deo* ist Teil einer Spätschrift Philons.

Z. 150 ὑπὸ μεγαλοφροσύνης] Dieses Wort begegnet, auch bei Philon, sonst eher in moralischen Kontexten. „Halte nicht diejenigen für μεγα-λόφρονες, sagt Isokrates[27], „die besser angezogen sind, als sie sich's leisten können, sondern diejenigen, die gute Absichten verfolgen und auch durchzuführen vermögen, was sie anpacken." – Die Brücke ins Theologische mag für Philon wieder die Figur des Großkönigs gewesen sein, dessen μεγαλοφροσύνη Herodot VII 136 rühmt, übrigens im Gegensatz zur Kleinlichkeit der δορυφόροι.

Z. 151 f. τὴν εἰκόνα αὐτοῦ ... ἀπέστειλεν] Wie immer wir *kerparan* (wofür ASA zwölf griechische Äquivalente gibt) übersetzen – eine direkte Parallele zu dieser Aussage ist bei Philon nicht zu finden. Was εἰκών betrifft, so wird *Det.* 83 die θεία δύναμις, *Conf.* 97 u. ö.[28] der Logos als εἰκών des Seienden (hier Neutrum) bezeichnet. (Vgl. die christologischen Aussagen von 2.Kor 4,4 und Kol 1,15.) *QG* II 62 zeichnet ein transitives Abbildverhältnis zwischen dem „Höchsten", dem Logos als „zweitem Gott", und dem menschlichen Verstand. Ein dreigestaltiges „Abbild" des „Seienden" habe ich bei Philon nicht belegt gefunden; es erklärt sich aber als Übertragung dessen, was sonst vom „Seienden" und seinem Logos gesagt wird, auf den „Seienden" und seine „Kräfte". – Zu ἀποστέλλειν vgl. *Somn.* I 69 (wo Gott seine Logoi „schickt"), ferner *Somn.* I 112, *Spec.* IV 236, *Aet.* 86 (jeweils Senden von αὐγαί – Z. 8 unseres Textes) und *Somn.* I 21.

Diese Wendung ins Erbauliche – ob sie schon der Schluß war, wissen wir nicht[29] – läßt sich vergleichen mit der Verheißung einer μακαρία καὶ εὐδαίμων ζωή am Ende von *Opif.* (§ 172). *QG* IV 29 (Ende) interpretiert Philon selbst den Rückzug des „Vaters" nach der Erscheinung vor Abraham (Gen 18) als providentielle Vorsorge für das menschliche Geschlecht; „denn er weiß, daß es von Natur gebunden ist an notwendige Verrichtungen"[30], und „nicht alles dürfen die Söhne vor den Augen des Vaters tun".

---

27 *Ad Nicoclem* 20 A; vgl. Thesaurus. – Lampe, Lexicon weist das Wort nicht aus.
28 Leisegang, Index S. 225 a Mitte.
29 Der Schlußvermerk *katarec'aw* = *explicit* ist, wie alles in Klammern Befindliche, eine Zutat Auchers und bezieht sich offenbar nur auf die Verhältnisse in den armen. Codices.
30 *alc'awork's* = τὰ ἀναγκαῖα bezieht sich auf die Intimität mit Sara, die zur Einlösung der gegebenen Verheißung ja nötig war.

Literaturverzeichnis

Nur solche Titel sind aufgeführt, die nicht im Literaturverzeichnis der RGG³ enthalten sind. Es gelten die in Bibliographien und Katalogen üblichen Abkürzungen. Bei den Reihen CSEL, GCS, MPG und MPL wird von Verlagsangaben abgesehen, bei MPG und MPL auch vom Erscheinungsjahr, da es sich um Nachdrucke älterer Ausgaben handelt. Römische Jahreszahlen, wo sie vorkommen, sind umgewandelt in arabische.

LCL = Loeb Classical Library, London: Heinemann/Cambridge, Massachusetts: U. P.

r = reprint

U. P. = University Press

Aboth

Pirke Aboth. The Ethics of the Talmud, Sayings of the Fathers, ed. with introduction, translation and commentary by R. Travers Herford. New York: Schocken (1945, r) 1978.

Adler, MGWJ 1936

Adler, Maximilian: Das philonische Fragment De deo, in: MGWJ 80, 1936, 163–170

Aland, Synopsis

Synopsis quattuor evangeliorum, locis parallelis evangeliorum apocryphorum et patrum adhibitis ed. Kurt Aland, 5. Aufl., Stuttgart: Württembergische Bibelanstalt (1968)

Altaner/Stuiber, Patrologie

Altaner, Berthold/Stuiber, Alfred: Patrologie. Leben, Schriften und Lehre der Kirchenväter, 8. Aufl., Freiburg/Basel/Wien: Herder (1978)

Ambrosius, *Hexaëmeron*

Sancti Ambrosii opera, pars prima, recensuit Carolus Schenkl (CSEL 32,1) 1897

Amir, Allegories

Amir, Yehoshua: The transference of Greek allegories to Biblical motifs in Philo, in: Fs. Sandmel 1984 (s. u.), S. 15–25

Amir, Philon

Amir, Yehoshua: Die hellenistische Gestalt des Judentums bei Philon von Alexandrien, Neukirchen (Vluyn): Erziehungsverein 1983 (Erweiterung der Würzburger Diss. des Verf. von 1937; Name des Autors damals: Hermann Neumark)

Apologeten

Die ältesten Apologeten. Texte mit kurzen Einl. hg. v. Edgar Goodspeed, Göttingen: Vandenhoeck & Ruprecht 1914 (r 1984) (benützt für Athenagoras und Justin)

Arendt, Säule

Arendt, Erich: Säule, Kubus, Gesicht. Bauen und Gestalten auf Mittelmeerinseln, Dresden: Verlag der Kunst (1966)

Aristides ('Αριστείδης), *Apol(ogia)*

Die Apologie des Aristides. Recension und Rekonstruktion des Textes von Edgar Hennecke, Leipzig: Hinrichs 1893 (in: TU 4)
Sancti Aristidis philosophi Atheniensis sermones . . . ex antiqua Armeniaca versione (ed.) patres Mechitaristae, Venetiis: S. Lazzaro 1878 (Haupttitel armen.) (enthält c. 1–2 in ausführlicher Fassung)

Aristoteles (*Met.* = Metaphysik)

Aristoteles Graece, ex recensione Immanuelis Bekkeri ed. Academia regia Borussica, 2 Bde., Berolini: Reimer 1831

Ps.-Aristoteles, *De mundo* = voriges, S. 391 a 1–401 b 29

Aristotele: Trattato sul cosmo per Alessandro. Traduzione con testo Greco a fronte, introd., commento e indice di Giovanni Reale, Napoli: Loffredo (1974) (Collana di Filosofi antichi, 5)

v. Arnim siehe Stoicorum veterum fragmenta

Asclepius = Corpus Hermeticum (s. u.) Bd. 2, S. 259–401

Athenagoras, *Supplicatio* siehe Apologeten

Augustin, *De civ. Dei*

Sancti Aurelii Augustini De civitate Dei libri XVI–XXII, (ed.) Bernardus Dombart/ Alphonsus Kalb, Turnholti: Brepols 1955 (CChr., ser. lat., 48)

Augustin, *De doctrina christiana*

Combès, G./Farges (Hg.): De catechizandis rudibus, De doctrina christiana (lat.-französisch). Paris: Desclée de Brouwer 1949 (Œuvres de saint Augustin, 1,11)

Aurifodina

Aurifodina universalis scientiarum divinarum atque humanarum ex fontibus aureis sanctorum Patrum . . . a V(enerabili) P(atre) Roberto, 4 Bde., 3. Aufl., Parisiis: Vivès 1875

ASA

Awetikʿean, Gabriēl/Siwrmelean, Xačʿatowr/Awgerean, Mkrtičʿ: *Nor baṙgirkʿ Hayka-zean lezowi*, 2 Bde., *Venetik:* S. Lazzaro 1836. 1837

Azarian, Lexikon

Nuovo dizionario Ellenico-Italiano-Armeno-Turco, compilato dai fratelli Aristace e Stefano Azarian, Vienna (Wien): Mechitaristi 1848 (Haupttitel griechisch)

Baeck, Predigt

Baeck, L[eo]: Griechische und jüdische Predigt, in: Zweiunddreißigster Bericht der Lehranstalt für die Wissenschaft des Judentums in Berlin, Berlin: Itzkowski 1914, S. 57–75

Bartelink, REA 1984

Bartelink, G. J. M.: *Tres vidit, unum adoravit*, formule trinitaire, in: Revue des Etudes Augustiniennes 30, Paris 1984, S. 24–29

P. Barth, Stoa

Barth, Paul: Die Stoa, 3. und 4. Aufl., Stuttgart: Frommann 1922 (Frommanns Klassiker der Philosophie)

Baudissin, ARW 1915

Baudissin, Wolf Wilhelm Graf: ‚Gott schauen' in der atl. Religion, in: ARW 18, 1915, S. 173–239

W. Bauer

Bauer, Walter: Griechisch-deutsches Wörterbuch zu den Schriften des Neuen Testaments und der übrigen urchristlichen Literatur. 5. Aufl., Berlin: Töpelmann 1963

Bedrossian, Dictionary

Bedrossian, Matthias (Petrosean, Matat'ia): New Dictionary Armenian-English, (Venice: S. Lazzaro 1875–79, r) Beirut: Librairie du Liban o. J. (1973)

Beierwaltes, Lux intelligibilis

Beierwaltes, Werner: LUX INTELLIGIBILIS. Untersuchung zur Lichtmetaphysik der Griechen, phil. Diss., Univ. München 1957

Berger, Petrus

Berger, Klaus: Unfehlbare Offenbarung. Petrus in der gnostischen und apokalyptischen Offenbarungsliteratur, in: Kontinuität und Einheit, (Festschr.) für Franz Mußner, hg. v. Paul-Gerhard Müller und Werner Stenger, Freiburg (usw.): Herder (1981), S. 261–326

B. G. (Codex Berolinensis Gnosticus) siehe Nag Hammadi

Betz, Hist. of Rel. 1981

Betz, Hans Dieter: The Delphic maxim „Know Yourself" in the Greek magical papyri, in: History of Religions 21, Chicago, Illinois, 1981, S. 156–171

Bibel siehe – außer folgendem – *Miḳrā'ot gdolot,* Novum Testamentum, Septuaginta, Vulgata

Biblia Hebraica Stuttgartensia, ed. K. Elliger et W. Rudolph, Lfg. 1–15, Stuttgart: Württembergische Bibelanstalt 1968–76

Biblia Patristica, Supplément: Philon d'Alexandrie (hg. v.) J. Allenbach, A. Benoît (u. a.), Paris: Centre National de la Recherche Scientifique 1982

Blaß/Debrunner/Rehkopf

Blass, Friedrich/Debrunner, Albert: Grammatik des neutestamentlichen Griechisch, bearb. v. Friedrich Rehkopf, 15. Aufl., Göttingen: Vandenhoeck & Ruprecht (1979)

Bolognesi, Leopardi

Bolognesi, Giancarlo: Giacomo Leopardi recensore e critico di testi armeni, in: Leopardi e l'ottocento. Atti del II Convegno internazionale di studi leopardiani (Recanati, 1–4 Ottobre 1967), Firenze: Olschki 1970, S. 65–79

Bonitz, Index

Bonitz, H[ermann]: Index Aristotelicus, (Berlin 1870; r) secunda editio, Graz: Akademische Druck- und Verlagsanstalt 1955 (vorher: Aristoteles Graece, ed. Academia Regia Borussica, Bd. 5)

Boyancé, RPh 1955
> Boyancé, Pierre: Flavius Nobilior et le dieu ineffable, in: Revue de philologie, de littérature et d'histoire anciennes, 3ᵉ série, t. 29, Paris 1955, S. 172–192

Bréhier, Philon
> Bréhier, Emile: Les idées philosophiques et religieuses de Philon d'Alexandrie. Thèse pour le doctorat, Faculté des Lettres de Paris, Paris: Picard 1907 (nicht 1908. – Eine 2. Aufl. erschien 1925, eine 3. Aufl. 1950 als Etudes de philosophie médiévale, Bd. 8)

Brisson, RHR 1985
> Brisson, Luc: Les théogonies orphiques et le papyrus de Derveni. Notes critiques, in: RHR 202, 1985, S. 389–420

Bultmann, Exegetica
> Bultmann, Rudolf: Exegetica. Aufsätze zur Erforschung des Neuen Testaments, hg. v. Erich Dinkler, Tübingen: Mohr 1967

Catena Sinaitica
> Catenae Graecae in Genesim et in Exodum, Bd. 1: Catena Sinaitica, ed. Françoise Petit, Turnhout: Brepols/Leuven: U. P. 1977 (CChr., ser. Graeca, 2)

Chadwick, Philo
> Chadwick, Henry: Philo and the beginnings of Christian thought, in: The Cambridge History of Later Greek and Early Medieval Philosophy, ed. by A[rthur] H[ilary] Armstrong, London: Cambridge U. P. 1967, S. 133–192

Charlesworth I.II
> The Old Testament Pseudepigrapha, (engl. Übers.) ed. James H. Charlesworth, 2 Bde., London: Darton, Longman & Todd (1983. 1985)

Clem. Alex.
> Clemens Alexandrinus, hg. v. Otto Stählin, 3 Bde. (GCS) 1905.1906.1909 (*Protr[epticus]*, *Paed[agōgus]* in Bd. 1, *Strom[ata]* I–VI in Bd. 2, *Strom.* VIIf. und *Exc[erpta] ex Theod[oto]* in Bd. 3)

Colli, Sapienza
> Colli, Giorgio: La sapienza greca, 3 Bde., (m. n. e.), (Milano:) Adelphi (1977. 1978.1980)

Conley, ANRW II 21,2
> Conley, Thomas: Philo's rhetoric. Argumentation and style, in: Aufstieg und Niedergang der Römischen Welt, hg. v. Hildegard Temporini und Wolfgang Haase, 2. Reihe, Bd. 21,1, Berlin/New York: de Gruyter 1984, S. 343–371

Conley, Philon Rhetor
> Conley, Thomas: ΦΙΛΩΝ ΡΗΤΩΡ. A study of rhetoric and exegesis, in: The Center of Hermeneutical Studies in Hellenistic and Modern Culture, Protocol of the 47th Colloquy, 30 Oct. 1983, Berkeley, California: Center for Hermeneutical Studies . . . 1984 (7 Jahre jüngere [!] Überarbeitung des vorigen Beitrags)

Conzelmann, 1.Korinther
> Conzelmann, Hans: Der erste Brief an die Korinther, Göttingen: Vandenhoeck & Ruprecht 1969 (MeyerK)

C. H.

Corpus Hermeticum (Umschlagtitel statt dessen: Hermès Trismégiste), texte établi par A[rthur] D[arby] Nock et trad. par A[ndré]-J[ean] Festugière, 4 Bde., Paris: Les Belles Lettres (1946–54, r) 1972 (Bd. 1 und 2 durchpaginiert; die 18 Traktate des byzantinischen *Corpus Hermeticum* reichen nur bis Bd. 2, S. 255)

Courcelle, Connais-toi toi-même

Courcelle, Pierre: Connais-toi toi-même de Socrate à saint Bernard, Bd. 1, Paris: Etudes Augustiniennes 1974 (Etudes Augustiniennes)

Cumont, Lux

Cumont, Franz: Lux perpetua, Paris: Geuthner 1949 (postum erschienen; S. 414 ff. sind das Werk des Hg. „L. C.")

Cumont, Oriental. Religionen

Cumont, Franz: Die orientalischen Religionen im römischen Heidentum. Vorlesungen am Collège de France, nach der 4. frz. Aufl. bearb. v. August Burckhardt-Brandenberg, 3. Aufl., Leipzig/Berlin: Teubner 1931

Cyprianus Gallus

Cypriani Galli poetae Heptateuchos . . ., rec. Rudolphus Peiper, (CSEL 23) 1881 (vielm. 1891)

Dahl, Contradictions

Dahl, Nils Alstrup: Contradictions in Scripture, in: ders.: Studies in Paul. Theology for the early Christian mission, Minneapolis: Augsburg Publishing House (1977), S. 159–177

Dahl/Segal, JSJ 1978

Dahl, N[iels] A[lstrup]/Segal, Alan F.: Philo and the rabbis on the names of God, in: Journal for the Study of Judaism 9, Leiden 1978, S. 1–28

Daniélou, Philon

Daniélou, Jean: Philon d'Alexandrie, Paris: Fayard (1958)

David der Unschlagbare *(Dawitʿ Anyałtʿ)*

Davidis Prolegomena et in Porphyrii Isagogen commentarium, ed. Adolfus Busse, Berolini: Reimer 1904 (Commentaria in Aristotelem Graeca, 13,2)
Dawtʿi Anyałtʿ pʿilisopʿayi matenagrowtʿiwnkʿ . . ., 2. Aufl., *Venetik*, S. Lazzaro 1932

De J[ona], De S[ampsōne] s. (Ps.-)Philon

Delcor, Test. d'Abraham

Le testament d'Abraham, introd., trad. du texte grec et commentaire de la recension grecque longue . . . par Mathias Delcor, Leiden: Brill 1973 (Studia in Veteris Testamenti Apocrypha, 2)

Diels, Dox.

Doxographi Graeci, collegit recensuit prolegomenis indicibusque instruxit Hermannus Diels, (1879, r) ed. tertia, Berlin: de Gruyter 1958

Diels, Elementum

Diels, Hermann: Elementum. Eine Vorarbeit zum griechischen und lateinischen Thesaurus, Leipzig: Teubner 1899

Diels/Kranz

Die Fragmente der Vorsokratiker, griech. u. dt. (hg. v.) Hermann Diels, 3 Bde., 8. Aufl., hg. v. Walther Kranz, Berlin: de Gruyter 1956

Dillon, Middle Platonists

Dillon, John: The Middle Platonists. A study of Platonism 80 B. C. to A. D. 220, (London): Duckworth (1977)

Diog. Laert.

Diogenis Laertii Vitae philosophorum, ed. H. S. Long, 2 Bde., Oxonii: Clarendon (1964, r 1966) (Scriptorum Classicorum Bibliotheca Oxoniensis)

Dörrie, Pronoia

Dörrie, Heinrich: Der Begriff ‚Pronoia‘ in Stoa und Platonismus, in: Freiburger Zs. für Philosophie und Theologie 24, 1977, S. 60–87

Dörrie-Fs. 1983

Platonismus und Christentum. Festschr. für Heinrich Dörrie, hg. v. Horst-Dieter Blume und Friedhelm Mann, Münster: Aschendorff 1983 (Jahrbuch für Antike und Christentum, ErgBd. 10)

Euripidis perditarum tragoediarum fragmenta, iterum recensuit Augustus Nauck, Lipsiae: Teubner 1885 (Euripidis tragoediae, 3)

Eusebius, *H[istoria] e[cclesiastica)*

Eusebius: Kirchengeschichte, hg. v. Eduard Schwartz, kleine Ausg., 5. Aufl. (r der 2. Aufl.), Berlin: Akademie 1952

Eusebius, Jesajakommentar

Eusebius: Werke, Bd. 9: Der Jesajakommentar, hg. v. Joseph Ziegler (GCS) 1975

Eusebius, *Pr(aeparatio) ev(angelica)*

Eusebius: Werke, Bd. 8: Praeparatio evangelica, hg. v. Karl Mras, Teil 1: Einleitung. Die Bücher I–X (GCS) 1954 (verglichen wurde, soweit erschienen: Eusèbe, Préparation évangélique [verschiedene Hg.], Bd. 7 [SC 215] 1975; Bd. 11 [SC 292] 1982)

Evdokimov, L'Orthodoxie

Evdokimov, Paul: L'Orthodoxie, Neuchâtel: Delachaux et Niestlé 1965

Feldman, Louis: Studies in Judaica. Scholarship on Philo and Josephus (1937–1962), New York: Yeshiva o. J. (ca. 1963)

Festugière, Révél.

Festugière, [André-Jean]: La révélation d'Hermès Trismégiste, 4 Bde. (Bd. 1 in 3. Aufl.), Paris: Lecoffre, Gabalda 1949–1953

Früchtel, Kosmolog. Vorstellungen

Früchtel, Ursula: Die kosmologischen Vorstellungen bei Philo von Alexandrien. Ein Beitrag zur Gesch. der Genesisexegese, Leiden: Brill 1968 (Arbeiten zur Gesch. u. Lit. des hellenist. Judentums, 2) (vorher ev.-theol. Diss., Univ. Hamburg 1962/63)

Galenos

Galeni opera omnia, ed. Carolus Gottlob Kühn, 20 Bde. (in 22; Bd. 17 u. 18 sind geteilt), Leipzig: Knobloch 1821–33 (Medicorum Graecorum opera quae exstant)
Galen: On the natural faculties (*De naturalibus facultatibus,* griech.) with an English translation by Arthur John Brock, LCL, (1916, r) 1947

Ginzberg, Legends

Ginzberg, Louis: The legends of the Jews, transl. from the German manuscript by Henrietta Szold, 6 Bde., Philadelphia: Jewish Publication Society (1909–1928, r) 1968; Bd. 7: Index by Boaz Cohen, ebd. 1938

Goodenough

Goodenough, Erwin R.: Jewish symbols in the Greco-Roman period, 13 Bde., New York: Pantheon 1953–68

Goodenough, Light

Goodenough, Erwin R.: By light, light. The mystic gospel of Hellenistic Judaism, New Haven: Yale U. P. 1935

bin Gorion, Geschichten

Geschichten aus dem Talmud, hg. u. übers. v. Emanuel bin Gorion, (Frankfurt a. M.:) Insel (1966)

Grant, Miracle

Grant, Robert M.: Miracle and natural law in Graeco-Roman and early Christian thought, Amsterdam: North-Holland 1952

Gronau, Poseidonios

Gronau, Karl: Poseidonios und die jüdisch-christliche Genesisexegese, Leipzig/Berlin: Teubner 1914

Groß, Natur

Groß, Josef: Philons von Alexandreia Anschauungen über die Natur des Menschen, phil. Diss., Univ. Tübingen 1930

Großmann, De Philonis . . . serie

Grossmann, Chr[istian] Gottlob Leber[echt]: De Philonis Iudaei operum continua serie et ordine chronologico comment[um], part[icula] 1.2, Lipsiae: Staritz 1841. 1842 (Univ.-Programm)

Hadas-Lebel (ed.), Prov. siehe Philon

Hamerton-Kelly, Sources

Hamerton-Kelly, Robert G.: Sources and traditions in Philo Judaeus, in: Studia Philonica 1, Chicago 1972, S. 3–26

Harl, Cosmologie

Harl, Marguerite: Cosmologie grecque et représentations juives dans l'œuvre de Philon d'Alexandrie, in: Philon d'Alexandrie. Lyon 11–15 Septembre 1966, Paris: Centre National de la Recherche Scientifique 1976 (Colloques Nationaux du Centre National de la Recherche Scientifique; [dieser Bd.] hg. v. R[oger] Arnaldez, C[laude] Mondésert u. J[ean] Pouilloux)

Harl (ed.), Heres siehe Philon

Hay, Rhetorical verification

Hay, David M.: What is proof? Rhetorical verification in Philo, Josephus, and Quintilian, in: Society of Biblical Literature, Seminar Papers, Annual Meeting, 115, Cambridge, Massachusetts, 1979 Bd. 2, S. 87–101

Hay in: Studia Philonica

Hay, David M.: Philo's references to other allegorists, in: Studia Philonica 6, Chicago 1979/80, S. 41–76

Hayes/Miller, History

Israelite and Judaean History, ed. by John H. Hayes and J. Maxwell Miller, Philadelphia: Westminster (1977)

Hegermann, Philon

Hegermann, Harald: Philon von Alexandria, in: Maier, Johann/Schreiner, Josef (Hg.): Literatur und Religion des Frühjudentums. Eine Einführung, Würzburg: Echter/ Gütersloh: Mohn 1973, S. 163–180

Hegermann, Schrifttum

Hegermann, Harald: Griechisch-jüdisches Schrifttum, ebd. S. 353–369

Heinisch, Einfluß Philos

Heinisch, Paul: Der Einfluß Philos auf die älteste christliche Exegese (Barnabas, Justin und Clemens von Alexandria). Ein Beitrag zur Gesch. der allegorisch-mystischen Schriftauslegung im christlichen Altertum, Münster: Aschendorff 1908 (ATA Bd. 1 H. 1.2)

Hengel, Judentum und Hellenismus

Hengel, Martin: Judentum und Hellenismus. Studien zu ihrer Begegnung unter besonderer Berücksichtigung Palästinas bis zur Mitte des 2. Jh.s v. Chr., Tübingen: Mohr 1969 (WUNT 10)

Hengel, Proseuche

Hengel, Martin: Proseuche und Synagoge. Jüdische Gemeinde, Gotteshaus und Gottesdienst in der Diaspora und in Palästina, in: Tradition und Glaube. Das frühe Christentum in seiner Umwelt, Festg. für Karl Georg Kuhn zum 65. Geburtstag, hg. v. Gert Jeremias, Heinz-Wolfgang Kuhn und Hartmut Stegemann, Göttingen: Vandenhoeck & Ruprecht (1971), S. 157–184

Hengel, Sohn Gottes

Hengel, Martin: Der Sohn Gottes. Die Entstehung der Christologie und die jüdisch-hellenistische Religionsgeschichte, Tübingen: Mohr 1975

Hermias (Ἑρμείας), *Irrisio gentilium philosophorum*

in: Diels, Dox. S. 649–656

Herodot

Herodoti Historiarum libri IX, ed. Henr. Rudolph. Dietsch, 2 Bde., editio altera, curavit H. Kallenberg, Lipsiae: Teubner 1898 f.

Hesiodi carmina, rec. Aloisius Rzach, ed. stereotypa editionis tertiae ⟨1913⟩ . . ., Stutgardiae: Teubner 1958

Hieronymus, *In Esaiam*

Sancti Hieronymi presbyteri tractatus sive homiliae in Psalmos quattuordecim, ed. Germanus Morin, accedunt eiusdem sancti Hieronymi in Esaiam tractatus duo . . ., Maredsoli (Maredsous), apud editorem/Oxoniae, Parker 1903 (Anecdota Maredsolana, 3,3)

F. Hieronymus, ΜΕΛΕΤΗ

Hieronymus, F.: ΜΕΛΕΤΗ. Übung, Lernen und angrenzende Begriffe, 2 Hefte, phil. Diss., Univ. Basel (bzw.) Basel: Küng & Ochsé 1970

Hippolyt, *Ref(utatio omnium haeresium)*

Hippolytus: Werke, Bd. 3: Refutatio omnium haeresium, hg. v. Paul Wendland (GCS) 1916

Homeri Odyssea, recognovit P[eter] von der Muehll, ed. stereotypa editions tertiae ⟨1962⟩, Stuttgart: Teubner 1984

Hruby, RScRel 1973

Hruby, K.: Exégèse rabbinique et exégèse patristique, in: RScRel 47, 1973, S. 341–369

Johannes v. Damaskus, *De fide orth(odoxa)*

Die Schriften des Johannes von Damaskus, hg. v. Byzantinischen Institut der Abtei Scheyern, Bd. 2: Ἔκδοσις ἀκριβὴς τῆς ὀρθοδόξου πίστεως. Expositio fidei, besorgt von Bonifatius Kotter, Berlin/New York: de Gruyter 1973 (Patristische Texte u. Studien, hg. v. K[urt] Aland u. W[ilhelm] Schneemelcher, 12)

Jonas, Gnosis II/1

Jonas, Hans: Gnosis und spätantiker Geist, Teil (= Bd.) 2/1: Von der Mythologie zur mystischen Philosophie, 2. Aufl., Göttingen: Vandenhoeck & Ruprecht 1966 (FRLANT 63, NF 45)

Jos(ephus), *Ant(iquitates Judaicae)*

Josephus in nine volumes, (griech.) with an Engl. translation by H. St. J. Thackeray (u. a.), Bd. 4–9, LCL, 1930–1965 (und Nachdrucke)

Jos(ephus), *C(ontra) Ap(iōnem)*

ebd., Bd. 1 (1926, r 1976), S. 161–411

Irenaeus

Sancti Irenaei . . . libros quinque adversus haereses . . . ed. W. Wigan Harvey, 2 Bde., Cantabrigiae: Typis Academicis 1867 (zitiert wird nach der – am äußeren Rand mit angegebenen – Einteilung von Massuet)

Isokrates

Isocratis orationes, recognovit . . . Gustavus Eduardus Benseler, 2 Bde., Lipsiae: Teubner 1856f.

Justin, *Apol(ogia)* I, *Dial(ogus cum Tryphone)* siehe Apologeten

Ps.-Justin, *Cohortatio ad gentiles*

S(ancti) Justini philosophi et martyris opera, recensuit . . . Joann. Carol. Theod. Otto, Bd. 1, Jenae: Mauke 1842

Kahn, RHPhR 1973

Kahn, Jean-Georges: „Connais-toi toi-même" à la manière de Philon, in: RHPhR 53, 1973, S. 293–307

Kalbfleisch, Neuplat. Schrift

Kalbfleisch, Karl: Die neuplatonische, fälschlich dem Galen zugeschriebene Schrift Πρὸς Γαῦρον περὶ τοῦ Πῶς ἐμψυχοῦται τὰ ἔμβρυα, aus der Pariser Hs. zum ersten Male hg., AAB 1895, Anhang. (Der Hg. ermittelt Porphyrios als Verf.)

Karppe, Philon

Karppe, S.: Philon et la patristique, in: ders.: Essais de critique et d'histoire de philosophie, Paris: Alcan 1902 (Bibliothèque de philosophie contemporaine), S. 1–33

Kasher, Encyclopedia

Encyclopedia of Biblical interpretation, *Torā šlēmā* (, engl.). A millenial anthology by Menahem M. Kasher, transl. under the editorship of Harry Freedman, Bd. 1ff. (noch unvollständig), Jerusalem 1953ff.

Kern, Orphicorum fragmenta

Orphicorum fragmenta, collegit Otto Kern, Berolini: Weidmann 1922 (die Fragmente beginnen S. 80 mit Nr. 1)

Kirk/Raven

The Presocratic Philosophers. A critical history with a selection of texts by G. S. Kirk & J. E. Raven, Cambridge (usw.): U. P. (1957, r 1981)

Klein, Lichtterminologie

Klein, Franz-Norbert: Die Lichtterminologie bei Philon von Alexandrien und in den hermetischen Schriften. Untersuchungen zur Struktur der religiösen Sprache der hellenistischen Mystik. Leiden: Brill 1962

Krämer, Ἐπέκεινα

Krämer, Hans Joachim: Ἐπέκεινα τῆς οὐσίας. Zu Plat. Polit. 509 B, in: AGPh 51, 1969, S. 1–30

Kuhr, Gottesprädikationen

Kuhr, Friedrich: Die Gottesprädikationen bei Philo von Alexandrien, ev.-theol. Diss. (lic. theol.), Univ. Marburg 1944 (nur S. I–X, 1–54 ausleihbar)

Lactantius, *Div(inae) inst(itutiones)*

L(ucii) Caeli Firmiani Lactanti opera omnia, Bd. 1: Divinae institutiones et Epitome divinarum institutionum, recensuit Samuel Brandt (CSEL 19) 1890

Lactantius, *De ira Dei*

Lactance: La colère de Dieu. Introd., texte critique, trad., commentaire et index par Christiane Ingremeau, Paris: Cerf 1982 (SC 289) (oder Bd. 2/1 des obigen Werkes, CSEL 27, 1893)

Lampe, Lexicon

Lampe, G[eoffrey] W[illiam] H[ugo] (Hg.): A patristic Greek lexicon, Oxford: Clarendon (1961, r 1972)

Leisegang, Art. Philon

Leisegang, H[ans]: (Art.) Philon 11., in: PW 20/1 (1941), Sp. 1–50

Leisegang, Hl. Geist

Leisegang, Hans: Der Heilige Geist. Das Wesen und Werden der mystisch-intutiven Erkenntnis in der Philosophie und Religion der Griechen, Bd. 1/1: Die vorchristlichen Anschauungen und Lehren vom πνεῦμα und der mystisch-intuitiven Erkenntnis, Leipzig/Berlin: Teubner 1919 (Forts. erschien u. d. T. Pneuma Hagion)

Leisegang, Index

Philonis Alexandrini opera quae supersunt, ed. Leopoldus Cohn et Paulus Wendland, Bd. 7: Indices ad Philonis Alexandrini opera, composuit Ioannes Leisegang, pars 1.2 (durchpaginiert), Berolini: de Gruyter 1926.1930

Lesky, Zeugungs- und Vererbungslehren
  Lesky, Erna: Die Zeugungs- und Vererbungslehren der Antike und ihr Nachwirken, in: AAMz 1950 Nr. 19, Mainz/Wiesbaden 1951, S. 1225–1425

Lewy, Hans: Sobria ebrietas. Untersuchungen zur Geschichte der antiken Mystik, Gießen: Töpelmann 1929 (BZNW 9)

v. d. Leyen, Dichtung
  Das Buch deutscher Dichtung, 3. Bd.: Von Luther bis Leibniz, hg. v. Friedrich v. der Leyen, Leipzig: Insel 1942

LSJ
  Liddell, Henry George/Scott, Robert/Jones, Henry Stuart: A Greek-English Lexicon, Oxford: Clarendon 1940 (und Nachdrucke)

L'Orange, Iconography
  L'Orange, H[ans] P[eter]: Studies on the iconography of cosmic kingship in the ancient world, Oslo (usw.): Aschehoug (usw.) 1953 (Instituttet for Sammenlignende Kulturforskning, Serie A, 13)

Mack, Decoding
  Mack, Burton L.: Decoding the Scripture. Philo and the rules of rhetoric, in: Fs. Sandmel 1984 (s. u.), S. 81–115

Mahé, Hermès II
  Hermès en haute-Egypte, Bd. 2: Le fragment du *Discours parfait* et les *Definitions* hermétiques arméniennes ⟨NH VI, 8.8a⟩, (hg. u. übers. v.) Jean-Pierre Mahé, Québec, Univ. Laval 1982 (Bibliothèque copte de Nag Hammadi, section „textes", 7)

Mai, De Philonis . . . scriptis ineditis
  De Philonis Iudaei et Eusebii Pamphili scriptis ineditis aliorumque libris ex Armeniaca lingua convertendis dissertatio . . ., scribente Angelo Maio ex notitia sibi ab Armeniacorum codicum dominis impertita, Mediolani, Regiis typis 1816

Mambrino, NRTh 1957
  Mambrino, J.: „Les deux mains de Dieu" dans l'œuvre de saint Irénée, in: NRTh 79, 1957, S. 355–370

Mansfeld, Middle Platonist cento
  Mansfeld, Jaap: Heraclitus, Empedocles, and others in the Middle Platonist cento in Philo of Alexandria, in: VigChr. 39, 1985, S. 131–156

Marcus, Index
  Marcus, Ralph: An Armenian-Greek index to Philo's *Quaestiones* and *De vita contemplativa,* in: JAOS 53, 1933, S. 251–282

Marrou, Erziehung
  Marrou, Henri-Irénée: Geschichte der Erziehung im klassischen Altertum, hg. v. Richard Harder (Histoire de l'éducation dans l'antiquité, dt.), Freiburg/München: Alber (1957)

Martial
  M(arci) Valerii Martialis Epigrammaton libri, recognovit W[ilhelm] Heraeus, editionem correctiorem curavit Iacobus Borovskij, Leipzig: Teubner 1976

Massebieau/Bréhier, Chronologie

Massebieau, L./Bréhier, Emile: Essai sur la chronologie de la vie et des œuvres de Philon, in: RHR 53, 1906, S. 25–64.164–185.267–289

May, Schöpfung

May, Gerhard: Schöpfung aus dem Nichts. Die Entstehung der Lehre von der creatio ex nihilo, Berlin: de Gruyter 1978 (AKG 48) (zugleich ev.-theol. Habil.-Schr., Univ. München)

Mayer, Index

Index Philoneus von Günter Mayer, Berlin/New York: de Gruyter 1974

Meliton, Passa-Homilie

Méliton de Sardes: Sur la Pâque et fragments. Introd., texte critique, trad. et notes par Othmar Perler, Paris: Cerf 1966 (SC 123)

Mendelson, Education

Mendelson, Alan: Secular education in Philo of Alexandria, Cincinnati: Hebrew Union College 1982 (Monographs of the Hebrew Union College, 7) (vorher Diss., Univ. of Chicago 1971)

Mercier, L'Ecole Hellénistique

Mercier, Charles: L'Ecole Hellénistique dans la littérature arménienne, in: Revue des Etudes Arméniennes, NS 13, 1978/79, S. 59–75

Miḳrāʾot gdolot

Miḳrāʾot gdolotʿim lʿʾb pērušim . . . bidfos hārabbāni . . . Joʾēl LʿBʿNṢ HN (Lebenzahn, r) *Jrušālajim: ʿamʿolām 721 = 1961*

Minucius Felix, *Octavius*

Des Minucius Felix Dialog Octavius, für den Schulgebrauch bearb. u. erläutert von Joseph Köhm, Bielefeld/Leipzig: Velhagen & Klasing 1927
M(arci) Minucii Felicis Octavius, cum integris Woweri, Elmenhorstii, Heraldi et Rigalti notis aliorumque . . . ex recensione Jacobi Gronovii, Lugduni Batavorum (Leiden): Boutestein/Luchtmans 1709

Möller, Kosmologie

Möller, E[rnst] W[ilhelm]: Geschichte der Kosmologie in der griechischen Kirche bis auf Origenes. Mit Specialuntersuchungen über die gnostischen Systeme, Halle: Fricke 1860 (auch r 1977)

Mundle, JbAC 1979

Mundle, Ilsemarie: Augustinus und Aristoteles und ihr Einfluß auf die Einschätzung der Frau in Antike und Christentum, in: Jb. für Antike u. Christentum 22, 1979, S. 61–69

De mundo siehe (Ps.-)Aristoteles

N. H. (Nag-Hammadi-Texte) siehe Siegert, Nag-Hammadi-Register und S. 11 Anm. 1

Nazzaro, Annali 1970

Nazzaro, Antonio V.: Il γνῶθι σεαυτόν nell' epistemologia filoniana, in: Università di Napoli, Annali della Facoltà di lettere e filosofia, 12, 1970, S. 49–86

Nestle, ZAW 1907

Nestle, Eb(erhard): Miscellen, 1.: Moses – Moyses, in: ZAW 27, 1907, S. 111–113

Nikiprowetzky, Moyses

Nikiprowetzky, Valentin: „Moyses palpans vel liniens". On some explanations of the name of Moses in Philo of Alexandria, in: Fs. Sandmel 1984 (s. u.), S. 117–142

Norden, Agnostos Theos

Norden, Eduard: Agnostos Theos, Untersuchungen zur Formengeschichte religiöser Rede, Leipzig/Berlin: Teubner 1913

Norden, Kunstprosa

Norden, Eduard: Die antike Kunstprosa vom VI. Jh. v. Chr. bis in die Zeit der Renaissance. 2 Bde., 7., unveränderte Aufl. (r der 2. und, für den Anhang, der 3. Aufl. 1909.1915), Darmstadt: Wissenschaftliche Buchgesellschaft 1974

Novum Testamentum Graece. Post Eberhard Nestle et Erwin Nestle communiter ediderunt Kurt Aland, Matthew Black (u. a.), Stuttgart: Dt. Bibelstiftung (1979)

Origenes, C(ontra) Celsum

Origenes: Werke, Bd. 1.2, hg. v. Paul Koetschau (GCS) 1899
Origène: Contre Celse. Introd., texte critique, trad. et notes par Marcel Borret, 5 Bde., Paris: Cerf 1967–76 (SC 132.136.147.150.227; letzter Bd. mit dem Untertitel: Introduction générale, tables et index)
Origen: *Contra Celsum,* transl. with an introduction and notes by Henry Chadwick, Cambridge (usw.): U. P. (1953, r 1980)

Origenes, De princ(ipiis)

Origenes: Werke, Bd. 5: De principiis ⟨περὶ ἀρχῶν⟩, hg. v. Paul Koetschau (GCS) 1913

Origenes: Werke, Bd. 6: Homilien zum Hexateuch in Rufins Übersetzung, hg. v. W. A. Baehrens (2 Teile) (GCS) 1920f.

Palaea siehe Vassiliev, Anecdota

Pearson, Marsanes

Pearson, Birger A.: The tractate Marsanes ⟨NHC X⟩ and the Platonic tradition, in: Gnosis. Festschr. für Hans Jonas, hg. v. Barbara Aland, Göttingen: Vandenhoeck & Ruprecht 1978, S. 373–384

Pfeifer, Hypostasenvorstellungen

Pfeifer, Gerhard: Ursprung und Wesen der Hypostasenvorstellungen im Judentum, Stuttgart: Calwer Verlag (1967) (Arbeiten zur Theologie, 1. Reihe, H. 31)

Philon

Philonis Alexandrini opera quae supersunt, ed. Leopoldus Cohn et Paulus Wendland, 6 Bde. (Bd. 6 ed. Leopoldus Cohn et Sigofredus Reiter), Berolini: Reimer 1896–1915 (r Berlin: de Gruyter 1962) (vgl. noch Leisegang, Index und Mayer, Index)
Philonis Judaei paralipomena Armena *(sic)* . . ., opera hactenus inedita, (ed.) per Jo(annem) Baptistam Aucher *(Mkrtičʿ Awgereancʿ),* Venetiis: S. Lazzaro 1826 (Haupttitel armen.) (enthält *QG, QE, De S., De J., De Deo* armen. u. lat.)

Philon, *Anim.*

Philonis Alexandrini De animalibus. The Armenian text with an introd., transl., and comm. by Abraham Terian, (Chico, California:) Scholars Press (1981) (Studies in Hellenistic Judaism. Supplements to *Studia Philonica,* ed. by Earle Hilgert and Burton L. Mack, 1) (vorher ev.-theol. Diss., Univ. Basel) (reproduziert den von Awgerean 1822 in *Philonis Judaei sermones tres* edierten armen. Text. Zutaten Terians werden als Terian, De animalibus zitiert)

Philon, *Her.*

Les Œuvres de Philon d'Alexandrie, publ. sous le patronage de l'univ. de Lyon par Roger Arnaldez, Jean Pouilloux, Claude Mondésert, Bd. 15: Quis rerum divinarum heres sit. Introd., trad. et notes par Marguerite Harl, Paris: Cerf 1966 (Zutaten Harls werden als Harl [ed.], Heres zitiert)

Philon, *Prov.*

Les Œuvres de Philon (wie voriges), Bd. 35: De providentia I et II . . . par Mireille Hadas-Lebel . . . 1973 (Weiterübersetzung von Awgereans lat. Kolumne [1822] unter gelegentlicher Mitarbeit des Armenisten Charles Mercier)
Wendland, Paul: Philos Schrift über die Vorsehung. Ein Beitr. z. Gesch. der nacharistotelischen Philosophie, Berlin: Gaertner 1892

Philon, *QG, QE*

Philo in ten volumes (and two supplementary volumes), Suppl. 1.2: Questions and answers on Genesis (bzw.) on Exodus, transl. from the ancient Armenian version of the original Greek by Ralph Marcus, LCL, 1970.1971 (enthält in Bd. 2 auch die griech. Fragmente von *QG* und *QE*. Zutaten Marcus' werden als QG und QE mit Seitenzahl zitiert)

Ps.-Philon, *De J(ona), De S(ampsone)*

Siegert, Folker: Drei hellenistisch-jüdische Predigten. Ps.-Philon, „Über Jona", „Über Simson" und „Über die Gottesbezeichnung ‚wohltätig verzehrendes Feuer'", Bd. 1: Übers. aus d. Armen. u. sprachliche Erläuterungen, Tübingen: Mohr 1980 (WUNT 20)

Philostratus: The life of Apollonius of Tyana (u. a.), with an Engl. transl. by F[rederick] C. Conybeare, 2 Bde., LCL 1912

Platon, *Parmen(ides), Phaedr(us), Resp(ublica)* (u. a.)

Platonis dialogi secundum Thrasylli tetralogias dispositi, ex recognitione Caroli Friderici Hermanni, 6 Bde., Lipsiae: Teubner 1868–92

Platon, *Tim(aeus)*

ΠΛΑΤΩΝΟΣ ΤΙΜΑΙΟΣ. The Timaeus of Plato, ed. with introduction and notes by R. D. Archer-Hind, London/New York: Macmillan 1888

Plin(ius) maj(or), *Nat(uralis) hist(oria)*

C(aii) Plinii Secundi Naturalis historia. D. Detlefsen recensuit, 6 Bde., Berolini: Weidemann 1866–1882 (es gelten die Paragraphen- und die eingeklammerten Kapitelzahlen)
Pline l'Ancien: Histoire naturelle, livre II. Texte établi, traduit et commenté par Jean Beaujeu, Paris: Les Belles Lettres 1950 (Coll. des universités de France)

Plotin, *Enn(eades)*

Plotini opera, ed. Paul Henry et Hans-Rudolf Schwyzer, 3 Bde., Oxonii: Clarendon 1964–82 (Scriptorum Classicorum Bibliotheca Oxoniensis)

Plutarch, *Mor(alia)*

Plutarchus: Moralia, recognovit Gregorius N. Bernardakis, 7 Bde., Lipsiae: Teubner 1889–1908
Wyttenbach, Daniel: Lexicon Plutarcheum. Plutarchi Moralia [et Vitae], operum tomus VIII: Index Graecitatis, 2 Bde., (Oxford 1830, r) Hildesheim: Olms 1962

Pohlenz, Kl. Schriften I

Pohlenz, Max: Kleine Schriften, hg. v. Heinrich Dörrie, Bd. 1, Hildesheim: Olms 1965

Pollux, *Onomasticon*

Iulii Pollucis Onomasticon cum annotationibus interpretum, curavit Guilielmus Dindorfius, 6 Bde., Lipsiae: Kühn 1824

Porphyrios, *Vita Plotini*

in: Plotini opera (s. o.), Bd. I S. 1–38

Posidonius, Bd. 1: The fragments, ed. by L(udwig) Edelstein and I. G. Kidd, Cambridge: U. P. 1972

Procopii Gazaei Commentarii . . ., MPG 87/1.2

Prudentius, *Peristephanon*

Aurelii Prudentii Clementis carmina, rec. Ioannes Bergman, (CSEL 61) 1926

Radice, Bibliografia

Radice, Roberto: Bibliografia generale su Filone di Alessandria negli ultimi quarantacinque anni, in: Elenchos 3, „Bibliopolis" 1982 (erschien 1983), S. 109–152

Raschi (Rabbi Šlomo Jiṣḥāḳi)

RŠ"J ῾al hat-Torā. Raschis Pentateuchkommentar, vollständig ins Deutsche übertragen und mit einer Einl. versehen von Selig Bamberger, 3. Aufl. (r einer Aufl. von 1922), Basel: Goldschmidt 1962

Ritter/Preller

Historia philosophiae Graecae. Testimonia auctorum conlegerunt notisque instruxerunt H[einrich] Ritter et L[udwig] Preller, ed. nona, quam curavit Eduardus Wellmann, Gotha: Perthes 1913

Ruiz, Profetas

Ruiz González, Gregorio: Profetas y profecia en la obra de Filón Alejandrino, in: Miscelanea Comillas 40, Santander 1982, S. 113–146

Runia, Timaeus

Runia, Douwe Theunis: Philo of Alexandria and the *Timaeus* of Plato. 2 Bde., Academisch Proefschrift (doctor in de letteren), Vrije Universiteit te Amsterdam 1983

Saloustios

Saloustios: Des dieux et du monde. Texte établi et traduit par Gabriel Rochefort, Paris: Les Belles Lettres 1960 (Collection des universités de France)

Sambursky, Physical world

Sambursky, S[hmuel]: The physical world of the Greeks, transl. from the Hebrew by Merton Dagut, London: Routledge and Kegan Paul (1956, r 1963)

Sandmel, Abraham

Sandmel, Samuel: Philo's place in Judaism. A study of conceptions of Abraham in Jewish literature, augmented ed., New York: Ktav 1971 (vorher Diss. u. d. T.: Abraham in normative and Hellenistic Jewish tradition, in: HUCA 25/26, 1929/30)

Fs. Sandmel 1984

Sēfer zikkāron li-Šmu'ēl SNDM῾HL. Nourished with peace. Studies in Hellenistic Judaism in memory of Samuel Sandmel, ed. by Frederick E. Greenspahn, Earle Hilgert and Burton L. Mack, Chico, California: Scholars Press (1984)

de Saussure, Cours

Saussure, Ferdinand de: Cours de linguistique générale, éd. critique par Tullio de Mauro, Paris: Payot 1973

Schmid/Stählin

Wilhelm von Christs Geschichte der griechischen Literatur, 6. Aufl., unter Mitw. v. Otto Stählin bearb. v. Wilhelm Schmid, 2. Teil: Die nachklassische Periode der griech. Lit., 1.2. Hälfte (= Bd.), München: Beck 1920 (HAW 7, 2, 1.2)

Helmut Schmidt, Anthropologie

Schmidt, Helmut: Die Anthropologie Philons von Alexandreia, Würzburg: Triltsch (1933)

Schneider, Kulturgeschichte

Schneider, Carl: Kulturgeschichte des Hellenismus, 2 Bde., München: Beck (1967.1969)

Schweizer, Kolosser

Schweizer, Eduard: Der Brief an die Kolosser, (Zürich usw.:) Benzinger/(Neukirchen a. d. Vluyn:) Neukirchener V. (1976) (Ev.-kath. Komm. z. NT, [12])

Segal, Two powers

Segal, Alan F.: Two powers in heaven. Early Rabbinic reports about Christianity and Gnosticism, Leiden: Brill 1977 (Studies in Judaism in late Antiquity, ed. by Jacob Neusner, 25)

Seneca, *Nat(urales) quaest(iones)*

L(ucii) Annaei Senecae Naturalium quaestionum libros VIII edidit Alfred Gercke, Leipzig: Teubner 1907 (L. Annaei Senecae opera quae supersunt, 2)

Septuaginta, id est Vetus Testamentum Graece iuxta LXX interpretes, ed. Alfred Rahlfs, 2 Bde., editio sexta, Stuttgart: Württembergische Bibelanstalt o.J. (r der Erstauflage 1935)

Siegert, Argumentation

Siegert, Folker: Argumentation bei Paulus, gezeigt an Röm 9–11, Tübingen: Mohr 1985 (WUNT 34) (vorher ev.-theol. Diss., Univ. Tübingen 1984)

Siegert, Nag-Hammadi-Register

Siegert, Folker: Nag-Hammadi-Register. Wörterbuch zur Erfassung der Begriffe in den koptisch-gnostischen Schriften von Nag Hammadi, Tübingen: Mohr 1982 (WUNT 26) (dort S. XVII–XXIII Bibliographie der benützten Ausgaben)

Siegfried, Philo

Siegfried, Carl: Philo von Alexandria als Ausleger des Alten Testaments, an sich selbst und nach seinem geschichtlichen Einfluß betrachtet. Nebst Untersuchungen über die Graecitaet Philo's, Jena: Dufft 1875 (auch r 1970)

Siphre

Sifrē dbē Rāb, 'im tosāfot Mē'ir 'ajin, ḥeleḳ ri'šon (m. n. e.), (hg. v.) Mē'ir Iš Šālom (Friedmann), WWJN' (Wien) 624 = 1864, r o. O. 728 = 1968

Sophocles, Lexicon

Sophocles, E. A.: Greek lexicon of the Roman and Byzantine periods (from B. C. 146 to A. D. 1100), [1888, r] New York: Scribner's 1900

Spanneut, Stoïcisme

Spanneut, Michel: Le Stoïcisme des Pères de l'Eglise. De Clément de Rome à Clément d'Alexandrie, Paris: Seuil (1957) (Patristica Sorbonensia, 1)

Stalker, Ezekiel

Stalker, D. M. G.: Ezekiel. Introduction and commentary, London: SCM (1968) (Torch Bible Commentaries)

Stemberger, Kairos 1974

Stemberger, G[ünter]: Die Patriarchenbilder der Katakombe in der Via Latina im Lichte der jüdischen Tradition, in: Kairos NF 16, 1974, 19–78 (mit Abb. zwischen S. 16 u. 17)

Stern, Authors

Greek and Latin authors on Jews and Judaism, ed. with introductions, translations and commentary by Menahem Stern, 3 Bde., Jerusalem: Israel Academy of Sciences and Humanities 1976–84

SVF

Stoicorum veterum Fragmenta, collegit Ioannes ab (Hans von) Arnim, 3 Bde., Lipsiae: Teubner 1905.1903.1903; dito, Bd. 4: indices, conscripsit Maximilianus Adler, ebd. 1924 (zitiert wird nach Band und Nummer)

Stowers, Diatribe

Stowers, Stanley Kent: The diatribe and Paul's letter to the Romans, (Chico, California): Scholars Press (1981) (Society of Biblical Literature, Dissertation series, 57)

Suda

Suidae Lexicon, ex recognitione Immanuelis Bekkeri, Berolini: Reimer 1854

Synekdēmos

Μέγας ἱερὸς Συνέκδημος τοῦ ὀρθοδόξου Χριστιανοῦ, Ἀθῆναι: Φῶς 1959

Targum

Klein, Michael L. (Hg.): The Fragment-Targums of the Pentateuch, according to their extant sources, Bd. 1: texts, indices, and introductory essays; Bd. 2: translation, Rome: Biblical Institute 1980 (AnBibl. 76)
Targum du Pentateuque, traduction des deux recensions palestiniennes complètes avec introd., parallèles, notes et index par Roger Le Déaut, avec la collab. de Jacques Robert, Bd. 1: Genèse, Paris: Cerf 1978 (SC 245) (enthält Targum Neofiti und Targum Jonathan)

Terian, De animalibus siehe Philon, *Anim.*

Terian, Hellenizing School

Terian, Abraham: The Hellenizing School. Its time, place, and scope of activities reconsidered, in: Garsoïan, Nina G./Mathews, Thomas F./Thomson, Robert W. (Hg.): East of Byzantium. Syria and Armenia in the formative period, Washington: Dumbarton Oaks 1982, S. 175–186

Terian, Syntactical peculiarities

Terian, Abraham: Syntactical peculiarities in the translations of the Hellenizing School, in: First international conference on Armenian linguistics. Proceedings, ed. by John A. C. Greppin, Delmar, New York: Caravan 1980, S. 197–207

Tertullian
Quinti Septimi Florentis Tertulliani opera omnia, ed. J. W. Ph. Borleffs, E. Dekkers (u. a.), 2 Bde., Turnholti: Brepols 1954 (CChr., ser. lat., 1.2)

Test(amentum) Abr(aham) siehe Delcor und Vassiliev

Theodoret, *(Graecarum affectionum) Curatio*
Théodoret de Cyr: Thérapeutique des maladies helléniques. Texte critique, introd., trad. et notes de Pierre Canivet, Paris: Cerf 1958 (SC 57)

Thesaurus
ΘΗΣΑΥΡΟΣ ΤΗΣ ΕΛΛΗΝΙΚΗΣ ΓΛΩΣΣΗΣ. Thesaurus Graecae linguae, ab Henrico Stephano constructus. Post editionem Anglicam novis additamentis auctum, ordineque alphabetico digestum ed. Carolus Benedictus Hase (u. a., ab Bd. 2 Guilielmus Dindorfius u. Ludovicus Dindorfius), 8 Bde. (in 9), Parisiis: Didot 1831–1865 (3. Aufl. des nachstehend in 2. Aufl. angegebenen Werkes)
ΘΗΣΑΥΡΟΣ ΤΗΣ ΕΛΛΗΝΙΚΗΣ ΓΛΩΣΣΗΣ. Thesaurus Graecae linguae ab H(enrico) Stephano constructus. Editio nova auctior et emendatior, 8 Bde., Londini: Valpy 1816–28 (erweiterter Neudruck der 1. Aufl. von 1572, redigiert von E. H. Barker)

Thesleff, Ps.-Pythagorica I.II
Thesleff, Holger: An Introduction to the Pythagorean writings of the Hellenistic period. Åbo: Akademi 1961 (Acta Academiae Aboensis, Humaniora, 24,3)
Ders.: The Pythagorean texts of the Hellenistic period, collected and edited, ebd. 1965 (dito, 30,1)

Thunberg, Three angels
Thunberg, L.: Early Christian interpretation of the Three Angels in Gen. 18, in: Studia Patristica, Bd. 8: Papers presented to the Fourth International Conference on Patristic Studies held at Christ Church, Oxford, 1963, part I . . . ed. by F. L. Cross, Berlin: Akademie 1966 (TU 92), S. 560–570

Thyen, Homilie
Thyen, Hartwig: Der Stil der jüdisch-hellenistischen Homilie, Göttingen: Vandenhoeck & Ruprecht 1955 (FRLANT, NF 47)

Turowski, Widerspiegelung
Turowski, Edmund: Die Widerspiegelung des stoischen Systems bei Philon von Alexandreia, phil. Diss., Univ. Königsberg (bzw.) Borna: Noske 1927

Vassiliev, Anecdota
Anecdota Graeco-Byzantina, pars prior (m. n. e.), collegit digessit recensuit A(thanasius) Vassiliev, Mosquae: Universitas 1893 (darin S. 188–292 die *Palaea Historica* oder Ἱστορία παλαιοῦ περιέχων *(sic)* ἀπὸ τοῦ ᾿Αδάμ; S. 292–316 ein Text des TestAbr.)

Verbeke, Pneuma
Verbeke, G[érard]: L'évolution de la doctrine du pneuma du Stoïcisme à S(aint) Augustin. Etude philosophique, Paris: Desclée de Brouwer/Louvain: Institut Supérieur de Philosophie 1945

de Vis, Homélies coptes II
Homélies coptes de la Vaticane. Texte copte publ. et traduit par Henri de Vis, Bd. 2: Hauniae (Kopenhagen): Gyldendal 1929 (Coptica consilio et impensis Instituti Rask-Oerstediani edita, 5)

Völker, Fortschritt

Völker, Walther: Fortschritt und Vollendung bei Philo von Alexandrien. Eine Studie z. Gesch. der Frömmigkeit. Leipzig: Hinrichs 1938 (TU 49/1)

Vulgata

Bibliorum Sacrorum iuxta Vulgatam Clementinam nova editio . . ., curavit Aloisius Gramatica, (Rom:) Typis polyglottis Vaticanis (1913, r) 1959

Walter, Aristobulos

Walter, Nikolaus: Der Thoraausleger Aristobulos. Untersuchungen zu seinen Fragmenten und zu pseudepigraphischen Resten der jüdisch-hellenistischen Literatur, Berlin: Akademie 1964 (TU 86)

Walzer, Galen

Walzer, R[ichard]: Galen on Jews and Christians, London: Oxford U. P. 1949

Wegner, Woman

Wegner, Judith Romney: The image of woman in Philo, in: Society of Biblical Literature, Seminar Papers, Annual Meeting, 118, Cambridge, Massachusetts, 1982, S. 551–563

Weiß, Kosmologie

Weiß, Hans-Friedrich: Untersuchungen zur Kosmologie des hellenistischen und palästinischen Judentums, Berlin: Akademie 1966 (TU 97) (vorher ev.-theol. Habil.-Schrift, Univ. Jena 1962)

Wendland siehe Philon, *Prov.*

Westendorf, Wolfhart: Koptisches Handwörterbuch, Heidelberg: Winter 1965–77

Whittaker in: Fs. Dörrie 1983

Whittaker, John: ΑΡΡΗΤΟΣ ΚΑΙ ΑΚΑΤΟΝΟΜΑΣΤΟΣ, in: Fs. Dörrie 1983 (s. o.), S. 303–306

Willms, ΕΙΚΩΝ

Willms, Hans: ΕΙΚΩΝ. Eine begriffsgeschichtliche Untersuchung zum Platonismus, 1. Teil: Philon v. Alexandreia, Münster: Aschendorff 1935 (vorher phil. Diss., Univ. München 1930)

Wolfson, Philo

Wolfson, Harry Austryn: Philo. Foundations of religious philosophy in Judaism, Christianity, and Islam, 2 Bde., Cambridge (Massachusetts): Harvard U. P. 1948

Wolfson, Studies

Wolfson, Harry A.: Studies in the History of philosophy and religion, ed. by Isadore Twersky and George H. Williams, Cambridge (Massachusetts): Harvard U. P. 1973

Yovsēpʻean

[Yovsēpʻean, S. (Hg.):] *Ankanon girkʻ Hin Ktakaranacʻ* (Unkanonische Bücher des Alten Testaments, armen.), *Venetik:* S. Lazzaro 1896 (*Tʻangaran hin ew nor naxneacʻ*, 1)

Zeller, Philosophie III/1

Zeller, Eduard: Die Philosophie der Griechen in ihrer geschichtlichen Entwicklung dargestellt, 3. Teil, 1. Abt.: Die nacharistotelische Philosophie . . ., 5. Aufl. (r der 4. Aufl. 1909), Leipzig: Reisland 1923

Anmerkung: Die Papyri Oxyrrhynchus Nr. 1173.1207.1356.2158 und Berlin Nr. 17027 sowie die mit ihnen zusammenhängenden Veröffentlichungen haben nichts mit unserem Text zu tun. Näheres bei Joseph van Haelst: Catalogue des papyrus littéraires jufs et chrétiens, Paris: Sorbonne 1976, Nr. 697 „Philon (?) De Deo" und Radice, Bibliografia Nr. 30–32.

Erst nach der Drucklegung wurde mir folgendes im Fernleihdienst der Bundesrepublik nicht greifbare Werk zugänglich: *P'iloni hebrayec'woy čaṙk', t'argmanealk' i naxneac' meroc', oroc' hellen bnagirk' hasin aṙ mez* (Philons des Hebräers Reden, übersetzt von unseren Vorfahren, wovon die griechischen Texte auf uns gekommen sind), *Venetik, Mechitaristen* 1892 (*Matenagrowt'iwnk' naxneac'*). Diese Ausgabe, die auf den Venediger Philon-Codices A und C (nach Awgereans Zählung; vgl. oben, Einleitung, Punkt 1 Anm. 5) beruht, ist nicht, wie bei Cohn/Wendland, Philonis... opera I S. LII Anm. 2 (und sonst) angegeben, das Werk von Frederick Conybeare, sondern von anonymen Herausgebern, die der griechischen Rechtschreibung unkundig waren. Letzteres ist den Fußnoten, das Übrige dem armenischen Postskript nach S. 285 zu entnehmen.

Register

zu S. 1−12 und 38−139.
Kursiv gedruckte Seitenzahlen verweisen auf Nennungen *nur* in der Anmerkung.

1. Bibelstellen

A. Altes Testament
B. Nachkanonische Schriften der Septuaginta
C. Neues Testament

Weitere Kontexte kommen vor engeren. Ein z ist hinzugesetzt, wo in nennenswertem Umfang zitiert wird. Wo nötig, sind die Stellenangaben hier präzisiert worden.

5,8	*131*
25,11 f.	*60*
32,6	82
32,10−12	37 z, 133 f.

Richter

13,3	*39*

1. Samuel (1. Königreiche)

9,9	51

2. Samuel (2. Königreiche)

22,3.47	136 z

1. Könige (3. Königreiche)

19,12	*103 z*

Jesaja

(allg.)	85, 95
1,9	85
6	50, *79*, 131
6,1 f.	1, 6, 35 z, 39, 94, 133
6,1	81 z, 119 z
6,2	82/83
6,4	119 z
6,9	*85*
24,3 f.	111
45,7	111
54, 16	111
66,1 f.	119 z

Jeremia

(allg.)	91
36(43),21	*83*

Hesekiel/Ezechiel

1	50, *94*
1,25	*81*
9,2 ff.	64
10,1 ff.	81
43,3.5	81

Habakuk

3,5	111

Zephanja

1,12	*120*

Maleachi

3,6	*43 z*
3,20 (4,2 Luther)	43

Psalm

18(17)	*136*
18(17),11	81
19(18)	108
33(32),6 f.	117
48(47),3	*72*
86(85),5	138
99(98),5.9	119
102(101),28	*43 z*

Hiob

4,12 ff.	92
10,12	57

Klagelieder

2,1	119

Daniel

2,2	*72*
3,51−90 (LXX)	
Überschrift	39
4,10.14.17 (LXX)/4, 13.17.20	
(Theodotion)	137
6,19	135

1. Chronik

28,18	81, *81*

B. Nachkanonische Schriften der Septuaginta

2. Makkabäer

4,1.6	135
7,28	115

4. Makkabäer

(allg.)	*5*
5,25	138 z

Weisheit Salomos

7,21−27	87 z
7,24	124 z
7,26.29	45
8,1	124 z
11,18	*59 z*
13,1	66,113
13,2	60 f.
13,5	39
14,3	135 z
17,2	135 z

2. Stellen aus antiker Literatur

A. Griechische und römische Autoren; Fragmentensammlungen
B. Jüdische Literatur:
    a) Autoren (einschließlich Philons)
    b) Anonymes und Pseudonymes
    c) Rabbinisches
C. Christliche Literatur
D. Gnostische Literatur
E. Hermetische Literatur
Anhang: Bildliche Quellen

Ein z ist hinzugefügt, wo in nennenswertem Umfang zitiert wird.

A. Griechische und römische Autoren

Alle Namen sind hier in ihrer lateinischen Form gegeben. Die Reihenfolge wie auch die der Buchtitel ist streng alphabetisch. Die vorsokratischen Philosophen werden unter Zusatz der Nummer bei Diels/Kranz aufgeführt. Unsichere und pseudonyme Fragmente, die nur bei Diels, Doxographi Graeci erscheinen, stehen am Ende unter „Fragmentensammlungen".
Wo nötig, sind die Stellenangaben hier präzisiert worden. Zwischenträger von Zitaten sind in Klammern angegeben. Die Abkürzung SVF steht da im Klammern, wo es sich *nicht* um Stoiker handelt.

Aëtius
  Placita philosophorum
  = Doxographi Graeci (Diels),
  S. 267−444; s. u.
Alexander Aphrodisiensis
  (SVF II 1118)   137
Anaximenes
  Nr. 13 A 5 f. (D/K)   116
  13 B 1   116
Apulejus
  De deo Socratis
  8   *102*
Archedemus Tarsensis
  SVF III S. 263
  Nr. 33   *54*

Aristobulus
  (Eus., *Pr. ev.* XIII
  12)   130 z
Aristoteles
  S. 89 b 34 (Bekker) 70
  270 b 22 ff.   *122*
  279 a 2   83
  308 a 14−24   122
  314 a 16 f   129 z
  586 a 15−18   126
  716 a 5 ff.   *45*
  729 a 34 ff.   *45*
  738 b 20   54 z
  880 a 31   126
  983 a 2   *138*
  1072 b 14   83
  vgl. Namenregister
ps.-Aristoteles
  De mundo
  391 b 9−12   98
  392 a 5−9   122
  392 a 31/b 1   *80*
  396 a 33−397 b 8   130
  397 b 10   111
  397 b 19 ff.   62
  397 b 20−24   138 z
  397 b 22−24   *71*
  398 a 1−6   *71*
  398 a 4   111
  398 a 10ff.   71
  398 b 10   111
  399 a 30   65 z

Fragmentensammlungen

Die aus Diels, Kern und v. Arnim zitierten Fragmente werden hier vollständig erfaßt, auch die oben unter Autorennamen schon aufgeführten. Nicht nochmals aufgenommen sind die Fragmente der Vorsokratiker (Diels/Kranz bzw. Ritter/Preller und Kirk/Raven).

Doxographi Graeci (Diels)

S. 275 a 26 f./b 10 f.	129/30
280 a 7 f.	113
301 b 1 f.	*106*
303,22 f.	*130*
305 a 3−5/b 11 f.	80 z
306,1 f.	100 z, 102
315−317	*117*
323 a 2 ff.	124 z
329,9 ff.	*106*
339 a 20/b 27	121
353 a 15	72
457 f.	57
478,1 ff.	130
549 (col. 16,8 f.)	*56*
582,8	121
588,25 f.	62 z
649−656 siehe Hermias, *Irrisio*	

Orphicorum fragmenta (Kern)

S. 91, Nr. 21 a	*55*
S. 257, Nr. 245	*72*, 111, 120 z, 121
S. 261 f., Nr. 247	130 z

Stoicorum veterum fragmenta (v. Arnim)

Bd. I Nr. 85	54 z, 116
I 87	*57*, 102 z
I 95 f.	117
I 98	116
I 99	124 z
I 102	116
I 112 f.	107
I 126	102 z
I 154	*55*
I 157	99
I 166	118
I 171	100−102
I 484	96
I 493	*54*
I 504	99, 106 z

I 537	*111 z*
II 53; 55−59	96
II 300 ff.	106
II 300	*54*
II 422 (= *De Deo*)	98, 100
II 423	*99*
II 432	43
II 439−462	87, 106, 124
II 442	83
II 443	101
II 444	*124 z*
II 449	97
II 454	*125 z*
II 473	105/6, 124 z
II 527	98
II 535 ff.	117
II 593; 604 f.	99
II 604	114, 117
II 618	102
II 633−645	106
II 806	101
II 1027	*100*
II 1069	118
II 1076	*55*
II 1106−1186	135
II 1118	137
II 1168−1186	*111*, 133
II 1181	112
II 1187 ff.	*88*
II 1191; 1196	*136*
III 314	65 z
III S. 217, Diogenes Babylonius Nr. 33	56
III S. 263, Archedemus Tarsensis Nr. 12	*54*

B. Jüdische Literatur

a) Autoren (einschließlich Philons)

Zitierweise wie oben (A)

Aristobulus (allg.)	90
(Eus., *Pr. ev.* XIII 12)	109 z
Josephus *Antiquitates Judaicae*	
II 228	*108*
V 277	*39*

D. Gnostische Literatur

E. Hermetische Literatur

in der Reihenfolge von Nock/Festugière,
Corpus Hermeticum. − Vgl. noch Namenregister unter Hermes Trismegistos.

Anhang: Bildliche Quellen

3. Namen

in Auswahl. Im Stellenregister genannte Autorennamen sind nach Möglichkeit nicht wiederholt. Quasi-Namen wie „der Seiende", „Tora", „Kosmos" usw. siehe Stichwortregister. Es gilt: i = j; ä = ae, ö = oe, ü = ue.

4. Stichworte

in Auswahl; von Composita ist manchmal nur ein Bestandteil aufgeführt. Es gelten die Alphabetisierungsregeln des Namenregisters. Mit *vs.* (*versus*) sind Gegensätze markiert, mit „. . ." der übertragene (metaphorische) Gebrauch eines Ausdrucks.

5. Griechische Worte

Da es vermessen wäre, zu einer Rückübersetzung einen vollständigen Wortindex zu geben, beschränkt sich dieses Register auf die im Vorwort und im Kommentar genannten griechischen Wörter in einer (weitgehenden) Auswahl. Zitate aus anderen philonischen Texten als *De Deo* sind durch runde Klammern ( ) kenntlich gemacht, solche aus nichtphilonischem Schrifttum durch ein Sternchen *. Klammer und Sternchen entfallen bei denjenigen Kontexten, für die auch eine Angabe ohne Zusatz gemacht werden kann.

Auf die Angabe „f." oder „ff." ist verzichtet, wo es sich um fortlaufende Kontexte handelt.

Eine Liste der nur in *De Deo* begegnenden philonischen Wörter gibt S. 2 Anm. 3.

Wörter in Umschrift (Logos, Pneuma usw.) siehe im Stichwortregister.

γλίχεσθαι (80, 93, 127)
γνώριμος 61, (85)
γνωστικός 75*
γόνιμος 126*
γραφή 47

δεσμός (123)
δεσπότης 74*
δημιουργός (61, 97), 134
διαζωγραφεῖν 112*
διαιρετός (60)
διακοσμεῖν 65*
διακόσμησις 98*
διακυβερνᾶν 135*
διαμονή 137
διάνοια (87), 105
   διανοίας ὀφθαλμοί das „innere Auge"
   50
   φυσικὴ διάνοια (natur-)allegorischer
   Textsinn 118*
διατείνειν 124*, 125*; vgl. τείνειν
διατηρεῖν (110); vgl. S. 28, Z. 93
διαφορά 60
διήκειν 87*, 124*, 126*
δίκαιος 61
δικαιοσύνη 46
δίκη 130*
   Δίκη 74*
διοίγειν, διοιγνύναι 106
διοικεῖν 124*
διπλόστοον 5*
δορυφορεῖν 72*
δορυφορία 72*
δορυφόρος 71, 139*
δρᾶν (55, 60)
δραστήριον handelndes Prinzip (60)
δύναμις 62*, 75*, 87*, 89*, 103*, 117*,
   138*, (139)
   δυνάμεις (80), 99, 102*, 107*, (122),
   131, 132; vgl. 73–78
   δύναμις τεχνική 100*
   τονικὴ δύναμις (125)

ἐγγαστρίμυθος 91*
ἐγκολπίζειν 126, 131
ἐγκόσμιος 63*
εἰδοποιεῖν 97*
εἶδος 51, (70), 96, 130*
   εἶδος Kultbild 126*
εἰκών 96*, 106, 139
εἱμαρμένη 124*
εἶναι 43*, 56, (67, 67, 69), 70, 115, 127*;

vgl. ὄν; ὄντως; Ὤν
εἶ 43*, 68*
εἰρήνη 130*, 132
εἷς: ἕν 130*
   τὸ Ἕν 67*
εἰσέρχεσθαι: εἰσελθεῖν 45
ἐκκρεμανύναι: ἐκκρέμασθαι (83)
ἐκτείνειν (88), 120*, (125, 127); vgl. τείνειν
ἐκτυποῦν 95*
ἔλεος 57, 118, 138
ἔμπρησις, ἐμπρησμός 95, 98
ἐμφανής 105
ἔμψυχος 106
   νόμοι ἔμψυχοι (49)
ἕνεκα: τινὸς ἕνεκα 100*
ἐνέργεια 45*
ἐνεργός 126*
ἔνθεος (86)
ἔνθερμος (88)
ἐνθουσιάζειν 89, 91
ἔννους 48*, 106*
ἐντείνειν erigieren 126*
ἔντεχνος 88*
ἕξις (87), 97*, (98), 113
ἐξοικίζειν (88)
ἔξω 117
ἔξωθεν 120
ἐπάνω 81
ἐπέκεινα τῆς οὐσίας 67*
ἐπελαφρίζεσθαι (106)
ἐπιβαίνειν 80*
   ἐπιβέβηκεν (120)
ἐπίγνωσις 108*
ἐπιούσιος 68*
ἐπιπνεῖν 89*
ἐπιστήμη (50)
ἐπιφανέστατος (105)
ἐρείδειν (84)
ἔρεισμα 84, 121, (123), 125*, (137)
ἐρευνᾶν 49
ἔρις 130*
Ἑρμαί Hermen 126*
ἑρμηνεύς (113)
ἑρμηνευτικός 126*
Ἑστώς ὁ 42
ἔσχατος (123)
εὖ: τὸ εὖ (130)
εὐεργέτης 74*
εὐεργετικός 75*
εὐεργέτις (Adj.) (73)
εὐδαιμονία (48)

εὐδαίμων (139)
εὐεργεσία *111*, 125
εὐθύβολος 133
εὐθυβόλως 96
εὐκοσμία 98; vgl. εὐταξία
εὐλόγως 46
εὕρεμα (129)
εὐσέβεια (47)
εὐταξία 137*
εὐτονία 124*, 126*
εὔτονος 105*
εὐτυχία 48
εὐφύλακτος *2*; vgl. S. 30, Z. 124
ἐφίεσθαι (127)
ἐφίστασθαι 44

ζηλωτής 110*
ζῆν: ζῶν 57
ζωγράφος 112
ζωή (139)
ζῷον 106*

ἡγεμών (65, 132)
Ἡγεμών, Πρῶτος Ἡγεμών 65, 128, 132
ἡδονή *54*
ἥλιος (42)
   νοητὸς ἥλιος 42, (43, *89*)
ἡμισφαίριον 120*
ἡνίοχος (81)

θεῖος 49, (88), 89*, (101), 106, (139)
   τό θεῖον die Gottheit 51, 68*, 70*, 86
   (125)
θεοληπτεῖσθαι (92)
θεοπλαστεῖν (58), 59
θεός, Θεός (41, 45, *51*, 52), 54*, (55), 62*,
   (64), 68*, 73, 83*, (86, 107, 110), 111,
   113*, (127 , 132), 134, 136*, (137)
   Θεὸς ῞Υψιστος *79*
θεοῦσθαι (*3*)
θερμότης 115*
θεωρεῖν 41
θεωρία (135)
θῆλυς 56*, *58*
θνητός 57
θυμός *119*
θυσιαστήριον (110)

ἰδέα 95*, (96)
   ἰδέα ἰδεῶν (97)
ἰδεῖν siehe ὁρᾶν
ἴδιος 107*, 111, 115*, 127*

ἱερός (47)
   ἱερὸς λόγος (*113*)
ἱεροφάντης (91)
ἱερώτατος: ἡ ἱερωτάτη Γραφή 47; vgl. 100
   (von Platon)
ἰουδαΐζειν 77*
ἰσόρροπος 50, 50
ἰσότης (42), 46, 125, (133)
ἱστάναι vgl. Ἑστώς, ὁ; ἐφίστασθαι
   ἑστηκέναι 119*

καθαρός *92*
καθῆσθαι 81
κακός 132
καλοκἀγαθία (48)
καλῶς 46
καμμύειν 50
καταλαμβάνειν (69)
καταναλίσκειν gänzlich verzehren 109,
   117*
καταχρηστικῶς (67)
κατέναντι 130*
κατόρθωσις 48
κατώτερος 122
κινεῖν 129*
κινεῖσθαι 43*
κίνησις (107), 124*
κινητικώτερος 124*
κίων (84)
κολάζειν (*112*)
κολαστήριος (73)
κορυβαντιᾶν 89, 91
Κοσμοπλάστης, ὁ (116)
Κοσμοποιός, ὁ 61, 134
   κοσμοποιόν, τὸ *61*
κόσμος *59*, 81, 98*, 102*, (107), 137*,
   138*
   βραχὺς κόσμος (119)
   μικρὸς κόσμος *118*
κοῦφος 105*, 124*
κρείττων 113
κτῆμα, κτῆσις 127
κτίζειν *59*
κτίσις 127*
κτίστης (97), 138*
κύκλος: κύκλῳ 128
Κύριος, κύριος 61*, (64), 65*, 73, 83*, 94,
   109, (111, 132), 134, 136*, (137)
   Κύριος Σαβαώθ (61)
   κύριος (Adj.) 67

λαλεῖν 79, 84

ψυχῶν σωτηρία 111*, 138*

ᾠδή: ἡ Μείζων Ὠιδή das Moselied (Dtn 32) 134

Ὤν, ὁ 6, 42, (48), 53, 66, (67), 70, (75, 110)

ὠφέλεια (133)

Wissenschaftliche Untersuchungen zum Neuen Testament

Begründet von Joachim Jeremias und Otto Michel
Herausgegeben von Martin Hengel und Otfried Hofius

1. Reihe

J.C.B. Mohr (Paul Siebeck) Tübingen

DATE DUE

HIGHSMITH   #LO-45220